PERSPECTIVAS DE VIDAS PASADAS
Y REGRESIÓN ESPIRITUAL

SANANDO EL ALMA ETERNA

ANDY TOMLINSON

Publicado por *From the Heart Press*
Sitio Web: www.fromtheheartpress.com

Primera Edición: *O Books,* 2005
Segunda Edición: *From the Heart Press,* 2012
Publicación en Español: *From the Heart Press,* 2013

Derechos de Autor: Andy Tomlinson
ISBN: 978-0-9572507-3-4

Todos los derechos reservados. Salvo breves citas en artículos críticos o reseñas, se prohíbe reproducir parte alguna de este libro por cualquier medio sin el permiso anterior por escrito de la editorial.

Los derechos de autor de Andy Tomlinson como autor han sido ejercidos en conformidad con la Ley de Derechos, Diseños y Patentes de 1988.

El registro de catálogo CIP para este libro se encuentra disponible en la British Library.

Diseño: Ashleigh Hanson. Correo electrónico: hansonashleigh@hotmail.com
Traducción: Tony Papworth Email; tony.papworth@gmail.com y Carmen Martínez Jover Email; carmen@carmenmartinezjover.com

Para mayores informes sobre Andy Tomlinson y la capacitación en terapia de regresión, sírvase consultar el siguiente sitio web:
www.regressionacademy.com.

Reconocimientos y Permisos

Gran parte del trabajo del terapeuta es confidencial y no se comenta fuera de la terapia. Por lo tanto agradezco el permiso que me han dado muchos clientes de utilizar sus experiencias en los estudios de casos. Se han cambiado los nombres y datos personales, pero las vidas pasadas así como las técnicas de sanación han sido cuidadosamente registradas.

Quiero agradecer en particular al Dr. Peter Hardwick por leer el borrador del manuscrito y por brindar sugerencias en tanto a la descripción de los conceptos psico-espirituales y esotéricos que constituyen la temática medular del libro. Agradezco afectuosamente su incansable paciencia. La contribución del Dr. Roger Woolger fue motivo de inspiración, y le agradezco también el haberme proporcionado materiales de referencia. Quisiera darle las gracias igualmente al Dr. Hans TenDam por sus útiles sugerencias. Brindo mi reconocimiento a mis colegas de terapia de regresión de la *Spiritual Regression Therapy Association* y *EARTh Association of Regression Therapy*. Aunque aquí falta espacio para poder nombrarlos a todos, quiero agradecer en particular a Ulf Parczyk, Els Geljon, Helen Holt, Diba Yilmaz y Di Griffith. En lo que se refiere a la regresión a la vida espiritual entre vidas, debo agradecer a los miembros del *Michael Newton Institute* por sus aportaciones, y en particular al Dr. Michael Newton y al Dr. Art Roffey.

Agradezco a las siguientes editoriales el haberme permitido citar fragmentos de las obras mencionadas a continuación:

Shambhala Publications, Inc., Boston, www.shambhala.com, *The Tibetan Book of the Dead*, traducido del tibetano con comentarios por Francesca Fremantle y Chogyam Trungpa.

Random House Group Limited, *The Tibetan Book of Living and Dying*, por Sogyal Rinpoche, publicado por Rider.

University of Virginia Press, *Twenty Cases Suggestive of Reincarnation*, por el Dr. Ian Stevenson.

Praeger Publishers, *Where Reincarnation and Biology Intersect*, por el Dr. Ian Stevenson.

Harper Perennial, *The Enlightened Heart*, por Stephen Mitchell.

The Theosophical Books, *Idyll of the White Lotus*, por Mabel Collins.

Beyond Words Publishing, *Autobiography in Five Chapters*, por Portia Nelson, citada por Charles Whitfield en *Healing the Child Within*.

Brunner & Mazet, *The Collected Papers of Milton Erickson Vol. IV*, citada por Yvonne Dolan en *A Path With a Heart*.

Citas de la revista Atlantic y el periódico Daily Mail.

Headline Books, *Spirit Releasement Therapy*, por William Baldwin.

Llewellyn Publications, *Life Between Lives; Hypnotherapy for Spiritual Regression*, por Michael Newton.

Michael Newton Institute, *Training Manual*.

LIBERACIÓN DE RESPONSABILIDAD

Aunque los casos seleccionados describen clientes con resultados exitosos y dramáticos, no es la intención del autor sensacionalizar vidas pasadas y terapias de regresión. Más bien, el propósito es crear una mayor consciencia sobre los métodos de terapia que han sido utilizados. Además ningún terapeuta debe utilizar estas poderosas técnicas de terapia de regresión a menos que tengan el entrenamiento adecuado.

CONTENIDOS

PRÓLOGO 1

1. INTRODUCCIÓN 7
Imaginación; más allá del pensamiento convencional; la energía del cuerpo sutil más allá de la vida física; ¿Algunas memorias pueden ser de vidas pasadas?; experiencia de un cliente de la regresión a vidas pasadas; el enfoque de la terapia de regresión.

2. TEORÍA DE VIDAS PASADAS Y REGRESIÓN ESPIRITUAL 25
Sabiduría Antigua; dualidad material y espiritual; memorias de vidas pasadas retenidas en nuestro campo energético; karma; reencarnación; atracción de otros para nuestro crecimiento espiritual; complejos.

3. ACCEDER A UNA VIDA PASADA 45
Hipnosis; puente emocional; puente verbal; puente físico; punteo desde un escaneo energético; puente visual; eliminación de bloqueos para acceder a una vida pasada.

4. EXPLORANDO UNA VIDA PASADA 65
Personificar el personaje y establecer la escena; moverse en el tiempo; superación de distracciones: catarsis.

5. LA MUERTE EN VIDAS PASADAS 81
Una muerte apacible; traumas sin resolver; estados terrenales.

6. TRANSFORMACIÓN EN LOS REINOS ESPIRITUALES 91
Confrontación con personajes de vidas pasadas; transformación de emociones congeladas; ayuda de guías espirituales; alcanzando el perdón; escaneo de energía para asuntos no resueltos.

7. REGRESIÓN ESPIRITUAL A LA VIDA ENTRE VIDAS 109

Preparación; profundizando en hipnosis; entrando a los reinos espirituales; repaso de vidas pasadas con el guía espiritual; encuentros con grupos de almas; reunión con los Sabios; selección de cuerpo para la vida actual; partida hacia la reencarnación; otras actividades espirituales; trabajar en el "eterno ahora"; regresión espiritual completa.

8. TRABAJO CON MEMORIAS CORPORALES 167

El lenguaje corporal; exploración de memorias corporales; transformando memorias corporales de vidas pasadas; transformando memorias corporales en la vida actual; psicodrama: disociación y fragmentación con trauma profundo.

9. ENERGÍA INTRUSIVA 189

Antecedentes; detección; liberación de espíritus adheridos; despeje de energía negativa intrusiva; sanación de energía y rendición de informe.

10. INTEGRACIÓN 205

Integrando una regresión de vida pasada; integración de terapia de regresión; acomodando y equilibrando y energía; otras actividades de integración.

11. ENTREVISTA 221

Rapport; síntomas objetivos y medibles; límites y toma de historial clínico; complejos a evitar en terapia de regresión; efectos adversos de drogas psicóticas; memorias falsas.

12. CONCLUSIÓN 233

APÉNDICE I Notas 239
APÉNDICE II Estructuración de una Sesión de Terapia de Regresión 247
APÉNDICE III Estructuración de una Sesión de Regresión Espiritual 261
APÉNDICE IV Trabajo con Energía Intrusiva 287

LECTURA COMPLEMENTARIA	293
ASOCIACIONES DE TERAPIA DE REGRESIÓN	299
FUENTES Y NOTAS AL PIE	303
BIBLIOGRAFÍA	311
ACERCA DEL AUTOR	317
ÍNDICE	319

PRÓLOGO

Me quedé meditando acerca de la lectura psíquica que acababa de recibir. Este médium en particular ya me había proporcionado información que había resultado extraordinariamente precisa. Comenzó la lectura diciendo: "*El espíritu que se manifiesta tiene un fabuloso poder y una luz muy brillante. Dice que usted irá a Brasil dentro de seis meses y tendrá dos cosas para hacer. Conocerá a un hombre llamado "Juan de Dios" en una sala grande donde todos están vestidos de blanco. Usted ha sido también elegido para encontrar un cristal para utilizar en su sanación que se encuentra en una caverna más allá de un lugar donde sepultaban personas, y deberá concentrarse en un ojo de elefante para encontrarlo. Estas tareas son muy importantes.*" Mi pregunta inmediata fue solicitar más información. La única respuesta que obtuve fue: "*Alguien le ayudará y usted sentirá interés por sus palabras. Entonces se le proporcionará la información acerca de dónde ir. El viaje a Brasil se realizará en agosto y durará como mínimo tres semanas y usted viajará por un río. Como parte de sus preparativos, necesitará conseguir un antídoto contra las picaduras de serpiente. Si confía en su intuición durante el viaje, todo tendrá sentido*".

Durante los meses siguientes me dediqué a indagar sobre alguna clase de relación con Brasil que pudiera tener cada una de las personas con quienes trataba por primera vez. Por fin, desistí y continué con mis actividades cotidianas. Tres meses después, el Dr. Art Roffey, un colega de Estados Unidos, llegó para dar una conferencia sobre chamanismo. Discípulo durante varios años de Don Theo Paredes[1], su chamán mentor, Art realiza también viajes a Perú. Me preguntó si me interesaba viajar a Perú, pero le respondí que mi interés se concentraba en Brasil. En ese momento, me habló acerca de Ipupiara Makunaiman[2], más conocido como Ipu. Nació en 1946 en la tribu Ureu-eu-wau-wau (Pueblo de las estrellas) de la cuenca amazónica brasileña. En esa época la población ureu-eu-wau-wau contaba con 2,400 individuos, de los cuales sobreviven 43 en la actualidad. Luego de un extenso período como aprendiz de sanador y chamán, los ancianos de la tribu alentaron a Ipu para recibir educación fuera de sus tradiciones. De acuerdo con sus instrucciones, obtuvo un doctorado en Antropología y Biología y también se transformó en hablante competente de inglés, español, portugués y ocho dialectos indígenas sudamericanos. Además de ejercer su función de sanador como chamán tradicional, fue co-fundador de la Alianza Cultural Nativa dedicada a preservar y compartir las culturas nativas y su sabiduría. Para ello organizan viajes al Amazonas. Cuando me puse en contacto con Ipu y me enteré de que su próximo viaje sería en el mes de agosto, intuí que él era el guía que necesitaba para mi travesía por Brasil y reservé mi plaza.

Descubrí que gran parte del viaje de Ipu se desarrollaba en un barco que servía como alojamiento. Nuestro viaje consistía en un recorrido por el Río Negro, afluente del Amazonas. El agua del río es más ácida que en el Amazonas y permite mantener alejados a los mosquitos, pero mi preocupación al unirme a la expedición se relacionaba con conseguir un antídoto contra las picaduras de serpiente. Me dijeron que en esa parte del Amazonas sólo existía una víbora venenosa, la serpiente coral. Conseguir un antídoto médico no significaba ir a la farmacia y comprarlo. Era necesario atrapar viva a una serpiente en su hábitat bajo madera podrida y enviarla a un centro donde le extraigan el veneno y preparen el antídoto. Si bien los hospitales cuentan con antídotos para emergencias, estarían a una distancia de muchos días de navegación. Me tranquilizó saber que las picaduras de serpiente eran muy poco frecuentes.

Un Chamán se encontraba en un muelle para recibir al barco. Luego de los saludos, me invitaron a entrar en una choza cercana

Prólogo

donde un grupo de mujeres estaba tejiendo y otro Chamán esperaba. Al cruzar la puerta me entregó un frasco con dos serpientes coral muertas en fluido conservante. Había experimentado el impulso intuitivo de entregármelas cuando entré en la choza. Con ayuda de un intérprete, descubrí que había recibido una cura del Chamán para las picaduras de serpiente. Resultó que la serpiente coral porta el antídoto en la médula espinal. Para tratar una picadura de serpiente, el Chamán practica un torniquete en el miembro afectado y si se la captura, se frota sobre la herida una lonja de la serpiente muerta. A medida que el antídoto tomado de la médula de la serpiente surte efecto, la zona enrojecida por la picadura comienza a cambiar de color. En caso de que no se haya atrapado a la serpiente, se utiliza una de las serpientes preservadas. Mediante el fuego se elimina el fluido conservante y la serpiente carbonizada se frota sobre la herida. A través del conocimiento transmitido durante miles de años, los Chamanes han continuado utilizando esta forma de sanación. La segunda sorpresa se produjo durante la ceremonia del Chamán. Cuando pregunté si el Chamán podría decirme algo sobre un cristal que estaba buscando, la traducción de sus palabras fue: *"Tú sanas las almas de las personas"*. Como terapeuta espiritual y especialista en regresión a vidas pasadas, la tarea que desempeño es espiritualmente profunda, pero nunca la había definido en esos precisos términos. Y me encontraba frente a un Chamán que había pasado toda su vida en medio de la selva, que no hablaba inglés y que nunca antes me había visto, pero que inmediatamente comprendió la importancia del trabajo que yo hacía. A continuación, dijo: *"El cristal que buscas no tiene una forma física sino una forma etérea. Es una fuente de energía"*.

Hacia el fin del viaje, nuestro grupo visitó una pequeña cascada en Iracema, formada por un afluente del Amazonas. Para los lugareños, el nombre Iracema significa "lagrimas de los ojos de una virgen". En este sitio sagrado hay cavernas que se han utilizado para ceremonias de sanación durante más de dos mil años. Cuando averigüé que estas cavernas también se habían utilizado para sepultar los huesos y restos de los ancestros, se incrementó mi interés. Llegado este punto, seguía convencido de que estaba buscando un cristal físico. Con una linterna de mano exploré las profundidades de las cavernas, por momentos desplazándome sobre las rodillas. Al iluminar con la linterna el interior de las grietas, descubrí que estaban llenas de murciélagos grandes. Agachar la cabeza para esquivarlos cuando volaban hacia mí se convirtió en práctica constante ya que estaba decidido a explorar exhaustivamente las cavernas, a la búsqueda de algo que se pareciera a un elefante. En algunas de las grietas, se me acercaron arañas con patas tan largas que no lograba distinguir sus cuerpos. Por fin, llegué a un punto en que logré comprender que no lograría encontrar nada conscientemente. Luego de un día de descanso, volví a recorrer las cavernas y sentí necesidad de meditar con la mano apoyada sobre un punto en la pared de la caverna. Al visualizar un elefante con un cristal en el ojo, se abrió un portal y experimenté algo que sólo puede describirse como un túnel de luz que conducía a una masa de luz brillante. Sentí que la sanación se derramaba sobre mis manos. No obstante, a esta altura todavía no tenía plena comprensión sobre el significado del acontecimiento.

La etapa final del viaje transcurrió en la Casa de Abadiânia, que se encuentra a unas dos horas de viaje en automóvil desde Brasilia. João Teixeira de Faria, llamado "Juan de Dios"[3], la ha convertido en su centro de sanación. Aclamado por algunos como el sanador más milagroso de los últimos 2,000 años, tenía fama de curar a más personas en un día que las que trata un hospital convencional en un mes. Debo decir con franqueza que experimentaba escepticismo con respecto a su trabajo antes de llegar y también mientras miraba videos que lo mostraban realizando los procedimientos físicos más sorprendentes. Entre

Prólogo

otros, se incluían extirpar tumores sin otro instrumento que sus manos y extraer una catarata con un cuchillo sin siquiera mirar qué estaba haciendo. Cuando entré en la sala interna de sanación de la Casa, encontré cientos de personas que meditaban en conexión con la energía proveniente de la colina de cuarzo sobre la cual está construida la Casa. Rodeados por esta asombrosa energía me explicaron que la sanación efectiva es obra de espíritus de luz que orientan la energía, tal como puede orientarse la energía láser en operaciones oftalmológicas de cirugía occidental.

Conversé con una australiana llamada Claire a quien su médico especialista había diagnosticado enfermedad de la moto neurona tres años antes y una expectativa de vida de seis meses. Durante la primera sesión con Juan de Dios, cesaron sus temblores y se deshizo de las muletas y caminó sin ayuda. Me explicó que su operación había comprendido la introducción de fórceps de cinco pulgadas de longitud en la nariz y hasta el cerebro sin ninguna sustancia anestésica. Cuando Juan hacía girar los instrumentos ella no sentía dolor, pero era consciente de sus movimientos mientras se le llenaba la boca de fluido proveniente de los senos paranasales y un poco de sangre. Comprendí que esta clase de operación es obra de espíritus de luz que Juan llama "Entidades", quienes asumen control de su cuerpo para utilizarlo. Tales operaciones físicas milagrosas se realizan frente a grupos numerosos para demostrar a las conciencias incrédulas la existencia del espíritu. Conversé con muchas otras personas de habla inglesa y todas ellas me relataron su experiencia personal de sanación. Si bien a esta altura mis dudas acerca de su trabajo se habían despejado, no todas las personas con quienes hablé habían sido sanadas. Esta tarea, como toda sanación, debe realizarse de conformidad con las leyes del karma. Algunas personas habían obtenido sanación parcial o no la obtendrían en el nivel físico hasta tanto realizaran cambios en su vida cotidiana y se les recomendaba regresar en una fecha futura para una sanación completa.

Había también una gran cantidad de sanadores que participaban de la energía sanadora de la Casa y solicitaban ayuda para desarrollar su intuición o sus habilidades sanadoras. Permanecer sentado en profunda meditación durante unas tres horas junto a quienes vienen en busca de sanación física es una extraordinaria experiencia espiritualmente edificante. Aquellos que permanecen durante varias semanas en los hoteles locales que brindan servicio a los visitantes de la Casa también tienen oportunidad de sentirse partícipes en una maravillosa comunidad. Tal como había señalado el médium, la mayoría de las personas iba vestida de blanco para demostrar su respeto por el trabajo del centro. Ante las 500 personas que llegan día a día en busca de sanación era muy difícil sustraerse a una lección de humildad por la absoluta magnitud de esta empresa espiritual. Juan ha realizado esta cirugía psíquica durante 30 años en forma gratuita.

Continué el viaje y me encontré con Art a quien le conté acerca de la experiencia y la fuente de energía sanadora que había descubierto. Su impulso intuitivo fue entregarme inmediatamente un artefacto sanador sagrado que conservaba y que, en su opinión, me correspondía. Tallado como una figura de cuarzo por la cultura Chavín de Perú hace más de 2,000 años, se percibía con claridad su poderosa energía sanadora. Más tarde supe que el Chamán de su tribu le había dicho a Ipu después de mi partida que yo no encontraría un cristal físico durante mi viaje por Brasil. Lo recibiría tiempo después de manos de alguien que seguía el camino de la sanación espiritual. La vida parecía haberse revelado tal como el médium y el Chamán habían predicho, con todas las personas que surgían como actores en una maravillosa historia de revelación y armoniosa interacción.

1
INTRODUCCIÓN

Sumérgete en el vasto océano de la conciencia.
Deja que la gota de agua de tu ser
se transforme en cien inconmensurables mares.
Pero no creas que la gota sola se transforma en océano,
el océano también se transforma en gota.
Yalal ad-Din Rumí, maestro de la tradición Sufi, siglo XIII

IMAGINACIÓN — MAS ALLÁ DEL PENSAMIENTO CONVENCIONAL

¿Cuán "real" fue mi experiencia en la caverna y con la energía sanadora utilizada por Juan de Dios? La psicología moderna tiene poco que decir acerca de la imaginación, la percepción holística o la intuición. La mayoría de las investigaciones y los abordajes terapéuticos se concentran en el hemisferio izquierdo del cerebro que se asocia con el pensamiento racional, la lógica y la comunicación verbal. La cultura occidental ha enseñado la superioridad de estas áreas y ha reservado la imaginación para los artistas, músicos y escritores. Cuando se analizan experiencias como la mía, o recuerdos de vidas pasadas, se las suele desestimar como producto de la imaginación, considerando que son inventadas o fabricadas.

En estado de relajación, la mayoría de las personas presentan ritmos cerebrales más lentos y les resulta más sencillo utilizar su intuición e imaginación, pero la psicología moderna no sabe en qué consisten ni cuál es su origen. En los inicios de la psicología, Carl Jung se refirió a la imaginación como una vía de acceso al inconsciente colectivo. Sostenía que era una cámara de recuerdos ancestrales y de vidas pasados. Desde otro abordaje, el psiquiatra Stanislav Grof trabajó con estados alterados de conciencia. Realizó experimentos clínicos con la droga LSD y descubrió que muchos de los participantes experimentaban en forma espontánea recuerdos infantiles previamente inaccesibles, recuerdos de la etapa prenatal y de vidas pasadas. Tiempo después descubrió que dichos estados alterados podrían alcanzarse mediante la implementación de ejercicios de respiración profunda en reemplazo del LSD.[1] Roberto Assagioli, fundador de la terapia llamada *Psicosíntesis* y colaborador en la rama de la psicología denominada psicología transpersonal, descubrió que los estados alterados podrían alcanzarse mediante la meditación.[2]

Utilizar la visualización para explorar otras realidades ha sido una práctica habitual a lo largo de la historia de la humanidad. Los pueblos aborígenes de Australia le llamaban "tiempo de sueño". El chamanismo[3] no hace distinción entre lo real y lo imaginado. El chamán entra en un estado alterado de conciencia similar al trance, por lo general ayudado por un tamborileo rítmico. El chamanismo abarca decenas de miles de años y comprende tribus indígenas que habitan todos los continentes. Ninguna de las culturas de la antigüedad dejó testimonios escritos, pero aun así podemos aprender de sus prácticas por intermedio de quienes siguen viviendo y están dispuestos a compartir sus conocimientos.

La pura verdad es que durante la mayor parte de nuestro tiempo sobre la Tierra, la humanidad ha utilizado la imaginación y las ondas cerebrales de baja amplitud que se experimentan en los estados alterados de conciencia como portal hacia la intuición y otras realidades donde las vidas pasadas son accesibles.

Introducción

Mediante la agudización de nuestra concentración, conservamos intacta la capacidad de entrar en contacto con estas realidades fuera de las dimensiones del mundo físico. Así como podemos viajar en forma inmediata cuando usamos nuestra imaginación, si aprovechamos al máximo el potencial de la memoria donde se alojan nuestras vidas pasadas, podemos viajar hacia allí al instante. Podemos establecer una analogía con el comando que se requiere para que una computadora tenga acceso a su memoria. Si se utiliza el comando correcto, es posible recuperar la memoria correcta. En el caso de los recuerdos de vidas pasadas, el comando se llama puente y puede ser con una visualización guiada, una frase, una emoción o una sensación física.

EL CUERPO SUTIL – ENERGÍA MÁS ALLÁ DE LO FÍSICO

¿Cómo funciona esto? Gran parte de la historia de la física y medicina occidentales ha visto al cuerpo humano como un objeto sólido. Se le dio la vuelta a esto cuando Einstein en su teoría de la relatividad fue capaz de demostrar que el cuerpo humano es simplemente energía, como lo son todas las cosas. Es así como las tradiciones antiguas ven el cuerpo físico, con un campo energético a su alrededor llamado el cuerpo sutil, que consiste de distintas capas de energía, cada una con su propia *vibración*.[4] Una analogía puede ser que el hielo puede estar en estado sólido y aún tener vapor de agua a su alrededor. La diferencia entre el hielo y el vapor de agua es la energía que posee. En varias partes del mundo se le ha llamado chi, ki, prana, fohat, orgón, fuerza ódica y mana. No se puede medir fácilmente con instrumentación convencional. Los rusos Krippner y Rubin reportaron sobre el fenómeno de energía alrededor de las plantas, animales, y humanos en su libro *Galaxies of Life* (Galaxias de Vida).[5] Estas emanaciones de energía fueron registradas en su investigación por un controversial proceso cuasi-fotográfico llamado fotografía Kirlian. Un ejemplo fue la *hoja fantasma* que pretendía mostrar esta energía.

Una psíquica llamada Barbara Brennan[6] relata en su libro *Hands of Light* (Manos de Luz) cómo ella ha sido capaz de identificar enfermedades a través de sus observaciones del cuerpo sutil tan precisamente como la mayoría del equipo médico moderno. El cuerpo sutil es acreditado con la sanación del cuerpo físico usando una técnica llamada el toque terapéutico que es usado en algunos hospitales en Estados Unidos e Inglaterra. Posteriormente las investigaciones han demostrado que el ritmo de sanación de heridas quirúrgicas puede ser incrementado cuando las manos de un sanador son sostenidas a algunas pulgadas de la herida física.[7] Los métodos tradicionales han funcionado con la sanación del cuerpo sutil por miles de años. Algunos ejemplos son los sistemas chinos de meridianos usando acupuntura y más recientemente la energía sanadora japonesa llamada Reiki. Muchas de las terapias complementarias y alternativas que se están volviendo populares involucran el trabajo con el flujo de estas energías sutiles alrededor del cuerpo físico denso.

Esto lleva al tema de si parte de nuestra consciencia reside en el cuerpo sutil. La ciencia occidental no tiene nada que decir al respecto. La experiencia cercana a la muerte de Patrick Tierney[8] citada en el *Daily Mail* es un área útil por donde comenzar, porque implica que la consciencia puede no estar atada al cuerpo físico en absoluto:

> Patrick sufrió un ataque al corazón cuando tenía cincuenta y uno. En ese tiempo él estaba ya en el hospital horas después de haber sobrevivido un ataque al corazón menos severo más temprano ese mismo día. Su experiencia

Introducción

cercana a la muerte ocurrió mientras fue diagnosticado clínicamente muerto. Él no estaba consciente del drama a su alrededor mientras los doctores en el Hospital de Hillington luchaban por salvar su vida. Tuvieron éxito reiniciando su corazón con choques de un desfibrilador. Él reportó que se veía como si hubiera estado caminando por un largo rato antes de llegar a un entronque y un túnel se dirigía hacia dos direcciones. A la izquierda había un negro abismal y a la derecha había una luz muy blanca y brillante. Tomó el túnel a mano derecha, el cual le llevó a un maravilloso jardín, lleno de hermosos colores. Él nunca había visto algo parecido en su vida. En medio del jardín estaban sus padres y su suegra llegó y se unió a ellos [ellos habían muerto entre 1984 y 1990, antes de la experiencia cercana a la muerte]. Llegó a una puerta y su papá le dijo que no entrara. Su madre simplemente sonrió y luego se encontró de nuevo en el túnel oscuro y lo siguiente que supo, fue que podía escuchar a una mujer llamándolo por su nombre. Era una enfermera del hospital.

Experiencias tal como estas han sido la fuente de bastante debate y controversia, centrada en si son o no alucinaciones o un vistazo de la vida después de la muerte. Las teorías más comunes apoyando la alucinación dicen que son un cambio fisiológico causado por el proceso de muerte. Podrían ser causados por la liberación de endorfinas, una falta de oxígeno en el cerebro, un nivel incrementado de dióxido de carbono o la presencia de drogas. Otra explicación es que podría ser un fenómeno psicológico creado por el paciente en su momento de necesidad.

El Dr Parvia y su equipo de la Horizon Research Foundation en el Hospital General de Southampton en Inglaterra trabajó con 63 sobrevivientes de paros cardíacos por un año. Ninguno de los sujetos tenía algún cambio en el nivel de oxígeno en la sangre, dióxido de carbono, potasio o sodio. Los niveles bajos de cualquiera de estos podría causar alucinaciones. Este argumento negaba que los niveles bajos de oxígeno u otros químicos eran la causa de las experiencias cercanas a la muerte. También entrevistaron a los pacientes sobre sus creencias religiosas y éticas. Resulta que siete sujetos que tuvieron una experiencia cercana a la muerte no eran más espirituales que los otros pacientes.

El cardiólogo Dr Pim van Lommel y sus colegas del Hospital Rijnstate en Arnhem, Holanda, hicieron un estudio más exhaustivo durante 13 años. Ellos investigaron las experiencias de 344 pacientes de cardiología resucitados después de un paro cardíaco. Todos estuvieron clínicamente muertos en algún punto durante su tratamiento. De estos, 62 pacientes reportaron una experiencia cercana a la muerte y 41 un túnel, luz y similares. Durante el periodo de inconsciencia muchos no tenían actividad eléctrica en el cerebro. Esto significaba que el recuerdo en la memoria de la experiencia no podría ser explicada por la ciencia tradicional. Preguntas de seguimiento 8 años después mostraron que tenían menos miedo a la muerte y una perspectiva más espiritual en la vida. Los resultados fueron reportados en el prestigioso diario médico *The Lancet*.[9] Este es el relato de una enfermera del estudio:

> Un hombre de 44 años había sido llevado en una ambulancia al hospital durante la noche después de haber sido encontrado en el prado. Estaba en un coma profundo y su piel estaba azul. El personal médico y yo llevamos acabo la respiración artificial, masaje de corazón y desfibrilación, y cuando un tubo fue insertado en su boca, se descubrió que usaba dentadura postiza. Yo quité la dentadura y la puse en una 'mesa de pasteur'. Después de aproximadamente una hora y media el paciente tenía

Introducción

suficiente ritmo cardíaco y presión sanguínea para ser transferido a terapia intensiva aunque aún necesitaba respiración artificial. Después de alrededor de una semana, me encontré con el paciente en la sala de cardiología. El momento en que me vio me dijo que yo sabía en dónde estaba su dentadura: 'Sí, usted estaba ahí cuando me trajeron al hospital y sacó la dentadura de mi boca y la puso en un carrito. Tenía todas esas botellas encima y tenía este cajón debajo, y ahí puso mis dientes.' Yo estaba especialmente impresionada porque recordaba cómo esto ocurrió mientras el hombre estaba en un coma profundo y en el proceso de resucitación. Cuando pregunté más, parecía que el paciente se había visto a sí mismo recostado en la cama desde arriba. También describió correctamente, en detalle, el pequeño cuarto en donde había sido resucitado, al igual que la apariencia de aquellos presentes, como yo. En ese momento él había tenido mucho miedo de que detuviéramos la resucitación y que muriera. Estaba profundamente impresionado por su experiencia y ya no tenía miedo a la muerte. Cuatro semanas después dejó el hospital como un hombre sano.

Las experiencias cercanas a la muerte son más comunes de lo que muchos piensan, con más de 8 millones de americanos habiendo experimentado una.[10] Esta creciente evidencia sugiere que la consciencia es una entidad separada del cerebro físico. Claro, se necesitan estudios complementarios para verificar la investigación y llevar estos nuevos conceptos a la ciencia convencional. Esto está encabezado por una organización llamada Scientific and Medical Network (Red Científica y Médica), un grupo internacional establecido en 53 países y 2,000 científicos cualificados y doctores, psiquiatras, psicólogos, terapeutas y otros profesionales. Ellos realizan conferencias, publican artículos y apoyan la investigación en nuevas áreas.

¿Pueden Algunas Memorias ser Vidas Pasadas?

Hemos visto cómo la consciencia parece ser capaz de viajar fuera del cerebro, de manera que, ¿se puede vincular a la memoria de una vida pasada? El Dr Ian Stevenson, antiguo director del departamento de parapsicología en la University of Virginia, se ha especializado en la colección de historias de vidas pasadas de niños alrededor del mundo entrevistándolos a ellos y a todos los testigos de su experiencia. Esto incluye la búsqueda de inconsistencias o fraudes realizando visitas de seguimiento después para revisar signos de cualquier ganancia personal que pudiera ser considerado como fraude. Un ejemplo de uno de sus casos es el relato de Swarnlata Mishra, nacida en 1948 en el distrito Madhya de la India. Este es un fragmento de su libro, *Twenty Cases Suggestive of Reincarnation* (Veinte Casos Sugestivos de Reencarnación):[11]

> Cuando tenía tres años, Swarnlata empezó a tener memorias espontáneas de vidas pasadas sobre ser una niña llamada Biyi Pathak quien vivía en una aldea a 100 millas de distancia. Ella recordaba los detalles de la casa blanca con cuatro habitaciones, puertas negras ajustadas con barras de hierro y un piso de losetas de piedra. Se encontró luego que una niña llamada Biyi vivió en la casa que Swarnlata describió y había muerto nueve años antes de que Swarnlata naciera. Ella también identificó y nombró a varios familiares y sirvientes cuando visitó la casa donde Biyi había vivido y no se dejó llevar por un truco cuando

Introducción

una persona que no era pariente de Biyi fingió serlo. Era capaz incluso de recordar los detalles de la vida pasada cuando fue a una boda y tuvo dificultades para encontrar una letrina. Mientras que el padre no desalentaba estas memorias, no se encontraron señales de que hubiera una motivación de engañar. Un total de 49 puntos separados sobre la historia de Swarnlata fueron reunidos y verificados por al menos un testigo independiente. Ninguno de ellos podía ser explicado de no ser con la reencarnación.

En total, Ian Stevenson y sus colegas han laboriosamente reunido más de 2,600 casos de un amplio rango de culturas y religiones alrededor del mundo. Muchas son de países tercermundistas donde los niños frecuentemente viven en aldeas aisladas sin la intrusión de los medios. En este tipo de comunidades están aislados de muchas de las variables que podrían ser explicaciones alternativas a la reencarnación. Un total de 65 casos totalmente detallados han sido publicados en sus libros y 260 en artículos.

El eminente neuro-psiquiatra Dr Brian Weiss de la Universidad de Miami se jugó su reputación y carrera en la publicación del caso de un cliente quien se recuperó rápidamente cuando una vida pasada surgió espontáneamente durante una sesión de hipnosis. Su libro *Many Lives Many Masters* (Muchas Vidas Muchos Sabios)[12] contiene relatos fenomenológicos a profundidad de las experiencias y la reducción de los síntomas del cliente. El caso erosionó el escepticismo de Weiss sobre las vidas pasadas y concluyó que no importaba si una persona creía o no en la reencarnación, siempre se conectarían con una historia de vidas pasadas si se les invita de la manera adecuada.

Si la consciencia puede sobrevivir a la muerte y acceder a la memoria de vidas pasadas, ¿puede también vincularse a las memorias entre vidas? Usando hipnosis profunda, el psicólogo consejero Dr Michael Newton encontró que estas memorias del alma parecían ser traídas a la consciencia después de una regresión a vidas pasadas. Llamándole *Regresión Espiritual a la Vida Entre Vidas*, trabajó con miles de clientes durante 30 años, publicando la investigación en dos libros ampliamente leídos, *Destiny of Souls* (Destino de las Almas)[13] y *Journey of Souls* (Viaje de las Almas).[14] Lo impresionante es que a pesar de las vidas pasadas disimilares, los clientes experimentan eventos similares entre vidas. Esto incluye repasos de la vida pasada con guías espirituales, planeación para la siguiente vida con espíritus de luz llamados 'Sabios', y trabajo con otras almas y grupos.

Todo esto parece confirmar la reencarnación y un número creciente de personas en el mundo occidental ahora lo creen. Un estudio iniciado por el Profesor Kerkhofs en la Universidad de Louvain en Bélgica, revisó las creencias de la gente sobre la reencarnación en el este de Europa usando tamaños de muestra de 1,000 en cada país.[15] El porcentaje promedio de personas creyentes en la reencarnación a través de Europa fue de 22, con altas de 41 en Islandia, 36 en Suiza y 29 porciento en el Reino Unido.

LA EXPERIENCIA DEL CLIENTE DE UNA REGRESIÓN A VIDAS PASADAS

Se puede gastar mucha energía e ingenuidad intentando probar o refutar la validez de una memoria de vidas pasadas. Tal como no es necesario para el terapeuta que trabaja con los sueños probar la teoría científica de los sueños antes de usarlos, el hecho de que el cliente parezca tener una memoria de una vida pasada no requiere que sea probado antes de trabajar con ella. La primera responsabilidad del terapeuta que desea sanar a un cliente es

Introducción

respetar la integridad del mundo interior propio del cliente. Aquí hay un estudio de caso para ilustrar esto:

Helen era una mujer soltera de 35 años, inteligente y segura de sí misma. Ella trabajaba en la industria como contadora y era responsable de manejar las cuentas empresariales de su compañía. Ella tenía pensamientos recurrentes de, '*Se están llevando a mis hijos*', lo cual era extraño, porque ella no tenía hijos. Se enojaba mucho y frecuentemente caían lágrimas en sus mejillas. Algunos días era incapaz de trabajar y esto había estado sucediendo por alrededor de 15 años. También tenía pesadillas sobre un robo y había visto a varios terapeutas a lo largo de los años, pero los problemas prevalecían.

Después de tomar sus detalles personales, los objetivos para la terapia fueron acordados. El primero era ayudar a reducir la frecuencia de los pensamientos obsesivos de que le quitasen a los niños. El segundo era lidiar con las pesadillas recurrentes sobre el robo.

Se le pidió a Helen que se recostara sobre el sillón del terapeuta y repitiera la frase, 'Se están llevando a mis hijos'. Espontáneamente tenía las imágenes de ser una madre de edad media en la Inglaterra medieval, sin esposo y viviendo en una casita con dos niños. Ella describió que vestía un largo y andrajoso vestido café con el cabello atado detrás, debajo de un chal, y sanando a personas de la aldea aledaña con hierbas a cambio de comida. La voz de Helen tomó un tono distinto conforme describía a un grupo de hombres que lucían como *cuáqueros* quienes irrumpieron en su casa, acusándola de ser una bruja. La curandera tenía las manos atadas detrás de su espalda y fue llevada a un río y forzada a tenderse boca abajo sobre un tablón junto a la ribera, con las manos atadas debajo de él.

Conforme Helen describía la muerte, se le dificultaba respirar y su cuerpo se puso rígido. Claramente angustiada, se le llevó rápidamente a través de ella y su cuerpo visualmente se relajó. La mujer curandera murió una muerte traumática ahogada y atada al tablón. Sus pensamientos de muerte fueron, '*Lo siento tanto por mis hijos. Se han llevado mis hijos.*'

La curandera sintió paz mientras dejaba su cuerpo y miraba hacia abajo, atado al tablón conforme los hombres cuáqueros observaban parados. Se le pidió que conectara con los espíritus de sus hijos y en el diálogo fue capaz de pedir perdón por dejarlos. Se le animó a revisar si los niños entendían lo que había pasado y descubrió que otra familia había cuidado de ellos. Se notó que Helen tenía aún dolor en su pecho y éste fue liberado cuando abrazó a los niños con la ayuda de un cojín usado como elemento de apoyo. Luego se le pidió que conectara con los espíritus de los aldeanos. Estaba renuente de encontrarse con todos ellos sin el apoyo de otros, y luego reportó la imagen de todos ellos pidiendo perdón. Cuando confrontó a los espíritus de los cuáqueros, el tono de la voz de Helen se endureció conforme decía las palabras, '*No tenían derecho a hacerme eso*' y no estaba lista para perdonar.

Se le pidió a Helen que fuera a otra vida pasada que involucrara a los cuáqueros. Espontáneamente reportó un dolor en su hombro y tenía las imágenes de ser un ladrón con una capa negra, quien intentaba escapar con bienes robados. El ladrón montaba un caballo y le acababa de disparar en el hombro una multitud de personas que lo perseguían. El caballo se giró y cayó al piso. Conforme llegó la multitud, Helen espontáneamente recordó a algunos de ellos como los cuáqueros que habían ahogado a

Introducción

la curandera en otra vida pasada. El ladrón fue atado por las manos y colgado. Después de su muerte, se le pidió al ladrón que se encontrara con los espíritus de la multitud que lo había perseguido y le disparó. Él tenía que pedir perdón por lo que había hecho y prometer nunca robar de nuevo. Se le pidió a Helen que volviera a la primera vida pasada y pudo entonces perdonar a los cuáqueros por lo que hicieron. Helen reconoció patrones entre la historia de la vida pasada y su vida actual. También reconoció un patrón entre el agua de cuando se ahogó con la fobia al agua de su vida actual. Cuando era una niña, Helen gritaba cuando su madre trataba de bañarla o lavar su pelo en una cuenca de agua. Otro patrón era una dificultad para hacer frente a hombres de autoridad, como los cuáqueros.

Después de la sesión de terapia Helen reportó que las pesadillas recurrentes del robo y que los pensamientos de que se llevaran a sus hijos habían completamente cesado. Tampoco le daba ya miedo el agua. Un hombre de negocios había acusado a Helen de golpear su auto mientras se estacionaba. Ella dijo, *'Anteriormente mis piernas se habrían convertido en gelatina con una figura masculina de autoridad pero fui capaz de mantenerme asentada y decirle que fue tanto mi culpa como la suya.'* Un año después seguía siendo una mujer distinta.

¿Recordó Helen una vida pasada o se deshizo de una memoria dolorosa de su madre tratando de lavar su pelo? Quizás su psique se asoció libremente con una memoria pasada universal de la era medieval inglesa. Todas estas explicaciones son posibles. Sin embargo, el punto importante es que dando a la psique de Helen permiso completo de seguir su propia resonancia y asociaciones fue capaz de llegar a un lugar de resolución y la remisión de sus síntomas. El intentar probar la veracidad de la historia no es lo importante en terapia, sino permitir al poder terapéutico de la terapia sanar.

El estudio de caso de Helen ilustra cómo se puede permitir que emerja una historia de una vida pasada y que esta sea explorada. El terapeuta no necesita tener ningún protocolo especial para los diferentes tipos de problemas de los clientes. Su rol es simplemente hacer preguntas para explorar la vida pasada. La sanación del problema de Helen utilizó reconciliación y mediación con figuras espirituales transpersonales encontradas en reinos superiores relacionados a su vida pasada. En este punto el lector podrá preguntarse si esto fue visualización y diálogo creativo, o en un estado alterado de consciencia, Helen se vinculó telepáticamente a los espíritus de esas almas. Esto será comentado después. Cualquiera que sea la realidad de la experiencia, implantó opciones frescas para su vida actual y el perdón espontáneo en su vida pasada es profundamente terapéutico para la psique de una persona.

La transformación de los pensamientos obsesivos recurrentes de Helen después de dos horas fue muy significativa. En el aclamado libro *Obsessive Compulsive Disorder* (Trastorno Obsesivo Compulsivo)[16] los autores notan que otros enfoques terapéuticos solamente reducen las obsesiones en vez de eliminarlas y frecuentemente requieren hasta 45 horas de terapia.

El Enfoque de la Terapia de Regresión

Así como la de vidas pasadas, la terapia de regresión incluye la vida actual también. El cliente es guiado de vuelta y se le anima a revivir y resolver los conflictos del pasado que, a menudo, han sido inaccesibles para su mente consciente, y aún así han estado

Introducción

influenciando su estabilidad mental y emocional. Una analogía es como sacar una espina que ha estado enterrada profundamente y está causando incomodidad física. Cuando se retira la espina, los síntomas nunca vuelven.

La psicología tradicional sabe que nuestra personalidad es moldeada por las memorias de los eventos que experimentamos durante nuestra vida. Las obvias, con las cuales la terapia de regresión puede lidiar, son las transiciones de vida como la muerte de seres queridos, divorcio o dificultades en las relaciones. No obstante, los eventos en la infancia temprana pueden tener un efecto significativo. Bowlby[17] fue uno de los pioneros en psicología e identificó que la ausencia de amor de uno de los padres o una niñera consistente puede afectar la habilidad del niño para crear lazos afectivos después en su vida. Su investigación mostró que esto llevaba a problemas de comportamiento en los años adolescentes y posteriormente en la adultez. Estos problemas incluyen daño a sí mismo, depresión y ansiedad generalizada. Otro moldeo poderoso viene del trauma emocional y de la impresión de memorias. Un evento traumático que es demasiado grande o pavoroso para ser procesado e integrado en la consciencia es enterrado en el inconsciente. Esta es la base de las ideas de Freud, posteriormente desarrolladas por los psicólogos Klein y Winnicott.[18] Muchos de nuestros miedos y comportamientos irracionales pueden ser rastreados a memorias escondidas en el inconsciente. Un ejemplo simple sería una fobia, y, uno más complejo, el estrés post-traumático.

Sin embargo, nuestra personalidad también parece ser moldeada por vidas pasadas. Algunos ejemplos de mi propia práctica dan cierta idea de la notable y amplia gama de problemas que han respondido a la regresión a vidas pasadas:

Inseguridad – De ser abandonado y morir en la vida pasada como un niño.

Depresión – El pensamiento, 'Es inútil' se ha originado desde la vida pasada de un esclavo y otro por morir en una hambruna, sin comida.

Fobias y Miedos Irracionales – Fobias inusuales como el miedo a ahogarse, sofocación, fuego, animales y cuchillos.

Pensamientos Obsesivos – La obsesión, 'Necesito estar limpio' viene de una muerte traumática en la suciedad de las trincheras de la Primera Guerra Mundial. La obsesión, 'Necesito checar de nuevo' viene de un descuido que resultó en la pérdida de un ser querido.

Sueños Angustiantes Recurrentes – Esto ha sido causado por un permeo de una amplia variedad de vidas sin resolver.

Culpa y Martirio – El pensamiento, 'Todo es culpa mía' ha venido de llevar a tropas a su muerte, matar a seres queridos o traiciones.

Dolores Inexplicables, Tensiones o Entumecimiento – Vidas pasadas que han tenido lesiones o muertes traumáticas. Ejemplos son lesiones de batalla en la cabeza, pecho y dolores en las extremidades de palizas.

Ataques de Pánico – Muertes traumáticas que involucran violación, tortura, interrogación y haber sido dejado morir en un pozo.

Enojo o Arranques de Ira – Pérdida de familia y posesiones por invasores, tortura, traición y expulsión injusta de comunidades.

Relaciones que Fracasan Repetidamente – Estas frecuentemente se derivan de vidas con una traición de los seres queridos y varios roles de perpetrador y de víctima.

Sentirse Separado y Aislado de otras Personas – Vidas de se fue rehuido por comunidades religiosas, aldeanas o tribales.

Introducción

La terapia de regresión, en línea con otras terapias, está basada en los hombros de los pioneros que han ido antes y la diversidad de sus enfoques. Una historia de estos pioneros es mostrada en el Apéndice I, junto con un resumen de algunas de las investigaciones usando terapia de regresión. Cuando yo entré en el mundo de la regresión a vidas pasadas en los 90's, pasé tiempo trabajando con tantos de los pioneros como pude. Cada uno fue excelente, mas parecían cubrir solamente un aspecto. Este libro tiene como objetivo reunir todas estas técnicas poderosas de sanación: regresión a vidas pasadas con hipnosis, regresión a la vida actual y a vidas pasadas con hipnosis, regresión a la vida actual y a vidas pasadas con técnicas no hipnóticas de punteo, y regresión espiritual con hipnosis profunda. Con sus numerosos estudios de caso, interesará tanto a terapeutas que quieran aprender nuevas técnicas y a cualquier lector interesado en las vidas pasadas y en las fascinantes memorias del alma entre vidas.

Gran parte del esfuerzo científico del occidente ha sido para dominar el mundo material. Ahora la regresión espiritual y a vidas pasadas es una revolución en el entendimiento de nuestro mundo interior espiritual que puede llevar a la sanación de nuestra alma eterna.

2

Teoría de Vidas Pasadas y Regresión Espiritual

Escúchame, hermano, me dijo. Hay tres verdades absolutas que no pueden perderse aunque permanezcan calladas por falta de expresión. El alma del hombre es inmortal y no existen límites para el desarrollo y esplendor de su porvenir. En nosotros habita el principio que da la vida, es imperecedero y eternamente benéfico. No se oye, no se ve ni se huele, pero lo percibe quien desea la percepción. Cada ser humano es su propio y absoluto legislador, a sí mismo se otorga gloria u oscuridad, su recompensa y su castigo. Estas verdades son tan grandiosas como la misma vida y tan sencillas como la más sencilla de las mentes humanas. Alimenta con ellas a los hambrientos.
Fragmento de *El idilio del loto blanco* por Mabel Collins.

La ciencia occidental moderna ha determinado que el mundo físico se compone de energía. No obstante, todavía no ha suministrado una teoría para explicar la intuición, el cuerpo sutil y las dimensiones no-físicas que podemos experimentar. Tampoco ha sido capaz de explicar las experiencias cercanas a la muerte de las personas y las vidas pasadas de los niños que indican que parte de la conciencia existe en forma completamente independiente del cuerpo físico. En ausencia de una explicación provista por la ciencia occidental, debemos recurrir a otras fuentes en busca de una teoría de las vidas pasadas.

La Sabiduría Antigua

Todos los grandes maestros de las principales religiones han comunicado las mismas verdades fundamentales en diferentes partes del mundo de conformidad con su tiempo y cultura. En su exterior, muchas perspectivas religiosas parecen estar en conflicto, pero cuando se estudian en profundidad las enseñanzas internas de los fundadores, poseen una notable armonía. Se la ha denominado Sabiduría antigua y ha existido durante decenas de miles de años. Como "regla de oro", conecta las enseñanzas esotéricas, espirituales e indígenas del mundo entero.

Durante muchos años, estas enseñanzas no se escribieron sino que hubo determinados maestros que las transmitieron oralmente a grupos religiosos y sociedades secretas tales como los cabalistas, esenios, sufistas, caballeros templarios, rosacruces y masones entre otros[1]. Durante los últimos cien años, se escribió la Sabiduría antigua y se difundió en las principales corrientes del mundo occidental. Una de ellas fue la Sociedad Teosófica e incluyó autores tales como C.W. Leadbeater, Annie Besant y fue sintetizada por Arthur Powell en una serie de libros entre los que se cuentan *El cuerpo etéreo*, *El cuerpo astral* y *El cuerpo mental*. Otros colaboradores incluyen a Helena Roerich junto a la Sociedad Agni Yoga. La siguiente ola de difusión de la Sabiduría antigua fue originada por una inglesa, Alice Bailey, junto con el maestro tibetano Djwhal Khul. Durante la primera mitad del siglo XX se produjeron una serie de libros y se fundó la Escuela Arcana para estudiar la Sabiduría antigua.

Para comprender en plenitud esta nueva forma de pensar debemos despojarnos de nuestra encandilada perspectiva respecto de que si no podemos ver, tocar, oler y saborear algo, ese algo no es real. Más que un dogma, que requiere fe incondicional, la Sabiduría antigua se basa en una serie de principios espirituales que rigen el universo[2]. Estas verdades se revelan y expanden mediante las experiencias de las personas durante su vida.

PRIMER PRINCIPIO — DUALIDAD MATERIAL Y ESPIRITUAL

La Ley de correspondencia es el primer principio. Aquello que ocurre en la Tierra también tiene un correlato espiritual. Esta dualidad existió en el principio cuando una única fuente de energía espiritual y materia se expandió y llenó el universo. La teoría del Big Bang de la materia física ha obtenido amplia aceptación en el medio científico. El equivalente con la energía espiritual dio por resultado la distribución de partículas del original[3]. Los espíritus de luz expertos la utilizan para crear nuevas almas[4] con el objeto de satisfacer el crecimiento de la población en la Tierra. Cada individuo tiene un alma que es pura energía del espíritu y contiene los recuerdos y experiencias acumuladas en cada encarnación física. El alma crece con cada experiencia vital hasta alcanzar un estado en que no es necesaria la reencarnación a menos que elija servir a un propósito más elevado. El propósito último de la vida consiste en recuperar la unión con la fuente espiritual de la cual provenimos.

Una aplicación de este principio es que un vínculo energético llamado intuición existe entre el cuerpo físico y el alma. En meditación, hipnosis o estados alterados de conciencia durante una regresión, este vínculo se vuelve más fácil de usar. Los recuerdos del alma, las vidas pasadas y la capacidad para vincularse telepáticamente con los dominios espirituales se vuelven más accesibles.

Es éste también el vínculo que transporta los pensamientos irresueltos, las emociones y los recuerdos corporales en el momento de la muerte desde el cuerpo físico hasta el alma. El medio que los transporta es un campo de energía que rodea al cuerpo físico y se llama cuerpo sutil[5]. Posee tres energías vibratorias diferentes llamadas etérea, astral y mental. La energía etérea se encuentra en estrecha proximidad al cuerpo físico y contiene los recuerdos físicos. La energía astral se extiende alrededor de la etérea y contiene los recuerdos emocionales y el campo de energía mental exterior contiene los pensamientos.

La ciencia tradicional podría postular que los pensamientos y las emociones forman parte de la actividad eléctrica del cerebro. La Sabiduría antigua las ubica alrededor del cuerpo físico en el cuerpo sutil. Podemos establecer una analogía con la música de un CD. La fuente de la música puede estar contenida en el CD, pero no es posible determinar la ubicación de la música en ningún lugar específico. Es una energía vibratoria que está en el aire a nuestro alrededor.

Recuerdos de Vidas Pasadas Alojados en Nuestro Campo de Energía

El campo etéreo de algunas personas sólo resulta visible como un delgado borde gris alrededor del cuerpo físico. Su propósito consiste en vincularse con el cuerpo físico y vitalizarlo. Este campo de energía es precisamente el que se manipula en la acupuntura tradicional para reducir el dolor. Es también el boceto para construir aspectos del cuerpo físico cuando el alma se funde con el bebé durante la encarnación. En este punto, se transfieren los recuerdos físicos de vidas pasadas. Ian Stevenson, cuyos estudios con niños se han mencionado previamente, presenta

Teoría de Vidas Pasadas y Regresión Espiritual

muchos casos que ha investigado y que parecen respaldar este concepto. Se ha descubierto que marcas de nacimiento, cicatrices, malformaciones corporales y otras manifestaciones físicas están relacionadas con muertes en vidas pasadas. Una característica común a todos los casos es que los rasgos corporales transmitidos a esta vida se relacionan con muertes violentas o traumáticas. Un ejemplo es el caso de Alan Gamble estudiado en Canadá y que se presenta en el libro *Where Reincarnation and Biology Intersect* [6]:

Alan Gamble tiene dos marcas de nacimiento en la mano y muñeca izquierdas. Durante una regresión a una vida pasada comenzó a hablar sobre Walter y su muerte accidental con una escopeta. Tres años antes del nacimiento de Alan, Walter Wilson, acompañado por un amigo, había ido a pescar frente a la costa de Columbia Británica. Se encontraban navegando cerca de la orilla en un pequeño bote cuando Walter vio un visón cerca del agua. Tomó su escopeta por la boca, pero se le resbaló, golpeó contra el fondo del bote y se disparó. El disparo ingresó por la mano izquierda de Walter, quien comenzó a sangrar en forma abundante. Su amigo le practicó un rudimentario torniquete y dirigió el bote hacia el pueblo más cercano, que se encontraba a diez horas de distancia. Ignoraba que es necesario aflojar el torniquete periódicamente y para el momento en que llegaron al pueblo, Walter estaba inconsciente y experimentaba gangrena. Más tarde falleció en el hospital. La marca de nacimiento más pequeña que aparecía en la palma de la mano de Alan correspondía a los puntos de entrada del proyectil que causó la herida a Walter. La marca de nacimiento más grande y prominente en el dorso de la muñeca de Alan correspondía al punto de salida del proyectil.

Dolores inexplicables y tensión en esta vida podrían atribuirse a heridas sufridas en vidas pasadas. El recuerdo de ahorcamiento, lanzas, espadas, golpizas y otras agresiones al cuerpo físico en vidas pasadas tiene su impronta en el plano etéreo. Cuando una persona muere, este campo se separa del cuerpo físico y se lleva la memoria física que producirá un efecto en futuras reencarnaciones.

El siguiente campo de energía, llamado astral, es donde se alojan las emociones. Aunque normalmente no se percibe a simple vista, los psíquicos manifiestan que se extiende medio metro alrededor del cuerpo físico. En el momento de la muerte, este campo de energía abandona el cuerpo físico y las emociones no resueltas permanecen allí como recuerdos "congelados". Temor, ira, vergüenza, culpa, furia, tristeza, odio y angustia son algunas de las emociones negativas más fuertes. Si los problemas asociados con ellas se hubieran resuelto, los recuerdos emotivos congelados no hubieran perdurado.

El campo de energía mental contiene tanto los pensamientos que hemos expresado como aquellos que no hemos expresado. Se extiende por varios metros alrededor del cuerpo físico. Incluso si no los expresamos, nuestros pensamientos en este campo tienen energía y son poderosos. Muchas personas habrán pasado por alguna circunstancia en que se han hecho eco de los pensamientos de alguien, sin poder explicarse cómo ha sido. Un ejemplo común en tal sentido es experimentar la sensación de que alguien nos mira a nuestras espaldas y confirmarlo al volvernos.

El efecto de estos campos de energía en la regresión a vidas pasadas puede ilustrarse mediante el caso de una cliente a quien llamaré Roz. Al comenzar la terapia, mencionó sus dolores crónicos en las articulaciones y varias partes del cuerpo que había experimentado durante la mayor parte de su vida adulta. A pesar de las consultas con su médico clínico, los dolores estaban diagnosticados como inexplicables. Roz era una persona

Teoría de Vidas Pasadas y Regresión Espiritual

tranquila, sin pareja y madre de cuatro niños pequeños, pero su voz adquirió un tono diferente cuando habló acerca de sus relaciones con hombres. *"No puedo hacer nada"* y *"Me siento incapaz"*, comentaba mientras hablaba sobre su autoritario padre, luego sobre su ex–marido y, luego del divorcio, sobre su pareja actual:

Durante la regresión, Roz se descubrió como una joven que había sido abandonada en su infancia durante la época victoriana de Inglaterra y que había sido criada por monjas. Ellas la enviaron a trabajar en un lavadero, donde la trataban casi como esclava porque debía revolver las prendas que se lavaban dentro de un recipiente a alta temperatura durante largas horas por una paga muy escasa. Un adinerado hombre mayor se encariñó con ella y se casaron. La joven sintió que sus más exaltados sueños se habían concretado. No obstante, el hombre no pretendía una relación íntima y acostumbraba golpearla para descargar sus frustraciones en la actividad comercial. Ella aceptaba su destino porque no tenía familia ni lugar a dónde ir y pensaba que nadie le creería a una chica sin instrucción. Por fin, el hombre la golpeó tan violentamente que rodó por las escaleras y sufrió heridas en piernas, brazos y torso. La arrastraron hasta el sótano donde murió. En el instante de su muerte, los dolores corporales, la sensación de impotencia y su último pensamiento: *"No puedo hacer nada"*, se fueron con ella.

Se ayudó a Roz a regresar al punto en la vida pasada de la joven cuando su marido comenzó a lastimarla. El cuerpo de Roz adoptó la postura que correspondía a la experiencia al tenderse sobre un costado hecha un ovillo. Su cuerpo se estremecía y le temblaba la voz mientras describía la golpiza. Mediante psicodrama, logró apartarlo de ella empujando un almohadón que sostenía el terapeuta. Su voz asumió nueva vida al aporrear el almohadón con los puños. Roz suspiró visiblemente aliviada y la joven fue transportada más allá de la muerte para enfrentar al espíritu de su marido. Ella manifestó que estaba avergonzado y le pedía perdón de rodillas. Con el nuevo poder que ahora experimentaba, se limitó a sentir pena por él.

Como resultado de la terapia, Roz pudo hacer frente a su pareja, algo que jamás había logrado con los hombres. Los dolores en el cuerpo y las articulaciones que desaparecieron luego de la terapia nunca regresaron.

El caso de estudio de Roz ilustra cómo el pensamiento *"No puedo hacer nada"*, la sensación de impotencia y el inexplicable dolor en diferentes partes del cuerpo resultaron estar ligados a su vida pasada como joven en la época victoriana. Era un patrón que se seguía repitiendo en su vida adulta actual.

Segundo Principio — Karma

Karma es el segundo principio de la Sabiduría antigua. Proviene del sánscrito antiguo y se traduce como "acción"; la recompensa a las acciones y actitudes positivas y un castigo a las negativas. Tal como dice la Biblia cristiana: "Todo lo que el hombre sembrará, eso también segará". Puede considerarse como una forma de responsabilidad cósmica. Se nos otorga el libre albedrío para decidir cómo responder ante cualquier situación y las elecciones que hagamos pueden tanto crear como resolver el karma en nuestra vida.

No obstante, karma es algo mucho más complejo. Se nos otorgan diferentes cuerpos en diferentes vidas para experimentar ambos lados de una situación y para aprender y desarrollarnos. Todo karma no resuelto en una vida se transporta a otra vida. Un ejemplo es el caso de una cliente a quien llamaré Jenny:

> Jenny experimentó una regresión a la vida pasada de un hombre en Europa medieval, quien era empleado en diferentes ciudades para mantener el orden y lo lograba golpeando a las personas. No le importaba si eran culpables o inocentes, se limitaba a aplicar las golpizas para aterrorizar a sus conciudadanos. A la cabeza de un grupo de seguidores, iba de ciudad en ciudad. Su reputación lo precedía y en una ciudad fue superado por la población local y azotado. Lo hicieron subir hasta una plataforma frente a una multitud y lo colgaron de los brazos con grillos. Sin posibilidad de ver a la multitud, lo acribillaron con estacas de madera hasta que le llegó la muerte.
> Se solicitó a Jenny que fuera hacia otra vida pasada relacionada con ésta. Ella experimentó una regresión a una joven a quien sus crueles padres golpeaban constantemente. En algún momento la joven se casó y su marido también comenzó a golpearla. Murió como consecuencia de una brutal golpiza y mientras agonizaba pensó *"Algún día me vengaré. Tendré tanto poder como ellos"*.

Jenny había experimentado el abuso de poder como víctima en una vida pasada y el abuso de poder como victimario. Derrotas, traiciones, abandono, pérdida de hijos o seres queridos, culpa y sacrificio son sólo algunos de los temas kármicos que las personas intentan resolver. Cuando se logra comprender ambos lados de la situación, la comprensión conduce al perdón para los demás y al perdón para nuestras propias faltas. Cuando no logramos manejar adecuadamente una situación, nos enfrentamos a la necesidad de persistir en la misma situación o la otra cara de la moneda. El karma nos permite aprender y beneficiarnos de nuestras numerosas vidas como humanos para evolucionar hacia seres superiores.

Para quebrar el ciclo kármico debemos aprender a reaccionar en forma diferente ante los problemas que se interponen en nuestro camino. El objetivo de la regresión a vidas pasadas consiste en permitir la apreciación del panorama en su totalidad y, de ese modo, brindar más opciones, más entendimiento y facilitar el perdón.

Tercer Principio – Reencarnación

La reencarnación ha sido una creencia espiritual constante en todo el mundo para billones de personas durante miles de años. Era una idea global que surgió en forma independiente en pueblos de todos los continentes desde los celtas y teutones del norte de Europa a los pueblos indígenas de África, Australia y América. Para cientos de millones de hindúes, budistas y algunas sectas islámicas sufistas es la piedra angular de su fe. Algunas sectas místicas cristianas como los cátaros[7], quienes vivieron en el sur de Francia y partes de Italia durante el primer milenio, también aceptaban la reencarnación. No obstante, muchos eruditos creen que la evidencia escrita de reencarnación fue eliminada de la religión cristiana en el año 325 D.C. por el emperador romano Constantino durante el Concilio de Nicea. Se intentó así defender los intereses de unificar el imperio contra facciones cristianas en pugna.

Un propósito importante de la reencarnación consiste en permitir al alma regresar a la vida física y aprender nuevas respuestas para los viejos problemas de vidas pasadas. Mediante la recopilación de tales enseñanzas, el alma adquiere mayor conciencia espiritual. Un ejemplo es el caso de Alice, quien experimentó una regresión a la vida pasada de un obispo en Europa medieval:

El obispo no era tan inocente como creía sus fieles. Estaba secretamente confabulado con ladrones que robaban oro y lo escondían en la cripta de la catedral. Esta cripta estaba ubicada bajo una losa secreta que se podía mover en forma lateral. Tiempo después, el obispo rescató a un grupo de ocho vecinos de la aldea que habían llegado a la catedral para evitar que los asesinara una pandilla de saqueadores. El obispo los ubicó en el único lugar seguro: ¡la cripta donde escondía el oro robado! Si bien el obispo fue capaz de hacer frente a los asesinos y alejarlos, quienes estaban en la cripta murieron por sofocación. El obispo retiró los cuerpos de la cripta y les dijo a los aldeanos que los saqueadores los habían matado. Con cargo de conciencia por sus acciones, el obispo se dedicó desde entonces a sus tareas eclesiásticas e hizo reaparecer el oro y lo repartió entre los necesitados.

En los dominios espirituales, luego de la muerte del obispo, Alice recordó espontáneamente sus recuerdos del alma sobre la revisión de la vida pasada con dos seres espirituales. El obispo tenía profundo remordimiento por sus acciones. Los seres espirituales señalaron que había recibido el cariño de sus vecinos, se había enfrentado a los saqueadores y que no tenía intención de matar a los aldeanos. Sólo había procedido incorrectamente respecto del abuso de poder y de la responsabilidad y allí estaría el foco para su próxima vida. Al finalizar la sesión, Alice experimentó una profunda sensación de paz y amor como resultado del encuentro y comprendió por qué había tenido constantes dificultades para realizar tareas que implicaran asumir responsabilidades por otras personas.

La experiencia de Alice concuerda con las investigaciones de Michael Newton sobre los recuerdos del alma entre vidas pasadas y que analizo en mi libro *Exploring the Eternal Soul*[8]. La reencarnación es resultado de planificación y los preparativos incluyen seleccionar un nuevo cuerpo, progenitores, condición y cultura para la nueva encarnación. Los guías espirituales que han participado en dicha planificación supervisan la encarnación. Ellos comprenden los objetivos del alma y proveen asistencia. Nuestra personalidad se conforma durante la fusión del alma y el cerebro del bebé mientras se encuentra todavía en un estado maleable dentro del vientre materno. En este momento, los recuerdos de vidas pasadas y entre vidas se esfuman para que las personas vuelvan a empezar en su nueva vida. Es un proceso gradual más que abrupto y comprende la primera infancia, y permite explicar por qué algunos niños tienen evocaciones espontáneas de vidas pasadas. Los recuerdos que provienen de vidas pasadas irresueltas se reactivan mediante sucesos de la primera infancia, encuentros emocionales durante la vida actual y por la cultura donde estamos inmersos.

La Sabiduría antigua profundiza la explicación de la reencarnación al referirse a varios niveles de la existencia llamados reinos. Resulta útil reducirlos a tres: físico, espiritual y divino.

El reino divino es el mundo del espíritu puro o inteligencia angélica superior del cual emanan todos los otros mundos. En *El libro tibetano de la vida y la muerte*[9]* se le llama "la pura luz del vacío" y "luminosidad básica" y es la "verdad superior" en el misterioso Tao del taoísmo. En el cristianismo se le llama "Padre, Hijo y Espíritu Santo"[10]. Es el estado donde las personas no dicen tener visiones de luz, porque ellas forman parte de la luz y ya no hay distinción entre sujeto y objeto.

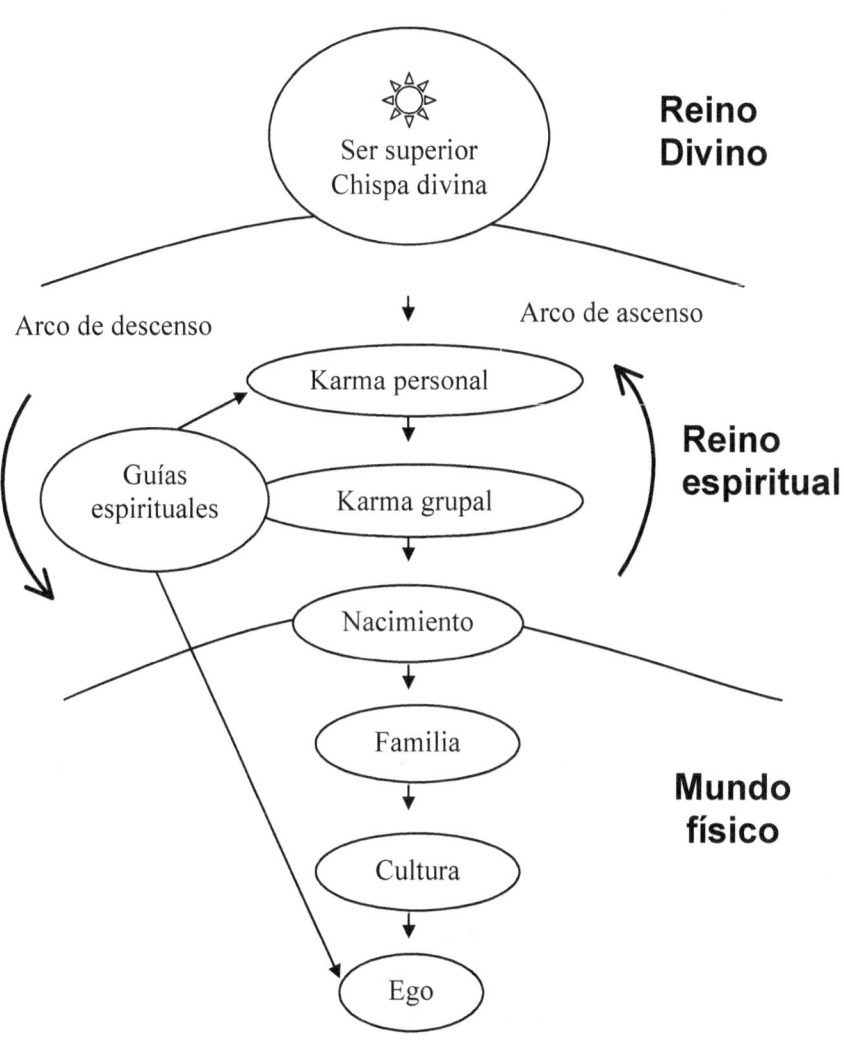

El ciclo de reencarnación
Adaptado de, *The Three Worlds and Voyage of the Soul*
por Roger Woolger

El reino espiritual es donde reside el alma. Es el mundo visionario del chamán y el "tiempo de sueño" de los aborígenes. Los espiritualistas le llaman "Summerland"[11], tierra del 'eterno' verano que representa un lugar de descanso para las almas entre sus encarnaciones terrestres. En el Budismo, este reino transicional se denomina "Bardo de Dharmata", revelación de verdad incondicional, y "Bardo de renacimiento". Es el punto medio entre el mundo físico y la realidad definitiva e informe del espíritu puro. Es aquí donde coexisten los dioses mitológicos y los cielos e infiernos proféticos en mutua relación no espacial y donde el tiempo no tiene ninguna importancia.

El mundo físico es el mundo sensorial de la física con sus dimensiones de tiempo y espacio, y con la muerte del cuerpo físico. En las enseñanzas hindúes y budistas, se le llama Samsara, que significa flujo continuo del ser. Aquí es donde se resuelven los samskaras, nuestros antiguos hábitos y formas de pensar generados en vidas pasadas.

Cuarto Principio – Atracción de Otros Seres para Nuestro Crecimiento Espiritual

La Ley de atracción comprende el poder de nuestra intención. Una aplicación consiste en atraer hacia nosotros a quienes necesitamos para nuestro crecimiento espiritual. Un ejemplo es el caso de una cliente a quien llamaré Sarah, quien experimentó una regresión a la vida pasada de una joven veinteañera:

> Su padre alcohólico abusaba de ella y finalmente logró escapar a San Francisco con su hermano para eludirlo. Por suerte, encontró un lugar seguro en casa de una viuda y

consiguió trabajo en la confección de vestidos para ella, donde la trataban como una amiga. Tiempo después, un médico llegó a su vida y le pidió que se fuera con él para casarse. Incapaz de abandonar la seguridad que le brindaba la viuda, acabó por morir desconsolada y sin amigos. Al trasladarse a los dominios espirituales, espontáneamente evocó sus recuerdos del alma sobre la revisión de la vida pasada junto a tres espíritus de luz percibidos en forma humana.

Tengo la sensación de que voy a una entrevista. Es una sala con ventanas y escritorio y veo a una dama menuda y dos hombres sentados detrás. Me hacen sentar en una silla y se dirigen a mí de una manera que puedo aceptar.

¿Hablan sobre su vida pasada?

Fue una vida muy intensa. No tenía tiempo para detenerme a pensar o plantearme opciones. Se me imponían condiciones rígidas para ver cómo reaccionaría. Dependía de mí aprender cuándo surgía una oportunidad, aprovecharla y otorgar reconocimiento a las personas que conozco y que no cuestionan si es correcta o incorrecta. Debería haberme ido con ese hombre cuando tuve oportunidad. Debido a que no aproveché esa oportunidad, hubo muchas cosas que no hice y no me realicé espiritualmente en esa vida. Defraudé a mi grupo de almas y a mí misma.

¿Qué podría haber hecho?

Debería haberme ido con ese hombre y abandonado a la viuda. Era médico y hubiera sido su asistente. No para ejercer la medicina sino para cuidar a las personas. Tendré que repetirlo. Me daba miedo porque era un ámbito al que no estaba acostumbrada. Se me tendió una mano y no la tomé, y la oportunidad desapareció. Defraudé a todos.

¿Qué más dijeron?

Dijeron "Vuelve a intentarlo". Me parece que estoy viendo un video y que presionan el botón de pausa en diferentes momentos y me preguntan qué sentí y qué debería haber hecho. No fue incorrecto quedarme con la viuda, pero ella hubiera encontrado a otra persona. No me necesitaba todo el tiempo y de todas maneras yo hubiese permanecido en contacto. Voy a reunirme con mi grupo de almas y lo repetiremos. Aquel que era el doctor será alguien que conozco en esta vida. Será mejor que esta vez haga las cosas bien.

[Una sonrisa iluminó la cara de Sarah.]

El plan en la vida pasada de Sarah había consistido en que trabajara con uno de los integrantes de su grupo de almas, quien apareció como el médico. Ello hubiera contribuido a su crecimiento espiritual. No obstante, ella tuvo libre albedrío para aceptar o rechazar la oportunidad que se le presentaba.

Cuando se planifican nuevas vidas, se las hace progresivamente más difíciles aunque dentro de la capacidad del alma para alcanzar con éxito sus objetivos kármicos. Vidas difíciles pueden acelerar este proceso y vidas más fáciles aumentarán la cantidad de vidas necesarias. No obstante, lo importante es que se necesita planificación para garantizar que los problemas de vidas pasadas irresueltas se encuentren en el nivel adecuado de dificultad. Suele llevarse a cabo en conjunto con otras almas. Por ende, se crea una compleja red de trabajo recíproco para satisfacer mutuamente cada objetivo de vida. Somos atraídos a conocerlas en nuestra vida actual, con consciente desconocimiento de que estamos creando las condiciones para repetir nuestros patrones kármicos de traición, abuso, soledad, víctima voluntaria, etc. hasta que se complete el aprendizaje.

COMPLEJOS

Un complejo es la forma en que cargamos con pensamientos, sentimientos y malestares físicos que parecen fuera de lugar en nuestra vida. Se le puede llamar depresión, ansiedad, ataques de pánico, ira, tristeza, fobias, trastorno obsesivo-compulsivo o estrés postraumático, entre otros. Una característica común de los complejos es que cuando se presiona alguna clase de botón imaginario, se obtiene la misma respuesta rígida. Una persona deprimida podría pensar: "Todo es inútil" y sentirse más deprimida y tener síntomas físicos de falta de energía. Una persona que piensa que la están controlando podría enfurecerse y repartir golpes a diestra y siniestra. Los complejos generan conductas contraproducentes. Alguien con dificultades para establecer vínculos podría llegar a pensar "No tengo suficiente capacidad" y, por ende, abandonar todo intento de formar nuevas relaciones con los resultantes sentimientos de soledad o tristeza.

Este maravilloso poema de Portia Nelson incluido en *Autobiografía en cinco capítulos breves* destaca la naturaleza recurrente de los complejos:

Voy por la calle.
Hay un pozo profundo.
Caigo en él.
Estoy perdida... No hay esperanzas.
Tardo una eternidad en encontrar una solución.

Voy por la misma calle.
Hay un pozo profundo en la acera.
Simulo que no lo veo.

Vuelvo a caer en él.
No puedo creer que esté en el mismo lugar.
Pero es mi culpa.
Todavía me lleva mucho tiempo salir.

Voy por la misma calle.
Hay un pozo profundo en la acera.
Lo veo.
Caigo en él una vez más... por costumbre.
Tengo los ojos abiertos.
Sé dónde estoy.
Es mi culpa.
Salgo inmediatamente.

Voy por la misma calle.
Hay un pozo profundo en la acera.
Camino a su alrededor.

Comprender cuál es la enseñanza, absorberla y resolver el motivo para que no se repita es una parte importante en la sanación de un complejo. Otra es quitarle la carga. En la terapia de regresión, se los rastrea hasta la fuente original en la vida actual o pasada. Recordemos el caso de estudio previo sobre Roz, la niña victoriana abandonada, cuyo problema de relación en la vida actual se originó en las golpizas que recibía. Contar la historia que emerge inicia el proceso de movilización de los recursos sanadores de una persona, que se pueden utilizar para transformar el complejo que la ha mantenido bloqueada.

En psicología occidental, revivir toda clase de sueños, fantasías e imágenes es una de las herramientas más poderosas que tenemos para facilitar la sanación y resolución de conflictos psicológicos. Este tema se desarrolla en el Apéndice I. No obstante, comparada con las grandiosas disciplinas psico-espirituales de Oriente, aun se encuentra en pañales con respecto a las vidas pasadas. Trabajar en los reinos espirituales luego de una experiencia de vidas pasados abre a la persona a la inspiración y revelación espirituales de su ser superior y sus maestros espirituales. Mi experiencia en el trabajo con cientos de clientes indica que no importa si una persona cree en las vidas pasadas y la reencarnación para poder experimentarlas. El intento por demostrar que son reales podría ser contraproducente. Por mi parte, me limito a solicitar al cliente que conserve toda experiencia que tenga en su mundo interior. Comprender la verdad y el poder del perdón puede generar su propia sanación del alma y transformar su vida actual.

Resumen

En tanto la ciencia occidental no tenga una explicación para la intuición, la conciencia y las experiencias cercanas a la muerte, podemos recurrir a la Sabiduría antigua. Ha existido en nuestro planeta durante decenas de miles de años. Mediante cuatro principios, sustenta la teoría de vidas pasadas y los recuerdos del alma entre vidas. Demuestra de qué manera equilibrar el karma puede ser resultado de comprender ambos lados de una situación y no repetir viejos patrones. Explica cómo los traumas irresueltos, tanto físicos y emocionales como pensamientos, se transportan desde una vida a la siguiente. Son estos los focos de liberación y transformación en la terapia de regresión. Mediante las vidas pasadas y la regresión espiritual, los clientes pueden ver más allá de la confusión e ilusión de esta vida e integrar estas percepciones a su vida actual.

3

ACCEDER A UNA VIDA PASADA

*Los viajes te devuelven poder y amor.
Si no puedes ir a algún lugar,
transita por los corredores del ser.
Se asemejan a rayos de luz en constante cambio
y tú cambias cuando los exploras.*
Yalal ad-Din Rumí, Sufista del siglo XIII

Todo lo que se necesita para acceder a una vida pasada es un trance ligero apoyado por visualización guiada y un trance más profundo para los recuerdos del alma entre vidas. En ciertos casos, una filtración de vidas pasadas surge como destellos o en sueños. No obstante, las visiones fugaces espontáneas de vidas pasadas son más comunes en los niños, que es el área de investigación desarrollada por Ian Stevenson.

Los puentes proporcionan una vía común de ingreso a las vidas pasadas en terapia de regresión. Cuando una persona habla acerca de su complejo, podría surgir un pensamiento, sentimientos o tensión corporal. Ello actúa como un botón imaginario para evocar recuerdos previos. Un sentimiento de ira podría despertar un recuerdo de haber sido ridiculizados por nuestros padres o quizás una imagen del trato injusto recibido como esclavos en una vida pasada. Una sensación de nudo en la garganta podría evocar una historia de vida pasada en que alguien ha sido estrangulado o ahorcado. Cuando se encuentra este botón, una persona puede trasladarse instantáneamente a un recuerdo previo de su vida actual o pasada.

HIPNOSIS

Un trance es un estado natural de la conciencia en que la mente se concentra en sí misma. Un ejemplo es cuando alguien se encuentra tan absorto en la lectura que pierde noción del tiempo o no escucha su nombre cuando lo llaman. También cuando se conduce un automóvil durante un lapso prolongado y más tarde apenas se recuerda el viaje. El uso de la hipnosis ha sido tradicionalmente el enfoque para trabajar con vidas pasadas. El terapeuta y el cliente se sientan frente a frente y se conduce al cliente a un trance. Una silla reclinable provee apoyo para cabeza y cuerpo del cliente, si bien es útil tenderse sobre el diván del terapeuta para que el cuerpo disponga de pleno apoyo durante una regresión espiritual que requiera un máximo de cuatro horas de trance profundo.

El quince por ciento de la población es altamente receptiva y llega con rapidez al trance. El setenta por ciento es moderadamente receptivo y se requiere inducción más prolongada o repetidas sesiones de hipnosis para que alcance el trance profundo. Un restante quince por ciento de la población sólo responderá mínimamente. Las personas llegarán al trance con mayor rapidez y profundidad cuando hayan experimentado un trance o estados alterados de conciencia previamente.

Si una persona está nerviosa antes de comenzar una inducción al trance, es necesario exponer y abordar sus inquietudes. Establecer una relación es siempre el criterio inicial y fundamental. Relacionarse en forma cálida, comprensiva, afectuosa y respetuosa crea un ambiente de confianza. Debido a que la hipnosis es un proyecto cooperativo más que algo que se le

Acceder a una Vida Pasada

practica a una persona, es importante dedicar tiempo a la relación humana.

Las siguientes notas no tienen el propósito de enseñar hipnosis; existen muchos libros excelentes al respecto y muchos lectores tendrán experiencia en el uso de la hipnosis. No obstante, contienen sugerencias para el uso de la hipnosis que permiten llevar a las personas hacia vidas pasadas y explicaciones para obtener el mejor resultado de los guiones modelo que aparecen en el Apéndice III. Existen muchas formas de inducción al trance que incluyen relajación progresiva, fraccionado, confusión, sobrecarga sensorial y fijación. Los terapeutas expertos utilizarán su abordaje preferido y es difícil encontrar un abordaje universal para todos los clientes. Personalmente, prefiero la relajación progresiva seguida por visualización guiada porque considero que este enfoque funciona para una amplia gama de personas. A continuación, un ejemplo de relajación progresiva:

> "y ahora concéntrese en la coronilla... afloje toda la tensión muscular... sólo relájese y déjese ir... y me pregunto si la relajación profunda y la calma pesadez de su frente... ya han comenzado a difundirse... a descender hacia sus ojos... su cara... dentro de su boca... y mandíbula... a través de su cuello... profunda calma... pesada"

Las personas que perciben el mundo a través de los sentimientos responderán bien a este estímulo. También brinda una oportunidad para que los clientes que han llegado con tensiones a la sesión puedan relajar el cuerpo y, en este proceso, relajar la mente. Muchas personas tienen orientación visual y responden bien a los guiones de visualización. Es necesario absorber por completo su atención:

"Imagine que está de visita en una bella casa de campo... en una cálida... soleada... tarde de verano... y usted se encuentra en lo alto de una escalera... que conduce a una puerta de entrada... una típica escalinata... y usted mira hacia abajo... apenas puede vislumbrar a través de una puerta abierta un encantador jardín campestre... es una bella tarde soleada de verano."

Es necesario que la voz del terapeuta mantenga el ritmo y resulta útil disminuir gradualmente la velocidad del discurso durante el proceso de inducción. Cambios sutiles en el tono al pronunciar palabras clave tales como *relajación*, *más profundo* y *comodidad* contribuyen al proceso. La forma más efectiva de desarrollar los tonos sutiles de la voz consiste en producir un CD de auto hipnosis y escucharlo. En algunos casos, reproducir música ambiental suave resulta útil para superar algún ruido ambiente y la música más efectiva tiene una frecuencia rítmica de cuatro a ocho hertz. Es éste el rango de frecuencia theta de las ondas cerebrales en el momento previo al que las personas comienzan a quedarse dormidas. Muchos CDs preparados por expertos en Reiki resultan adecuados.

Los síntomas del trance incluyen disminución del ritmo respiratorio, caída del labio inferior y distensión de la musculatura facial. La piel de la cara adquiere un aspecto traslúcido a medida que se lentifica la circulación sanguínea. Asimismo, el nivel alfa de actividad onírica puede advertirse en la vibración de los movimientos oculares rápidos por debajo de los párpados cerrados.

El cliente descubrirá que se encuentra plenamente absorto en su mundo interior con pérdida de la noción de tiempo. En este estado de relajación profunda, los recuerdos de vidas pasadas llegan rápidamente a la conciencia. En ocasiones sólo se requiere un trance ligero y puede utilizarse visualización guiada de diversas clases. Podría ser cruzar un puente o dirigirse a un portón al fondo de un jardín que conduce a una vida pasada. Otro ejemplo es navegar en un bote hacia otra orilla para hallar la vida pasada. La visualización guiada alternativa puede incluir encontrarse en el vestíbulo de un edificio grande que contenga muchas entradas donde cada una de las puertas conduce a una vida pasada. Cualquiera sea la visualización que se utilice, es necesario que el terapeuta especifique con claridad la intención de la regresión a vidas pasadas: encontrar una vida pasada positiva o alguna que se relacione con el problema del cliente.

PUENTE EMOCIONAL

Cuando se solicita a alguien que se concentre en una emoción, la persona ingresa con rapidez en un estado alterado de conciencia. Milton Erickson[1] lo definió como "conducta de trance cotidiano común". Steven Wolinsky[2] en su libro *Los trances que vivimos* señala que las personas viven gran parte de sus vidas en trance. La ansiedad es un ejemplo de estado de trance del futuro y la culpa es un ejemplo de estado de trance del pasado.

El caso de una cliente de 27 años a quien llamaré Joanne permite ilustrar un ejemplo de puente emocional. Era una joven que tenía un recurrente problema emocional por sentirse desesperada y que había comenzado en la época que tuvo su tercer aborto espontáneo cuando su pareja la abandonó. Las emociones surgieron durante la entrevista:

¿Cuál fue su peor momento?
Me sentí decepcionada cuando él se fue.
¿Es así como se siente ahora?
Sí.
¿En qué lugar del cuerpo experimenta esas emociones?
En los ojos.

Retroceda hasta el momento en que experimentó estas emociones por primera vez.
Estoy mirando la ecografía. Veo al bebé, sus bracitos y piernitas. Es un milagro de la vida y ahora se fue.
[Mientras Joanne hablaba, su voz enronqueció por la carga emocional. Luego de un par de débiles sollozos se interrumpió.]
¿Qué siente ahora?
Estoy desesperada.
Vaya más y más profundo en la "desesperación"... y regrese a la primera vez que la experimentó... ¿qué ocurre?

Joanne experimentó una regresión a la vida pasada de un guerrero vikingo quien contra su voluntad luchaba contra otro clan. El vikingo aprovechó la primera oportunidad que se le presentó para abandonar la batalla y volver a la choza donde vivía con su esposa. Un compañero vino a decirle que lo necesitaban para continuar luchando. Él se negó porque pensaba que no tenía sentido matar a hermanos vikingos en una vendetta feudal y que era preferible zanjar las diferencias dialogando. Poco después lo arrastraron ante el Consejo Supremo por cobarde y en su defensa dijo que estaba mal quitarle la vida a alguien. Le ataron las manos y lo amordazaron para detener este discurso "peligroso". Lo separaron de su familia y lo subieron a un barco. En altamar se reveló la naturaleza de su castigo cuando lo arrojaron por la borda para que se ahogara.

Cuando los clientes hablan acerca de su problema, una pregunta útil para permitir que las emociones sepultadas salgan a la luz es:

¿Cuál fue su peor momento?

Acceder a una Vida Pasada

Cuando las emociones salen a la superficie, preguntar en qué lugar del cuerpo se ubica la emoción puede fortalecerla:

¿En qué lugar del cuerpo experimenta la emoción?

El puente emocional consiste simplemente en utilizar la emoción que surge e ir hacia el punto donde se la experimentó por primera vez. Podría tratarse de un recuerdo previo en la vida actual o una vida pasada:

Regrese a la primera vez que experimentó esta emoción... ¿qué ocurre?

Si emerge un recuerdo de esta vida, todas las emociones pueden liberarse y el puente se podrá re-implementar para ir hacia una vida pasada. Si surge escasa emoción, se requerirá mayor sondeo en el problema del cliente. Cuando sale a la luz, la emoción se convierte en el vínculo con el pasado donde se experimentó una emoción similar.

PUENTE VERBAL

La lengua es un sistema simbólico para representar nuestras ideas, pensamientos y recuerdos. Las palabras que usamos para describir nuestros íntimos sentimientos y sensaciones físicas tienen un significado especial. Una determinada frase o palabra, o el tono de voz, se relacionan con una experiencia interna incluso si no se utilizan palabras elegantes.

Una cliente a quien llamaré Kirsty era una mujer de negocios soltera quien tenía un recurrente problema de relación. Durante la entrevista, cuando comenzó a hablar sobre uno de sus fracasos afectivos, su tono de voz se endureció al describirlo:

Él quería concretar un matrimonio concertado con otra persona y yo permití que la relación continuara aun cuando sabía que no llegaría a nada.
¿Qué sintió cuando la situación no siguió el curso que usted deseaba?
Enojo.
¿Y qué palabras acompañan esa emoción?
No lo pienso aceptar. Cómo te atreves. No voy a ser víctima. [La voz se le endureció en este punto.]
¿Qué palabras llevan la mayor carga?
No voy a ser víctima.
Quiero que inspire profundamente y repita varias veces las palabras para ver qué sucede.
Me niego a ser víctima... Me niego a ser víctima... Me niego a ser víctima. [En este punto, las emociones sonaban con firmeza en su voz.]
¿Qué siente ahora?
Ira
Regrese al punto en que experimentó ira por primera vez. ¿Qué imágenes surgen, qué es lo primero que viene a su mente?
Agua. Una especie de lago.

Kirsty comenzó a relatar la vida de uno de los hijos de un granjero a quien los aldeanos habían sumergido en el agua hasta ahogarlo. Tiempo antes había conocido a la hija de un hombre rico y se habían enamorado, pero debían mantener sus encuentros en secreto debido a sus diferencias sociales. Al fin, alguien informó al padre de la joven quien incitó a un grupo de aldeanos para que lo emboscaran y lo llevaran a un granero oscuro donde lo ataron como forma de disuadirlo de sus encuentros con ella. Más tarde lo sacaron de allí y le dieron una vara para defenderse porque el grupo quería divertirse a sus expensas. Cuando comenzaron a pelear entre ellos, logró escapar sigilosamente y llegó vadeando hasta un bote donde se escondió. Más tarde, los aldeanos lo encontraron y lo ahogaron.

Cuando Kirsty repetía la frase "*Me niego a ser víctima.*", las palabras actuaron como un transformador de energía para activar sus emociones reprimidas y efectuó una rápida regresión. En la entrevista con un cliente cuando se describe el problema, es importante escuchar y anotar las principales frases descriptivas o aquellas que contienen una notoria carga emocional. Con frecuencia, estas son las frases que se repiten o que podrían ir acompañadas por movimiento físico y contracción muscular o un cambio en el ritmo respiratorio. Se puede solicitar al cliente que las repita:

Inhale profundamente y repita varias veces las palabras para ver qué sucede.

Estas frases siempre estarán vinculadas con una emoción.

¿Qué emociones experimenta ahora?

Una vez que las emociones han salido a la superficie, se puede utilizar el puente emocional anterior. Fritz Perls, creador de la Terapia Gestalt, utilizaba frases para concentrarse en los complejos y así procedía también Morris Netherton[3], uno de los fundadores de la regresión a vidas pasadas. Es preferible que el cliente repita la frase porque la forma en que la dice podría tener un significado especial. La frase "Jamás diré nada" podría estar ligada al temor y a la vida pasada de un prisionero sometido a interrogatorio. La frase "Estoy completamente solo" podría estar ligada a la tristeza y a la vida pasada de un niño perdido en el bosque. Si una frase no desarrolla carga emocional, no se ha perdido nada y la entrevista puede continuar.

PUENTE FÍSICO

Cuando se analiza el problema de un cliente, podrían surgir tensión o dolor espontáneos sin explicación médica. Estas sensaciones físicas incluyen asfixia, migraña, presión en la cabeza, dolores de espalda y estómago y patrones de control crónico. Con frecuencia suelen ser residuos físicos de traumas en vidas pasadas[4].

Un estudiante que participaba en un taller –le llamaré Alan– tenía síntomas que ilustran este concepto. Presentaba un patrón repetitivo de tensión en la garganta y bajos niveles de energía:

¿Qué sensaciones tiene en la garganta?
Rigidez y obstrucción.
Concentre toda su percepción consciente en la garganta. ¿Qué ocurre?
Cada vez está más obstruida. Tengo dificultad para respirar.
Ajuste su postura corporal, coloque brazos y piernas en la posición que corresponde a la experiencia. [Alan colocó las manos a la altura del pecho con las palmas hacia afuera y evidenció signos de angustia.]
Me falta el aire.
¿Podría decirme cuál es la primera imagen que surge?
Un hombre me aprieta el cuello con sus manos.

Alan experimentó una regresión a la vida pasada de una joven sirvienta victoriana quien había muerto por estrangulamiento. Dormía en un cuarto del piso superior de una taberna, ubicada en un callejón cercano a la mansión

Acceder a una Vida Pasada

donde trabajaba. El dueño de la mansión había llamado a la puerta de su cuarto una noche. Cuando entró, ella advirtió que llevaba guantes de cuero y que su cara carecía de expresión, como si fuera una máscara congelada. Mientras la atacaba y comenzaba a estrangularla, ella experimentó la impotencia de todo intento por resistir.

El puente físico comienza por concentrarse en el cuerpo:

¿Qué sensaciones experimenta en el cuerpo?

Algunos clientes no están acostumbrados a describir sensaciones físicas y podrían ser necesarias algunas preguntas direccionales para ayudarlos a verbalizarlas:

¿Es una sensación próxima a la superficie o profunda?
¿Es aguda o leve?
¿Es precisa o difusa?

Para amplificar las sensaciones se puede solicitar al cliente que ajuste su postura. En un nivel profundo del inconsciente, es habitual que recree la postura de los recuerdos corporales congelados provenientes de sucesos previos en la vida actual o en una vida pasada:

Ajuste su postura corporal, coloque brazos y piernas en la posición que corresponde a la experiencia.

El cliente necesitará espacio para acomodarse en el diván del terapeuta y podría requerir estímulo adicional para ajustar la postura. Ello podría comprender una amplia gama de posiciones tales como ovillarse, suspender las manos sobre la cabeza o apretarse el estómago. Las imágenes de la vida pasada suelen surgir rápidamente:

¿Podría decirme cuál es la primera imagen que viene a su mente?

Si no se genera un recuerdo o una vida pasada, podría ser necesario repetir la secuencia de concentración en la sensación corporal, reajustar la postura corporal y utilizar la pregunta que contiene la fórmula "*Es como si*". Algunas sugerencias pueden ayudar para que una vida pasada salga a la superficie.

Es como si... ¿qué ocurre?

Para la opresión en el pecho, la respuesta podría ser: "*Es como si tuviera un árbol incrustado*", o "*Es como si una roca me comprimiera el pecho*", o "*Es como si me hubieran atado una cuerda alrededor del torso*".

Puenteo Desde un Escaneo Energético

El cuerpo sutil del cliente contiene los recuerdos de asuntos inconclusos y un escaneo de energía es una forma de amplificarlos antes de tender el puente.

Una cliente a quien llamaré Sue era una joven graduada que trabajaba profesionalmente en una gran corporación. Manifestó que se sentía fuera de control siempre que estaba con su pareja actual. Le resultaba extraño porque tenía control sobre todos los otros aspectos de su vida. Pensaba que su pareja anterior la había violado luego de beber en forma abundante, pero no tenía ningún recuerdo detallado del hecho ni síntomas evidentes. Sólo

Acceder a una Vida Pasada

recordaba que se había despertado a la mañana con la sensación de que ocurría algo malo. Cuando se recostó para la terapia, se aplicó un escaneo de energía para identificar el origen del problema:

Voy a escanear su campo de energía para buscar un bloqueo que usted ha relacionado con "estar fuera de control". Con los ojos cerrados concéntrese en el área que rodea su cuerpo a medida que muevo la mano lentamente a varios centímetros de su cuerpo desde los dedos de los pies hacia su cabeza. Indíqueme cuando advierta un bloqueo, o levedad o pesadez... tensión... o alguna otra sensación corporal... o tal vez experimente una emoción.
[Comenzó el escaneo.]
Comienza con la energía alrededor de sus pies... piernas... rodillas...
[Continuó en el campo de energía de todas las partes del cuerpo hasta la cabeza. Durante el segundo escaneo...]
Siento hormigueo en las piernas.
[El escaneo se mantuvo en esa área.]
Concéntrese en el área donde están las sensaciones de hormigueo... ¿Es en una pierna o en ambas... en un área amplia o reducida?
En la pierna izquierda es donde siento hormigueo.
¿Podría concentrar toda su percepción consciente en esta área y decirme qué ocurre?
Es una especie de entumecimiento.
Ajuste su postura corporal, coloque brazos y piernas en la posición que corresponde a la experiencia.
[Sue se ovilló sobre el costado con la pierna izquierda flexionada hacia afuera.]
¿Qué sucede con su pierna izquierda ahora? Es como si... ¿qué ocurre?

[Sue comenzó a sollozar.] *Es como si alguien me sujetara el pie. Es John* [su pareja anterior]. *Me sujeta. Ay... no puedo escapar.* [En un torbellino de emociones emergió la historia.]

Como persona analítica que no demostraba sus sentimientos, Sue se sorprendió ante las emociones que había albergado su memoria corporal. No se formuló ninguna sugerencia sobre la dirección que tomaría la regresión. El puente físico que siguió al escaneo de energía la condujo directamente al punto donde se originó el complejo. En este caso, era un problema irresuelto de la vida actual, pero también podría haberla conducido hacia una vida pasada.

Hans TenDam denomina este procedimiento "exploración del aura" y solicita a su cliente que escanee su propio campo de energía. Si bien es un abordaje notable, considero que la energía que proviene del terapeuta durante el escaneo parece amplificar y evocar resonancias de estas viejas heridas. Un escaneo de energía permite también captar otras energías, tema que se desarrollará más adelante. Por tal motivo, es importante establecer la intención con claridad:

Voy a escanear su campo de energía para buscar un bloqueo que usted ha relacionado con... (el problema del cliente)

Se puede orientar la atención del cliente hacia el área que rodea las diferentes partes de su cuerpo durante el escaneo. Suelen requerirse dos o tres escaneos a medida que aumenta la sensibilidad. La mayoría de los terapeutas puede detectar el bloqueo en el campo de energía con sus propias manos, pero es preferible guiarse por los comentarios del cliente. En caso de que se manifiesten múltiples sensaciones, pueden utilizarse aquellas

Acceder a una Vida Pasada

que sean más potentes. El puente físico se puede utilizar a continuación del escaneado de energía.

PUENTE VISUAL

En ocasiones, fragmentos de vidas pasadas se filtran a la percepción consciente. La parte visual de tales fragmentos puede utilizarse como entrada directa a la vida pasadas. Una cliente a quien llamaré Jenny había intentado seguir una dieta porque tenía 14 kilogramos de sobrepeso. Por desgracia, cada vez que intentaba comenzar la dieta tenía escenas retrospectivas donde se encontraba en un campo de concentración y sentía que debía desistir. Luego de una relajación progresiva ligera, se utilizó un puente visual:

Concéntrese en la parte más intensa de su escena retrospectiva. Tómese su tiempo para describir qué ocurre.
Soy judía y estoy muerta de hambre.
¿Qué lleva puesto?
Un vestido de algodón, informe y largo hasta las rodillas.
¿Qué sensación le provoca el contacto con el género?
Es muy tosco y no tengo nada más excepto unas botas.
Preste atención a las sensaciones que experimenta en su cuerpo.
Tengo frío y no tengo nada para abrigarme. Ay, mi pobre cuerpo, me duele por falta de comida.

A continuación, Jenny describió la vida de una prisionera de 32 años en un campo de concentración situado en la frontera entre Alemania y Polonia durante la Segunda Guerra Mundial. Trabajaba en un campo pequeño donde se preparaba la comida para un establecimiento más extenso. Una plaga de ratas puso en evidencia que se reproducían y alimentaban gracias a los cadáveres del otro establecimiento. Al fin, la prisionera fue perdiendo paulatinamente la conciencia cubierta con una manta y con un nudo en el estómago por falta de comida. Cuando le llegó la muerte, se llevó con ella el recuerdo del hambre, la debilidad y el frío.

Algunas veces, los fragmentos de vidas pasadas aparecen como pesadillas o sueños recurrentes intensos. Con frecuencia, psíquicos, clarividentes y personas con una intuición profundamente desarrollada pueden conectarse con los fragmentos de vidas pasadas. Tal vez algunos clientes deseen continuar explorando una determinada vida pasada. La manera más sencilla en estos casos consiste en utilizar un trance ligero y solicitar al cliente que se concentre en la parte más intensa del fragmento de vida pasada. Ingresar en la historia suele ser fácil, pero podría estar narrada en forma disociada. En el caso de Jenny, se le formularon preguntas iniciales para que surgieran los recuerdos de sensaciones corporales que permitieran fortalecer el recuerdo de la vida pasada y luego se exploró y transformó la vida pasada.

Eliminación de Bloqueos para Accesar a una Vida Pasada

Algunas veces, un bloqueo en una sesión de terapia de regresión puede ser resultado de entrar en contacto con la raíz del complejo del cliente y trabajar con recuerdos corporales permite que emerja sin demora la historia de vida pasada. Una cliente a quien llamaré Wendy dijo como mínimo en tres ocasiones "No puedo" mientras relataba su historia personal. Al parecer, se había pasado la vida

Acceder a una Vida Pasada

saboteando todos sus intentos por desarrollarse con este soliloquio negativo. Como madre soltera que dependía de la seguridad social, estaba desesperada por cambiar de dirección en la vida:

Cuando estaba por recostarse para la sesión de regresión, Wendy se incorporó instantáneamente y dijo *"No creo que pueda"*. Se le solicitó que se recostara y repitiera la frase para ver qué emociones o sensaciones surgían. Wendy comunicó sentir dolor en la espalda y se le solicitó que adoptara la postura que correspondiera a la experiencia. Mientras mantenía las manos juntas por sobre la cabeza, Wendy dijo entre jadeos: *"Ay, mi espalda, no voy a decir nada. Me están azotando. No puedo. Ay, socorro, no puedo moverme"*. A continuación, Wendy describió una vida pasada en que la tironeaban de los brazos mientras le sujetaban las piernas. Había sido una anciana regordeta y había liderado a los habitantes de su aldea contra un tiránico terrateniente. A pesar de que la torturaron, no les proporcionó la información que querían. Al terminar la sesión, Wendy dijo: *"No me sorprende que no me guste que alguien intente controlarme. Ahora sé por qué en esta vida sigo pensando que no puedo"*.

Algunas personas utilizan principalmente la parte lógica del cerebro y tienen dificultad para utilizar el hemisferio derecho donde se ubican la imaginación y la intuición. Una mente analítica hiperactiva puede bloquear una regresión a vidas pasadas. Así lo ilustra el siguiente caso de estudio de un cliente a quien llamaré John:

No hay nada allí, está bloqueado.

Permita que llegue a usted la primera imagen o el primer pensamiento y exprésela.
No llega nada, está bloqueado.
¿Podría abrir los ojos y decirme que experimentó?
No pasó nada.
Algunas personas experimentan las vidas pasadas como un sueño. Comprenden qué ocurre, pero no resulta tan claro como cuando utilizamos los sentidos para ver y oír. Algunas veces, ven imágenes; otras, sienten que sucede algo y en algunos casos las palabras se les ocurren espontáneamente.
No recuerdo ningún sueño.
Quiero que vuelva a intentarlo y se limite a inventar una historia. Con frecuencia, la historia se transforma espontáneamente en una vida pasada.
No soy una persona creativa.
¿Ha inventado alguna vez un cuento para sus nietos?
Sí.
Bueno, haga lo mismo ahora. Recuéstese e invente una historia y permanezca abierto al universo de la manera en que la experimenta.
[Luego de un trance más profundo y visualización guiada]
Estoy en la cofa de un barco, es de madera y un buque de guerra navega hacia nosotros.

A continuación, John se describió como un marinero francés quien participó en una batalla entre un buque de guerra inglés del siglo XIX y el navío francés donde se encontraba. Recibió un disparo que lo derribó de la cofa y lo arrojó a la cubierta donde murió. Luego dijo: "*Siempre me ha fascinado el conflicto naval de ese período, pero jamás se me hubiera ocurrido formar parte del bando francés. Además, sentí dolor en el pecho cuando me*

Acceder a una Vida Pasada

dispararon antes de sufrir la caída que me llevó a la muerte".

Los guiones de hipnosis de confusión pueden ser útiles para llevar a clientes analíticos a niveles de trance donde la mente es menos activa. En ciertos casos, con esta clase de bloqueo es suficiente con permitir al cliente que invente una historia para que la intuición asuma el control. No obstante, incluso antes de comenzar una sesión de vidas pasadas, se puede mencionar que algunas personas podrían descubrir que su mente analítica cuestiona si la historia es real o no. Se les puede recordar que cuando van a ver una película, no hacen una pausa para formular opiniones sino que esperan hasta el final y entonces la analizan. El mismo criterio puede aplicarse cuando surge una historia de vidas pasadas. Entre los factores que ayudan a las personas a decidir si una vida pasada es real se incluyen: la forma espontánea e inesperada en que surge la historia, las emociones y sensaciones corporales que surgen vinculadas a la vida pasada y los patrones en su vida actual.

Energía intrusiva puede bloquear la entrada a una vida pasada. Indentificarlo y liberarlo se ve mas afondo en el capítulo 9.

Resumen

Quienes están capacitados para trabajar en el campo de la hipnosis pueden aplicar una inducción para llevar a un cliente al trance antes de guiarlo hacia una vida pasada. Sólo se requiere un trance ligero y pueden utilizarse variados guiones de visualización guiada. Suele ser el método preferido si un cliente desea experimentar una vida pasada porque el trance hipnótico tiende a reducir los efectos de emociones y sensaciones corporales que surgen. Si se va a relacionar la vida pasada con el problema del cliente, es necesario especificar esta intención. Una mente analítica activa puede causar un bloqueo y resulta útil tanto establecer una expectativa en la experiencia con vidas pasadas durante la entrevista como la profundidad extra del trance.

En terapia de regresión el foco consiste en resolver el problema del cliente. Podrá presentar síntomas asociados tales como pensamientos perturbadores, emociones negativas y, en ciertos casos, tensión corporal o dolor inexplicable. Cuando el cliente habla sobre su problema, solicitarle que aborde la peor parte o que repita las frases asociadas y las vincule a una sensación corporal suele amplificar las emociones. Si las emociones o la tensión física aparecen durante la entrevista, se las podrá utilizar como puente hacia el origen del problema que podría encontrarse en la vida actual o en una vida pasada. Los escaneos de energía son una forma rápida de amplificar las sensaciones corporales y cuando se las utiliza con un puente físico permiten superar muchos bloqueos.

Los especialistas inexpertos que utilizan puentes podrían requerir varios intentos para encontrar el puente correcto antes de que el cliente ingrese en la vida pasada. Si el puente utilizado no se vincula al complejo, no se ha perdido nada. Se puede solicitar al cliente que siga hablando sobre su problema y aparecerá otro puente o se podrá recurrir a la hipnosis. Lo importante es no interrumpir ni considerarlo un problema sino en actuar como un cerrajero y probar con diferentes llaves hasta que se abra la puerta.

4

Explorando una Vida Pasada

La gran vía no tiene entrada y
mil caminos conducen a ella.
Si atraviesas la barrera,
avanzas en libertad por el universo.

Wu-men Hui k'ai, Maestro Zen Chino

Muchos estudiantes que recién se inician en el trabajo con vidas pasadas podrían creer que todo consiste en llevar a una persona hacia una vida pasada. Ésa es la parte más sencilla, la tarea principal radica en traer a la percepción consciente la vida pasada tal como ocurrió y explorarla para identificar los momentos donde se produjo un hecho traumático que generó un complejo. Podría comprender también manejar una espontánea liberación de energía llamada catarsis que proviene de esos antiguos recuerdos.

Personificar el Personaje y Establecer la Escena

Cuando comienzan a emerger las primeras imágenes de una vida pasada, es importante garantizar que el cliente corporice la personalidad de la vida pasada. Es posible lograrlo mediante preguntas detalladas sobre el personaje de la vida pasada y la ropa que viste:

¿Qué lleva en los pies... va descalzo o usa zapatos?

¿Qué prendas lleva en el cuerpo?

Describa la ropa detalladamente.

¿Porta algún objeto?

¿Es usted hombre o mujer... joven o viejo?

La respuesta normal estará en tiempo presente, tal como: "Llevo un vestido andrajoso" y "No tengo nada en los pies". Si la respuesta implica describir una escena a cierta distancia, no se produce la corporización y es necesario proveer estímulos para que el cliente narre la historia desde el interior de la persona. Por ejemplo, "Me veo al borde de un precipicio y me obligan a saltar al vacío" puede recibir como réplica "Permítase ingresar por completo en su cuerpo... ¿y qué le ocurre a continuación? Como opción, se le puede formular una pregunta sobre sensaciones corporales:

¿Hace frío o calor?

¿Qué sensación le provoca el roce de la ropa sobre la piel?

Inspire y huela el aire... cuénteme qué percibe.

Explorando una Vida Pasada

Dedicar tiempo a corporizar el personaje de la vida pasada facilita el vínculo pleno del cliente con la vida pasada y sienta las bases para que emerja la escena:

¿Qué percibe a su alrededor?

¿Se encuentra en el campo o cerca de alguna edificación?

Agregue detalles a su descripción.

¿Está solo o con alguien?

¿Qué hacen las otras personas?

¿Es de día o de noche?

El terapeuta puede sentir curiosidad por investigar la situación y obtener la mayor cantidad posible de detalles. Las preguntas que se formulen dependerán de la respuesta a la pregunta previa para permitir que fluya la historia. El tiempo dedicado a formular esta clase de preguntas no se limita a construir el contexto de la historia sino que brinda tiempo para decidir si el cliente ha ingresado en una vida pasada o experimentado una regresión a un recuerdo previo de su vida actual. Si el terapeuta no está seguro, puede consultar directamente al cliente.

Para obtener óptimos resultados de conducir una regresión, es necesario formular las preguntas al personaje de la vida pasada en tiempo presente, es decir, "¿Qué hace usted ahora?" o "¿Qué estás haciendo, niña?". Resulta prudente evitar las preguntas que comienzan con *por qué* ya que obligan a la persona a pasar de la evocación intuitiva de la vida pasada al pensamiento lógico del hemisferio cerebral izquierdo. Sólo es necesario que la historia continúe fluyendo.

Es preferible evitar preguntas sobre detalles del período en que transcurre la vida pasada tales como el año, el soberano o el gobernante local. No son necesarias para la terapia y dicha información podría ser desconocida en la época. Muchas vidas pasadas ocurrieron en tribus indígenas que carecían de la noción de año o en comunidades campesinas donde nadie sabía leer ni escribir. Si es necesario, esta clase de preguntas puede formularse al finalizar la sesión cuando se realiza una revisión de la vida pasada.

Cuando un cliente da una respuesta, el terapeuta puede repetir algunas de sus palabras y la forma en que las expresa. Esta técnica del espejo mantiene la sintonía con el cliente y permite conservar el impulso de la historia. Asimismo, es importante escuchar atentamente y utilizar sólo las palabras del cliente:

¿Qué ropa lleva?
Nada excepto una piel de animal atada a la cintura.
Una piel de animal... ¿y de qué color es la piel?
Castaño claro.
Castaño claro... ¿y es usted hombre o mujer?
Hombre, un muchacho.
Hombre, un muchacho... ¿y hay otras personas con usted?
Sí, hay hombres y mujeres que me miran, tienen la piel más oscura que yo.
Hombres y mujeres que lo miran... ¿y qué más observa?
Uno de ellos me apunta con una lanza y grita.

MOVERSE EN EL TIEMPO

Luego de corporizar el personaje y definir la escena, se puede recopilar el resto de la historia de vida pasada. Por lo general, se

Explorando una Vida Pasada

orientará hacia el momento de la muerte, pero más tarde podría ser necesario volver para reunir más información, tal como ilustra el caso de estudio de una cliente a quien llamaré Maggie. Ella afrontaba situaciones conflictivas en su trabajo por su escasa predisposición a asumir responsabilidad en la conducción de personas. Esta actitud interfería con el progreso en su carrera. Experimentó una regresión a la vida de un tratante de esclavos en un barco que navegaba por el Mediterráneo:

> Era un hombre corpulento y bronceado cubierto por un paño blanco, que llevaba una faja de cuero revestido en metal alrededor de la cintura y sandalias de cuero. Sujetaba un látigo en la mano y se encontraba en un navío sin techo con dos cubiertas de remeros esclavos. El barco transportaba especias, azúcar y seda a través del Mediterráneo. La mayoría de los esclavos eran negros y estaban encadenados a la cubierta, y la tarea del hombre consistía en azotarlos hasta conseguir que remaran con la suficiente rapidez. Le pagaban una comisión por llegar rápidamente a puerto, motivo por el cual era especialmente despiadado. Describió el temor en los ojos de los esclavos cuando lo miraban. El tono de voz de Maggie cambió en esta parte de la escena. *"Siento odio hacia mí mismo por hacerles algo semejante"* y emitió un leve sollozo.

Se solicitó al tratante de esclavos que se dirigiera al próximo suceso significativo y describió una muerte accidental producto de ingerir una sobredosis de hierbas analgésicas. Luego de abandonar su cuerpo al morir, bajó la mirada hacia el barco y observó a su reemplazante mientras azotaba a los esclavos. Antes de hacer frente a quienes había lastimado en la vida pasada, era importante descubrir qué lo había llevado a convertirse en esa clase de persona. Se le solicitó que se dirigiera hacia el primer suceso significativo en la vida pasada. El tratante de esclavos evocó su infancia junto a un herrero fuerte y corpulento que era su padre. El padre lo azotaba mientras decía: "*Tienes que ser fuerte para sobrevivir en la vida*". Éste era el método que aplicaba el padre para fortalecer a su hijo. Luego de reunir información sobre todos los sucesos significativos en la vida pasada, la sesión se reorientó hacia los dominios espirituales para enfrentar a los esclavos que había maltratado y a su padre que lo había hecho objeto de maltrato. Mediante el diálogo se logró el perdón y Maggie llegó a la profunda convicción de que aquello que debía evitar no era asumir responsabilidad por otras personas sino el maltrato hacia quienes están bajo su responsabilidad.

El ingreso en una vida pasada podría producirse en medio de una crisis tal como el momento en que alguien es ejecutado, estrangulado o en que asesina a otra persona durante una pelea. También podría producirse en una situación calma y sosegada cuando alguien recorre un sendero, se encuentra tendido en un prado o en un ámbito familiar. A medida que se formulan las preguntas, la historia emergerá. En ciertos casos, el curso de la historia podría resultar poco claro de modo que las preguntas que se formulen deberán basarse en las respuestas recibidas. Cuando se haya reunido toda la información acerca de una determinada escena, se puede seguir investigando la vida pasada:

¿Qué sucede a continuación?

Esta pregunta se formulará con frecuencia porque permite que emerja la historia y en última instancia, se develarán las circunstancias en que se originó un complejo. Si surge información trivial, podría ser momento de avanzar hacia otra

Explorando una Vida Pasada

parte de la vida pasada. Se lo puede confirmar mediante la pregunta:

¿Hay algún otro tema significativo para tener en cuenta antes de seguir adelante?

Avanzar en el tiempo hacia otra parte de la vida pasada se asemeja al avance rápido de una grabadora de video y el cliente se trasladará inmediatamente hacia ese punto:

Cuando cuente hasta tres quiero que se dirija al próximo suceso significativo. 1... 2... 3... ahora dígame qué sucede.

Cuando se ha dedicado tiempo a corporizar el personaje, resultará más fácil cumplir con esta consigna. Por lo general, es preferible mantener el flujo de la historia en una dirección constante hacia el momento de la muerte. Si el ingreso se produce cerca del momento de la muerte, luego de atravesarlo, se puede llevar al cliente de regreso al primer suceso significativo para acceder a nueva información:

Cuando cuente hasta tres quiero que retroceda hasta el primer suceso significativo en esta vida. 1... 2... 3... ¿qué sucede ahora?

Cuando se formulan consignas temporales es preferible emplear un firme tono directivo. En ocasiones, cuando escucho que un principiante emplea fórmulas ambiguas tales como "¿Le gustaría pasar al próximo suceso significativo?" o "Diríjase al próximo suceso significativo, si se siente capaz.", le digo que deben evitarse esta clase de fórmulas porque el suceso podría ser parte importante de la vida pasada. Si no se emplean instrucciones firmes, tal vez no se retorne a esa parte de la vida pasada y se perderá información esencial. Dirigirse a los sucesos significativos permite recopilar información sobre las diferentes escenas de modo que sea posible comprender la historia de vida pasada en su totalidad.

Los sucesos significativos suelen ser el momento en que se origina un complejo. Existe una clase de complejo llamado *cierre emocional*. Puede ocurrir cuando se ha experimentado algún episodio de derrota como cuando el cuerpo se encuentra atrapado por rocas. Suele ir acompañado por frases tales como "Jamás volveré a sentir algo así" o "Todo es inútil". También se lo puede reconocer por una pérdida de energía vital cuando el cuerpo adquiere una postura rígida o tiembla o se produce un cambio en el tono de voz.

En ciertos casos, el suceso significativo será un *punto de inflexión* donde la vida pasada cambia por completo. Un niño a quien separan de su madre, una persona rica que pierde toda su fortuna y poder o una vida que ha transcurrido junto a seres queridos se transforma en una vida de soledad. En el caso de estudio de Maggie, se produjo cuando el padre herrero azotaba al niño. El punto de inflexión se puede señalar con precisión y revisar pausadamente para llegar a comprenderlo.

Es necesario permitir que la historia de vida pasada se despliegue tal como sucede para que sea posible advertir cualquier cierre emocional o punto de inflexión, junto con los personajes relacionados con la vida pasada, para resolverlo posteriormente en los dominios espirituales. En ciertos casos, si el ingreso en la vida pasada se produce en medio de una muerte trágica, la recopilación de datos será mínima. La regla general en este caso consiste en seguir la energía. Si el cliente transita la muerte en una vida pasada con rapidez, entonces se lo puede guiar de regreso para recopilar el resto de la historia de vida pasada más tarde.

Explorando una Vida Pasada

SUPERACIÓN DE DISTRACCIONES

Las distracciones pueden impedir que emerja una vida pasada y es necesario contrarrestarlas. El siguiente extracto de una sesión de terapia de regresión con una cliente a quien llamaré Mary ilustra algunas de ellas. Mary llevaba una vida activa con un trabajo de tiempo completo y el cuidado de sus pequeños hijos. La sesión tenía por objeto abordar su dificultad para enfrentar a su marido:

Mary experimentó una regresión a la vida pasada de una niña que llevaba un vestido en colores blanco y crema mediante la frase puente clave *"Estoy sola y sufro"*. La niña tenía los pies embarrados y debía trabajar muy duro para recoger leña y buscar bayas y otros alimentos para su hermano de dos años y su hermanita pequeña. Mary susurró: *"Es trabajo pesado y me duelen tanto las manitas"*. La niña no tenía madre ni padre y era la única que podía cuidar a sus hermanos. La historia continuó: *"Estoy rodeada por muchísimos colores. Todo se ha vuelto azul y dorado. Hay tanta tranquilidad"*.

La inconsistencia indicaba que Mary había eludido un trauma y evocaba un recuerdo posterior a la muerte. Se confirmó al descubrir que el corazón de su personalidad en la vida pasada había dejado de latir. Mary siguió hablando sin ninguna clase de estímulo e ingresó en otra vida pasada. En ella era un adolescente cuyo padre había "cruzado el agua" para ir a luchar y jamás había vuelto.

Se solicitó a Mary que retornara al momento de la primera vida pasada cuando la niña experimentaba dolor en las manos mientras recogía la leña. Sin ningún estímulo adicional, comenzó a narrar precipitadamente que un hombre la perseguía, que oía a los montañeses reírse de ella, que posiblemente la hubieran lastimado y que luego había visto su cuerpo junto a un árbol. Se solicitó a la niña que retornara al momento en que había advertido por primera vez que se le acercaba un hombre y que relatara los hechos lentamente. Primero oyó un ruido a sus espaldas y echó a correr. Cuando se le preguntó por sus sentimientos, comenzó a temblar la voz de Mary al evocar el miedo. El montañés sujetó a la niña contra un árbol mientras la asesinaba. Cuando se sosegaron las emociones, emergieron el resto de los detalles de su vida pasada y su muerte.

La experiencia de vida anterior de Mary ilustra algunas de las distracciones que pueden interferir para que emerja una historia de vida pasada. El Dr. Hans TenDam identificó muchas de ellas en su libro *Deep Healing*[1] y destacó la importancia de reconocerlas y contrarrestarlas.

Cuando describió que la escena súbitamente tenía "muchísimos colores y tranquilidad", Mary podría haber *saltado* desde la vida pasada a los dominios espirituales y eludido su muerte. Al preguntarle si el corazón de su personalidad en la vida anterior seguía latiendo, permitió confirmar que el salto se había producido directamente hacia los dominios espirituales al morir la niña. En algunos casos, un salto podría llevar a otra vida pasada y es preferible retornar a la primera en el momento previo a la distracción. De este modo es posible percibir la totalidad de una vida pasada y resolver el motivo de cualquier conflicto antes de trabajar con alguna otra.

Cuando cuente hasta tres quiero que usted vaya a... (el momento previo al salto)**... 1... 2... 3... ¿qué sucede ahora?**

Explorando una Vida Pasada

Si súbitamente la historia se acelera o resulta evidente que se ha eludido un suceso significativo, esta clase de distracción se llama *precipitación*. Cuando se produce durante una sesión que se desarrolla sin inconvenientes, indica que se pone fin una situación amenazante en forma anticipada. En su vida pasada, Mary había precipitado el relato de la muerte. Es indudable que se trata de un recurso útil para evitar el malestar que puede experimentar el cliente como consecuencia de emociones emergentes. En terapia de regresión, podría ser el complejo vinculado al problema del cliente y, por ende, se lo puede guiar hacia su origen y traer los recuerdos en su totalidad a la percepción consciente.

Si súbitamente la escena se queda en blanco, podría indicar *evitación* de un momento traumático. En ocasiones, asume la forma de una inconsistencia en que la información sobre un suceso trágico no tiene sentido. Por ejemplo, cuando la vida pasada de un marinero que se encuentra a punto de ahogarse durante un naufragio se vuelve súbitamente una escena tranquila. Es necesario interrumpir la historia y reorientarla hacia el momento previo que permita examinar la vida pasada con mayor precisión:

Enumere los hechos lentamente. ¿Qué le sucede primero?

La última clase de distracción es la *disociación* de un recuerdo traumático. Ocurre cuando se cuenta la vida pasada como observador que contempla su personalidad o un determinado hecho de su vida pasada. Si la vida pasada continúa, es necesario tener en cuenta el momento para su posterior resolución. Si comienzan a aparecer imprecisiones o si la historia de vida pasada se oblitera, pueden utilizarse recuerdos corporales para que la historia resurja. Este tema se analizará en detalle más adelante. Una sugerencia consiste en mantener siempre la historia en tiempo presente. Si un cliente manifiesta "Estoy mirando desde arriba al hombre a quien apuñalan", se lo puede rectificar y proveerle estímulo mediante una pregunta tal como: "A usted están a punto de apuñalarlo y ¿qué le sucede a continuación?". Otro abordaje consiste en que el terapeuta reproduzca exactamente las últimas palabras de la historia del cliente y diga: "Inhale profundamente y cuénteme que sucede a continuación". El acto consciente de inhalar profundamente suele tener el efecto de recuperar el esquema corporal.

CATARSIS

Una catarsis es una liberación de emociones intensas. Las psicoterapias y terapeutas occidentales que trabajan con vidas pasadas sustentan posiciones antagónicas sobre el modo de abordarla, que se reseñan en el Apéndice I. Si se inicia una catarsis espontánea durante una regresión a vidas pasadas, intento minimizarla. La desensibilización es una manera de develar momentáneamente una situación traumática y permitir que la mente consciente la procese poco a poco. Muchas situaciones traumáticas se relacionan con el momento de la muerte y, por tal motivo, se puede guiar al cliente para que lo atraviese con rapidez hasta llegar a los dominios espirituales. De este modo se minimiza su incomodidad al reducir el nivel de emoción. Para una regresión espiritual, este enfoque es particularmente importante porque una liberación emocional interfiere con el trance más profundo que se requiere para la evocación de recuerdos del alma.

Cuando se presentan síntomas emocionales y físicos en la terapia de regresión, suelen ser indicadores de un complejo. No soy partidario de llevar al cliente a experimentar incomodidad innecesaria, pero he descubierto que las emociones bloqueadas y asociadas con un complejo deben liberarse y transformarse para que se produzca la sanación plena. La situación es análoga a tener

Explorando una Vida Pasada

una espina profundamente incrustada en la piel. A menos que se la extraiga, persistirán la infección y el malestar. Debido a que una catarsis es un estado de alta energía, puede llegar a agobiar y desorganizar la mente lógica. Por tal razón, es preferible seguir hablando con el cliente durante una catarsis y brindarle sugerencias útiles en un tono de voz más elevado que el normal:

Deje salir todo... Deje que sigan fluyendo las lágrimas.

Una liberación catártica consta de tres fases:

En general, el cliente recuperará un nivel normal de estimulación luego de un profundo suspiro y entonces es posible continuar con preguntas acerca de la vida pasada. En la mayoría de los casos, es necesario liberar por completo las emociones subyacentes al complejo antes de que pueda producirse la transformación. Se lo puede realizar rápidamente en una sola sesión o en forma gradual durante una serie de sesiones.

Prefiero analizar el modo de manejar una catarsis con el cliente durante la entrevista y llegar a un acuerdo. Una posible fundamentación es: "En ciertos casos, la sesión puede ser intensa y se liberarán emociones. Puedo proponerme reducir la posibilidad de que suceda, pero suele demandar una serie de sesiones llegar a despejar emociones bloqueadas. Como opción, podemos permitirles emerger por completo y despejarlas inmediatamente. Las emociones son algo extraño. Hay personas que pagan fortunas para experimentarlas. Ya sea en la montaña rusa, en la práctica de puentismo o en el cine donde van a llorar a mares con una película triste." Los clientes que han convivido durante muchos años con las intensas emociones negativas que genera un complejo suelen alegrarse al verlas desaparecer a la brevedad.

Resumen

A menos que el ingreso en la vida pasada se produzca en medio de una catarsis espontánea, la prioridad fundamental consiste en corporizar plenamente la vida pasada con abundantes detalles sobre la vestimenta y los sucesos que rodean al sujeto. Las preguntas efectivas dependerán de la información que surge, si bien la fórmula "¿Qué sucede a continuación?" puede usarse con frecuencia. Se puede omitir o ignorar todo detalle trivial para mantener el foco en los sucesos significativos. El inconsciente del cliente lo llevará hacia dichos sucesos cuando se lo guíe. Por lo general, es preferible hacer avanzar la historia de una vida pasada en una sola dirección hacia el momento de la muerte porque de esta manera resulta más sencillo para el cliente comprenderla. Es necesario que el terapeuta escuche el relato para identificar y contrarrestar cualquier distracción. Con frecuencia, este procedimiento implica retroceder hasta el momento previo a la distracción y examinar el suceso pausadamente.

El origen de un complejo suele ser uno de los sucesos significativos. Una clase de complejo se denomina cierre emocional. Ocurre cuando el personaje de la vida pasada se rinde ante alguna adversidad semejante a encontrarse atrapado por un desprendimiento de rocas. Otra clase es un punto de inflexión, ejemplificado por el caso de estudio de Maggie en su personalidad del tratante de esclavos. El tratante de esclavos dedicaba su vida a oprimir a otras personas debido a los azotes

Explorando una Vida Pasada

que su padre le había propinado durante la infancia. Se pueden señalar con precisión estos momentos y revisarlos pausadamente para llegar a comprenderlos. Es necesario que el terapeuta junto con los otros personajes de la vida pasada tengan en cuenta la información correspondiente a cierres emocionales y puntos de inflexión para su posterior transformación.

Cuando se produce una catarsis espontánea, el terapeuta debe adoptar una actitud de contención para ayudar al cliente a liberarse plenamente. El nivel de liberación puede desensibilizarse al revisar con rapidez esa parte de la historia de vida pasada, en especial los momentos de muerte. En términos generales, se puede admitir una catarsis espontánea en terapia de regresión para lograr una descarga completa. Durante una catarsis no es posible formular preguntas y es preferible brindar sugerencias útiles al cliente en un tono de voz más elevado que el normal.

5

La Muerte en Vidas Pasadas

*Ahora, cuando el Bardo del momento de la muerte
se cierne sobre mí,
me despojaré de toda pretensión, todo anhelo y apego.
Al abandonar este cuerpo compuesto de carne y sangre,
comprenderé que sólo es una ilusión transitoria.*

En: Padmasambhava, *Libro tibetano de los muertos*

La palabra Bardo es el término budista para designar el cambio de consciencia durante el ciclo de la vida y la reencarnación. El principal es el "Bardo del fallecimiento y la muerte". Morir se considera una gran oportunidad para que las personas asuman la totalidad de sus vidas y sus más profundas verdades individuales. En su obra *El libro tibetano de la vida y la muerte*[1], Sogyal Rinpoche destaca la importancia de resolver asuntos inconclusos y no albergar culpa, ira o rencor hacia otras personas antes de morir. En la regresión a vidas pasadas, siempre es necesario abordar el momento de la muerte. Al recordar la muerte, el cliente comprenderá que la vida ha terminado y que suele haber gran cantidad de pensamientos, emociones y recuerdos corporales no resueltos que es necesario tener en cuenta para la posterior sanación.

Muchas personas describen sus experiencias de muerte en vidas pasadas en forma similar a quienes han sobrevivido a una experiencia cercana a la muerte. Al abandonar el cuerpo físico, todo malestar físico se olvida. Suelen describir que miran hacia abajo y ven su cuerpo antes de dirigirse hacia la luz. Según mi experiencia, alrededor del 85% de las vidas pasadas tienen asuntos inconclusos que será necesario resolver en el mundo espiritual. En ciertos casos, un 5%, el cliente describirá que asciende hacia la luz sin llevar ningún trauma. En el resto de las vidas pasadas, el cliente informará que su conciencia permanece en el cuerpo y no está dispuesta a avanzar. En las tradiciones chamánicas se le llama "parte perdida del alma" y la Sabiduría antigua le llama "espíritu terrenal" [2].

Una Muerte Apacible

Las vidas pasadas agradables pueden ser un recurso positivo cuando se las incorpora a la atención consciente. Un ejemplo es el caso de estudio de una cliente a quien llamaré Kim en su regresión a la vida anterior de un niño árabe quien jugaba con sus amigos en las dunas:

> Uno de los niños le arrojó arena en los ojos y él cayó de cara al suelo. Asustados ante la situación, los niños escaparon corriendo y no informaron a ningún adulto sobre lo sucedido. Privado de la visión debido a la arena que cubría sus ojos, el niño quedó abandonado a su suerte bajo el sol abrasador durante todo el día y para el momento en que lo encontraron se había quedado ciego. No obstante, la pérdida de la visión le permitió desarrollar otras habilidades y se convirtió en un "clarividente" con poderes psíquicos. Imposibilitado para trabajar, llevó una vida sencilla brindando consejo a los aldeanos y contando

historias a los niños. Se solicitó al árabe que se dirigiera al momento inmediatamente previo a su muerte. Tenía 80 años y yacía en su lecho de muerte rodeado por algunos amigos. Con su último aliento, experimentó un sentimiento de serenidad sin ningún temor a la muerte y describió que había abandonado su cuerpo y observaba la escena desde arriba. Toda la comunidad había rodeado con flores la casa donde murió y podía percibir el amor que sentían por él. Manifestó que se había orientado hacia la luz y se permitió flotar hacia ella con una profunda paz interior.

Se permitió a Kim permanecer e incorporar esta profunda experiencia. Ella se esforzaba por desarrollar sus dotes psíquicas en la vida actual y la vida pasada renovó su entusiasmo para continuar la tarea. Experimentar una vida pasada tan positiva o incluso sólo un suceso significativo de una vida pasada puede tener un efecto muy profundo en la conciencia de una persona.

Traumas sin Resolver en el Momento de la Muerte

En la mayoría de las vidas pasadas existen asuntos inconclusos y son origen de patrones que se repiten en la vida actual. El caso de estudio de un cliente a quien llamaré John ilustra este concepto. John tenía problemas cuando hablaba ante grupos de personas. Esta clase de situaciones disparaba una sensación crónica de estrangulamiento en la garganta y le resultaba difícil hablar:

> El recuerdo más lejano de John respecto del problema se relacionaba con el momento en que le habían solicitado que leyera la Biblia en la escuela. Estaba aterrorizado sin motivo consciente y recordaba cuánto temblaba y se

agitaba durante la lectura. Al repetir una frase de ese recuerdo, John experimentó una regresión a la vida de una anciana. Vestía harapos y se enfrentaba a un inquisidor que llevaba una larga túnica con un lazo en la cintura. La anciana se encontraba sobre una plataforma elevada, estaba rodeada por una multitud iracunda que gritaba y le habían colocado una soga al cuello. A continuación, manifestó que miraba hacia abajo y veía su cuerpo suspendido de un poste.

Se solicitó a la anciana que se dirigiera hacia el momento inmediatamente previo a su último suspiro y volvió a atravesar la ejecución por ahorcamiento. John experimentó dificultad para respirar y su cuerpo comenzó a sacudirse. Se guió con rapidez a la anciana hasta el momento en que su corazón había dejado de latir. Su último pensamiento fue: *"No puedo escapar"*. Los sucesos de esos momentos finales produjeron un profundo impacto. Había terror, ira y vergüenza por la acusación injusta junto a la sensación física de asfixia.

Al revisar la vida pasada, surgió que la anciana vivía sola en el campo cuando un grupo de soldados se la había llevado en un carro y la habían encerrado en un sótano oscuro. Querían que firmara una confesión. Ella aceptó porque supuso que la torturarían y luego la condujeron ante un tribunal de personajes religiosos que llevaban túnicas y ocupaban la plataforma rodeada por la multitud. Uno de ellos la interrogaba y exhibía la confesión que había firmado mientras informaba a la multitud que ella era una bruja.

Luego de morir, se le solicitó que se encontrara con el espíritu del religioso que la había condenado. En principio, se expresó odio por las injusticias cometidas contra ella. No obstante, mediante el diálogo se llegó a la comprensión de que él sólo había hecho aquello que consideraba su deber y estaba profundamente arrepentido. Este descubrimiento la ayudó a perdonar. A continuación, la anciana se encontró con sus amigos de la multitud, quienes no habían hecho nada para ayudarla. En el diálogo con uno de ellos, un joven a quien había curado con hierbas durante esa vida, ella comprendió que la multitud le había impedido actuar. Estaba asustado y pensaba que si intentaba ayudarla, lo separarían de su esposa y sus hijos. Sólo en ese momento ella logró comprenderlo.

Se solicitó a la anciana que volviera al momento inmediatamente previo a su último suspiro y que revisara los hechos lentamente, con la posibilidad de realizar todas las modificaciones necesarias. Mientras John comenzaba a jadear, se permitió a la anciana quitarse la soga de ejecución mediante el uso de un elemento de apoyo. A medida que el recuerdo físico se transformaba, John manifestó que se iba aliviando el malestar en su garganta. Se consultó a la anciana qué más deseaba hacer. Ella quería volver a estar frente a la multitud, pero en esta ocasión con una actitud de orgullo y audacia.

Al abandonar el recuerdo de vida pasada, se condujo a John a su recuerdo de infancia cuando leía la Biblia en la escuela. Provisto de las nuevas experiencias que obtuvo al superar la sensación de asfixia en la vida pasada, descubrió que en la actualidad podía recordar el episodio sin ponerse a temblar ni experimentar temor. Se quedó con una afirmación: *"Cuando esté frente a un grupo tendré una actitud de orgullo y audacia"*. Hablar frente a grupos ya no constituye un problema para John.

Luego de experimentar la vida pasada, se permitió a John modificarla de la manera que quisiese. Si el cambio puede considerarse una metáfora o una nueva experiencia de vida es menos importante que la realidad que representó para John. Una vez más se encontraba en ese momento traumático de la vida pasada con la soga al cuello. Sin embargo, mediante el acto físico de quitarse del cuello una toalla que se utilizó como elemento de apoyo, logró avanzar a un nivel más profundo del que podrían alcanzar las palabras y transformar el trauma físico. Este acto tuvo resonancia en el recuerdo traumático de su vida actual sobre la lectura en la escuela, que se despejó al mismo tiempo.

La vida pasada de John ilustra de qué manera puede llegar a perderse información vital cuando se produce una disociación en el momento de la muerte. Retornar al momento previo a la disociación e incorporar el esquema corporal permitió que emergieran la sensación de asfixia, el pensamiento "*No puedo escapar*" y las emociones de terror, ira y vergüenza. En el momento de la muerte, los últimos pensamientos y emociones son extremadamente poderosos para determinar el efecto sobre las vidas futuras. Pueden magnificarse desproporcionadamente e infiltrarse en la percepción posterior. En el caso de John, se incorporaron a su vida actual y durante la infancia provocaron su reacción a la lectura frente a un grupo escolar. En el momento de la muerte en una vida pasada, es importante identificar en qué consistían tales pensamientos y emociones para su posterior resolución:

Cuando cuente hasta tres diríjase al momento inmediatamente previo a que su corazón deja de latir por última vez... 1... 2... 3... ¿qué sucede?

¿Con qué pensamientos y sentimientos muere?

Un esclavo que fue azotado durante la vida entera podría pensar "Todo es inútil" y llevar este pensamiento a su vida actual en forma de depresión. Un soldado que luchó en el barro durante la Primera Guerra Mundial podría morir pensando: "Quiero limpiarme esta mugre" y convertirse en una persona obsesiva con el lavado de manos en la vida actual. Es necesario explorar los pensamientos y las emociones experimentados por el personaje de la vida pasada antes o después de la muerte.

ESTADOS TERRENALES

Cuando se produce una muerte traumática en una vida pasada, el cuerpo sutil podría mantener sus vínculos terrenales y permanecer en el cuerpo físico. Durante un taller, un estudiante a quien llamaré Mike experimentó una regresión a la vida pasada de un rebelde medieval escocés quien había sufrido una muerte trágica al ser ahorcado, arrastrado y descuartizado:

> Al caer prisionero, lo sujetaron por los pies a dos caballos y lo arrastraron sobre la espalda por calles empedradas. Luego lo colgaron del cuello casi hasta ahorcarlo y por último lo destriparon. Después de hacerle atravesar por la experiencia de muerte, el espíritu del rebelde escocés no estaba en condiciones de avanzar. Deseaba permanecer en el malherido cuerpo. Se lo invitó a comprobar que su corazón había dejado de latir y se le indicó que estaba muerto. Su espíritu aun se mostraba reacio a abandonar el cuerpo de modo que se lo condujo a un momento muchos años posterior a su muerte. Sólo quedaban huesos y, por fin, el espíritu del rebelde escocés reconoció que no había ningún motivo que justificara su permanencia y se sintió preparado para avanzar.

La imposibilidad del espíritu para abandonar el cuerpo y continuar la travesía hacia los reinos espirituales da por resultado que parte de la energía del alma, su cuerpo sutil, permanezca vinculada a la tierra y atascada. En algunos casos, puede deberse a una muerte imprevista tal como un asesinato por la espalda o una explosión. La muerte podría haber ocurrido con demasiada rapidez como para que el espíritu advierta que el cuerpo está muerto:

> ¿Permanece en su cuerpo o puede abandonarlo?

Con frecuencia, los recuerdos reflejarán la confusión generada durante los momentos finales y el estímulo adecuado puede permitir la conexión con los recuerdos relativos a la partida del cuerpo físico:

> Su cuerpo está muerto. Compruebe que su corazón se ha detenido. ¿Puede abandonar su cuerpo físico ahora?

Los pensamientos en el momento de la muerte suelen continuar como si fueran una grabación. El soldado podría insistir en permanecer en el puesto de guardia o el padre podría querer quedarse para cuidar a sus hijos. El niño que murió durante un bombardeo podría vagar en busca de su madre. En algunas culturas, aquello que le ocurre al cuerpo después de la muerte es importante. El espíritu podría permanecer en el lugar de la muerte y esperar que se realice un entierro o una cremación. Este concepto puede ilustrarse mediante el caso de una cliente a quien llamaré Betty, que experimentó una regresión a la vida pasada de una mujer asesinada por su marido zapatero:

> En primer lugar, la esposa albergaba una culpa tan profunda por haber disuelto su matrimonio que se describía a sí misma como portadora de energía oscura al abandonar el cuerpo cuando murió. Incluso luego de ser espectadora

de la muerte de su marido en la horca por su asesinato y ver que su alma iba hacia la luz, no se sentía capaz de partir en dirección a los dominios espirituales. Cuando se le preguntó qué se necesitaba para avanzar, ella solicitó sanación con energía luminosa para eliminar la energía negativa.

Mediante la sencilla indicación al espíritu de la mujer del zapatero para que fuera a un lugar donde experimentaría dicha sanación, ella estuvo en condiciones de continuar en dirección hacia el reino espiritual:

¿Qué considera necesario para abandonar su cuerpo e ir al reino espirituales?

Incluso después de una explosión, cuando el cuerpo físico ya no existe, la conciencia espiritual puede crear la ilusión de que alguien continúa vivo. Se pierde en una dimensión donde el espacio y el tiempo son inexistentes en el sentido en que los conocemos, queda atrapado en forma permanente y se vuelve terrenal. Si en la vida pasada alguien ha sido víctima de la Inquisición y en sus últimos momentos se lo ha "condenado al infierno", podría existir el temor de abandonar el cuerpo. En este momento, se requiere transformación y lo único que se necesitaría es protección para el viaje. Es probable que la víctima de un bombardeo sólo quiera reunir todos sus restos.

Resumen

Los pensamientos, las emociones o la tensión corporal en el momento de la muerte en una vida pasada pueden tener una gran influencia en la vida actual. Es necesario advertirlos para su posterior resolución en los dominios espirituales. Tal como ilustra el caso de John, las emociones de terror y el pensamiento "No puedo escapar de la multitud" se trasladaron desde la muerte de la bruja al miedo crónico de hablar frente a grupos que experimentaba John. Guiar con rapidez al cliente a través de una muerte traumática reducirá el malestar y permitirá entonces revisar la vida pasada.

Ciertas muertes violentas podrían dar lugar a bloqueos y sería necesario repetir el episodio mortal para recopilar nueva información hasta tanto se logre comprenderlo plenamente. Luego de la muerte, es imprescindible verificar que la conciencia espiritual abandone el cuerpo. Con frecuencia, sólo se necesita indicar que la vida pasada ha concluido y que el cuerpo físico está muerto. En determinadas ocasiones, la conciencia espiritual mantiene sus vínculos terrenales como en el caso del rebelde escocés y la transformación comienza al preguntar qué se necesita para avanzar hacia los reinos espirituales.

Muchas vidas pasadas no tienen aspectos traumáticos y, sin embargo, resultan útiles debido a las emociones positivas que involucran.

6

Transformación en los Reinos Espirituales

Muere mientras estás vivo y sé totalmente muerto.
Luego haz cualquier cosa que quieras, todo es bueno.
Bucan, Maestro Zen japonés del siglo 17.

Se permite que la experiencia de la vida pasada y de la muerte porque puede venir un gran valor terapéutico del entender la verdad. Si un cliente experimenta en una vida pasada el haber sido golpeado a muerte, el terapeuta no detiene el que sea golpeado. Se les permite experimentar a cierto nivel la confusión, el enojo, el miedo u otros problemas sin resolverse de la vida pasada que fueron llevados hacia los reinos espirituales. Los budistas llaman a los reinos espirituales *el Bardo de la Conversión*, porque es aquí donde la vida pasada es repasada y se hace la preparación para la reencarnación para resolver algunos de estos problemas. Sin el cuerpo físico, el tiempo pierde significado y el cambio puede ocurrir rápidamente. El reino espiritual es también donde los asuntos inconclusos de una vida pasada son resueltos.

Confrontación con los Personajes de la Vida Pasada

El entender más sobre los motivos de los personajes de los eventos significativos en la vida pasada puede ayudar a transformar asuntos inconclusos. Esto es logrado a través de un diálogo guiado entre ellos y el cliente. El terapeuta maneja el proceso y el cliente maneja el contenido.

Esto puede ser ilustrado por un estudio de caso de un cliente al que llamaré Sarah. Ella tenía un miedo crónico de que algo le sucediera si salía de su casa y entrase en una multitud. Incluso cosas simples como ir de compras en un supermercado implicaba el apoyo de un amigo o la penosa situación de experimentar altos niveles de ansiedad y ataques de pánico. Ella había notado esto inicialmente cuando visitó una iglesia medieval y su aislamiento auto-impuesto de las multitudes progresivamente empeoró. Ahora con 37 años de edad era ella virtualmente un prisionero en su propia casa:

> Sarah regresó a la vida pasada de un doctor medieval quien fue expulsado de su pueblo por el intendente después de que fue incapaz de curar a la gente que moría por una plaga. Conforme caminaba lentamente fuera de las puertas del pueblo fue rehuido por una muchedumbre de personas del pueblo, quienes previamente le respetaban en su posición de doctor. El rechazo le dejó sin ningún sentido de dirección y sin un trabajo u hogar. Deambuló por Europa como un vagabundo, teniendo una muerte temprana aún llevando la vergüenza y pensando, *"No puedo enfrentarlos, les he fallado."*
>
> En los reinos espirituales se le permitió al doctor medieval encontrarse con el espíritu del intendente y

expresar la vergüenza de ser injustamente expulsado. Esto fue seguido por, *"Él tiene su cabeza inclinada hacia abajo. Tenía miedo de perder su trabajo y lamentaba lo que hizo. Es lamentablemente pequeño ahora. Siento lástima por él. Se puede ir ya."* Luego vino un encuentro con los espíritus de los ciudadanos del pueblo que le rehuyeron. Inicialmente renuente a encontrarse con ellos, requirió el apoyo de un espíritu abuelo. *"Hay tantos de ellos. Me están diciendo que yo era el único que intentó hacer algo para ayudarles. No me culpan por su muerte, y me están agradeciendo."* En este punto aparecen lágrimas en los ojos de Sarah frente a la intensidad del momento. El doctor medieval pudo ahora encontrar perdón para sí mismo.

Para Sarah, esta sesión le ayudó a perder su miedo a las multitudes. Durante los próximos meses con progresivamente menos apoyo fue ella capaz de lograr su meta de ir a un supermercado concurrido por sí misma. Ella dijo, *"No fue fácil enfrentar a las multitudes inicialmente, pero la sesión ha transformado mi vida."*

Habiendo trabajado con cientos de clientes de esta manera, incluyendo aquellos que no creen en las vidas pasadas, el proceso siempre funciona. En un estado alterado de consciencia, profundizado por la experiencia de la vida pasada, la psique del cliente está completamente abierto a una comunicación intuitiva. Para entender esto, lo mejor es pensar en todas las cosas como energía. Con asuntos inconclusos, la energía del alma de los personajes de la vida pasada se ha adherido al alma del cliente. Para el doctor medieval el asunto sin resolver involucraba la energía adherida del intendente y de la multitud de ciudadanos. Mientras esta energía permanezca adherida, el vínculo intuitivo existirá. Después de la muerte de la vida pasada, se puede reunir a un niño con su madre perdida, un esclavo cruelmente tratado puede confrontar al propietario de esclavos, o un prisionero abandonado puede encontrarse con su familia:

Vaya al lugar en los reinos espirituales donde ... (el otro personaje de la vida pasada) está y encuéntrese con él.

Una vez que se hace el intento de encontrarse con el personaje de la vida pasada, la intuición del cliente hará el vínculo. Se les puede entonces animar para que digan o pregunten lo que sea necesario:

¿Qué tiene que decirles que nunca pudo decirles en esa vida?

¿Qué le dicen a usted?

A través del diálogo viene una nueva consciencia y entendimiento de los motivos de la otra persona. El trabajar en los reinos espirituales requiere espontaneidad y un poco de creatividad. El terapeuta necesita confiar en su propia intuición al identificar el enfoque para ocasionar la transformación. Si se atoran, en vez de intentar y resolverlo lógicamente, se le puede permitir al ser superior guiarlos. Mientras más practiquen esto los terapeutas, más fácil les será trabajar con su intuición.

Estos encuentros transforman la energía congelada de emociones y pensamientos originados de un punto en el que un complejo empezó y se arrastró desde la muerte de la vida pasada.

Transformación de Tristeza y Dolor Congelados

La tristeza y el dolor normalmente vienen del abandono, o de la pérdida de alguien que fue profundamente amado. Está asociado con el llanto bloqueado, respiración pesada y depresión. La estrategia en los reinos espirituales es reconectar con los seres queridos de la vida pasada, que pueden ser el esposo o esposa, el hijo, hija, madre o padre. Frecuentemente el cliente necesitará tiempo solamente para absorber la energía de la reunión, con nueva información viniendo después del encuentro:

> Una mujer en una vida pasada estaba apunto de ser ejecutada y no tenía a nadie que cuidara de su bebé. Ella había aceptado su destino, pero murió con una profunda tristeza al separarse del bebé. En los reinos espirituales ella fue reunida con el bebé y se le permitió sostenerlo físicamente con la ayuda de un cojín como elemento de apoyo. Las emociones suprimidas se convirtieron en lágrimas de alegría mientras ella abrazaba y abrazaba al bebé perdido. Luego pudo ella preguntar cómo su vida progresó después de su muerte.

El abrazar con los brazos es más profundo de lo que las palabras pueden expresar, y un cojín a menudo resulta ser un elemento de apoyo útil.

Transformación de Culpa Congelada

La culpa es causada cuando hemos dañado a una persona o grupo y luego amargamente lamentamos el acto. Frecuentemente los pensamientos de "Yo soy culpable", o "He hecho algo terrible", se repiten. La estrategia en los reinos espirituales es romper con el ciclo de estos pensamientos a través del encuentro con las personas involucradas para que el cliente pueda encontrar nueva información:

En una vida pasada un comandante llevó a sus tropas a la muerte. En el punto de la muerte él estaba lleno de culpa por todos los cuerpos muertos a su alrededor. En el reino espiritual se le pidió que se encontrara con todas las tropas para descubrir sus puntos de vista sobre sus muertes. Para su sorpresa no fue culpado. Ellos aceptaron que fue parte de ser una vida de soldado. Ellos querían agradecer al comandante por sus actos positivos hacia ellos bajo su liderazgo.

Si es necesario el cliente puede también ser llevado a otra vida pasada si fueron realizadas acciones valiosas y se le puede permitir reflexionar sobre ello.

Transformación de Enojo e Ira Congelados

El enojo es causado cuando otros nos han dañado o hemos sido tratados injustamente. El enojo excesivo reprimido puede convertirse en ira y va acompañado con una parte superior del cuerpo rígida y tensión en los puños, brazos y quijada. La otra persona o el grupo que causó la situación puede ser confrontada en los reinos espirituales y se puede permitir que el enojo sea expresado. Posteriormente los motivos de los otros pueden ser identificados y procesados:

En una vida pasada un joven trabajador de una granja fue injustamente acusado de robar comida y fue golpeado por un granjero hasta morir. En los reinos espirituales él fue capaz de confrontar al granjero y se le animó a expresar su ira físicamente usando sus puños para golpear una almohada representando al granjero.

Expresar el enojo gritando o golpeando frecuentemente va a un nivel más profundo que sólo usando el habla.

TRANSFORMACIÓN DE VERGÜENZA CONGELADA

La vergüenza congelada es la profunda humillación sentida cuando una persona es marginada o exiliada por un grupo de personas por algún acto que cometieron. El ser rechazado por una comunidad en culturas anteriores era muy significativo porque la identidad personal estaba estrechamente vinculada con el grupo. Ejemplos son órdenes religiosas, culturas indígenas, pueblos o familias grandes. Frecuentemente pensamientos de "No puedo enfrentarlos", o "Quiero esconderme", o "Me siento terrible" son asociados:

En una vida pasada una monja fue violada por uno de los padres que visitaban e intentó esconder el evento, pero cuando los signos de embarazo fueron notados fue expulsada del convento. Ella murió poco después llena de vergüenza con el pensamiento "No puedo enfrentarlos". En los reinos espirituales ella estaba reacia a encontrarse con otras monjas por sí sola, pero eventualmente fue capaz de enfrentarlas con el apoyo de su guía espiritual. Se le animó a permitir que las otras monjas sintieran telepáticamente lo que fue el ser expulsada, y reportó que se hincaron sobre sus rodillas pidiendo perdón.

Puede haber renuencia a confrontar un grupo sin el apoyo de otros. Este apoyo puede venir de miembros de la familia de la vida pasada, amigos, guías espirituales u otras figuras transpersonales. Quiénes son es menos importante que la energía extra proporcionada, porque la vergüenza lleva consigo un sentimiento de impotencia:

> **¿A quién necesita como apoyo para encontrarse con ellos?**

Transformación de Soledad Congelada

La soledad es cuando ha habido una prolongada separación y ausencia de amor de otras personas. En los reinos espirituales se puede hacer una reunión con los padres, amores, familiares, amigos perdidos u otros:

> Un pequeño niño en una vida pasada no tenía nada en sus pies y traía harapos. Estaba frío, mojado, y se sentaba a mendigar a la entrada de una tienda. Conforme hacía más frío, podía sentirlo introducirse en sus brazos y piernas hasta que endurecían. Mientras moría agachado en la entrada su último pensamiento fue que a nadie le importaba. En los reinos espirituales no tenía memoria de una madre o familia porque había quedado huérfano en su nacimiento. El pequeño niño fue invitado a encontrar otra vida pasada donde estuviese en una familia o comunidad amorosa. Regresó a una vida pasada de una monja en un

cálido y pacífico jardín. La monja estaba ahí para encontrar su propia paz interior en una vida de soledad. Tomando este conocimiento de vuelta a la primera vida pasada ayudó al cliente a entender que estar solo puede traer paz interior.

En el ejemplo anterior no había nadie con quién reunirse, así que una nueva experiencia fue traída de un evento significativo en otra vida pasada.

Transformación de Miedo Congelado

El miedo congelado es una de las emociones más fuertes y tiene sus raíces en un impulso biológico para la supervivencia. Puede acompañar un amplio rango de situaciones donde la vida es amenazada, tal como en una violación, tortura, peleas en batallas y castigos. Las memorias corporales incluyen respiración congelada y poco profunda, un cuerpo rígido, una tendencia a desasociar e impotencia. Al encontrarse con los personajes involucrados de una vida pasada, el apoyo de otros puede ser necesario antes de la confrontación:

> En una regresión a vidas pasadas una pequeña niña judía estaba siendo rapada antes de ir a la cámara de gas para encontrarse con su muerte. Conforme ella se resistía era pateada y golpeada. En este punto ella se dio por vencida y fue gaseada poco después. En los reinos espirituales ella estaba aterrada de encontrarse con el guardia que la había golpeado. Se le unió el espíritu de su madre quien había muerto al mismo tiempo. Ahora ella tenía suficiente poder para encontrarse con el guardia.

La energía extra necesaria para superar el miedo podría ser de un pueblo o comunidad enteros, o incluso el terapeuta tomando la mano del cliente.

Ayuda de los Guías Espirituales

El guía espiritual del cliente habrá estado involucrado en la planeación de las vidas pasadas y puede proveer guía y consejo cuando la vida pasada está siendo repasada. Para ilustrar esto, usaré el estudio de caso de un cliente a quien llamaré Anne. Ella era una mujer en sus treintas quien tenía una relación dependiente con una madre dominante. Habiendo trabajado toda su vida en el negocio de su madre tenía ella una baja confianza en sí misma e incapaz de desarrollar relaciones profundas, pensando que los demás siempre hablaban de ella y la odiaban:

> Ella regresó a la vida de una madre cuyos hijos le fueron quitados por peregrinos norteamericanos. Ellos le dijeron que con la ausencia de un esposo ella era una mala madre. Su pequeña cabina en el bosque fue incendiada y posteriormente ella se sentó, sola, reflexionando sobre los eventos. Como forasteros, ninguno de los peregrinos había escuchado sus súplicas para quedarse con los niños. Ella decidió intentar y razonar con los peregrinos ancianos de la comunidad e incluso rogarles si era necesario para tener a los niños de vuelta. Cuando llegó al poblado, los peregrinos la ignoraron y algunos incluso se rieron. Los peregrinos ancianos tenían todo el poder en la comunidad y le dijeron que sólo podría tener de vuelta a los niños si se adaptaba. Tendría que vestir correctamente, tomar el rol de una humilde mujer peregrina y ser subordinada a los hombres

Transformación en los Reinos Espirituales

por un periodo de prueba de un año. Después de ello sus hijos le serían devueltos.

Ella cumplió, pero se sentía pésimo porque nadie en la comunidad tendría algo que ver con ella. Algunos de los niños gritaban abusos y algunos lanzaban piedras, pero ella estaba determinada a aceptar cualquier cosa que sucediera con tal de tener de vuelta a sus niños. Después de un año ella estaba devastada cuando los peregrinos ancianos dijeron que los niños estaban contentos con la familia que cuidaba de ellos y no querían regresar. Ella sintió dolor y pérdida y no había nada más que pudiera hacer. Conforme envejeció en el poblado se volvió loca y tenía que estar encadenada de la muñeca en un cuarto con paja en el suelo. Se volvió flaca, sucia, y su cabello descuidado. Su sentimiento de muerte fue tristeza y el anhelo por sus hijos.

En los reinos espirituales la madre peregrina estaba renuente a encontrarse con los niños porque ella pensaba que ellos estarían avergonzados de ella, y también estaba renuente a encontrarse con los peregrinos ancianos porque no podía confiar en ellos. Su guía espiritual fue requerido y en el diálogo ella encontró que los niños habían crecido y tenían sus propias familias en la aldea. Ellos eran muy jóvenes en ese tiempo para recordar mucho sobre ella o de los eventos. En este punto la madre peregrina fue capaz de encontrarse con el espíritu de sus niños y decirles cuando los amaba. Con la ayuda de un cojín como elemento de apoyo ella los pudo abrazar, y en el encuentro emocional la tristeza y anhelo por los niños fue liberada. Con el apoyo de su guía espiritual, fue capaz luego de confrontar a los peregrinos ancianos y a través del diálogo ella reportó que ellos habían inclinado sus cabezas y uno estaba implorando perdón. Ella era ahora capaz de dejarlos ir.

El introducir a su guía espiritual en el diálogo superó un bloqueo y permitió al espíritu de la madre peregrina a ser eventualmente reunida con sus hijos. Anne fue capaz de integrar la sesión en su vida actual y en su relación con su madre dominante. Fue capaz de enfrentarse a ella por primera vez y se mudó a Londres a hacer una nueva carrera.

Mientras trabaja en los reinos espirituales, un terapeuta podrá llegar a un punto en el que se sienta inseguro sobre qué hacer después, o el cliente puede parecer estar atorado en el movimiento hacia el perdón. Alguien que ha estado en conflicto con otra alma por muchas vidas sin reconciliación puede tener dificultad encontrando perdón. Introducir a un guía espiritual[1] dará una visión más amplia o una profunda revelación espiritual:

Pida a su guía espiritual que venga a usted ... ¿Qué consejo le ofrece?

En un estado alterado de consciencia el cliente notará que es capaz de intuitivamente comunicarse con ellos. Algunas veces cadenas enteras de vidas y patrones kármicos se hacen claros y obvios. En muchos casos la víctima ha sido el persecutor, el golpeador de la esposa ha sido la esposa abusada. Se les podrán mostrar los niveles espirituales más altos y experimentar la paz y tranquilidad, lo cual puede ser muy sanador para el alma.

ALCANZANDO PERDÓN

El acto de perdonar a otra persona o perdonarse a sí mismo es enormemente poderoso. El perdón verdadero involucra el perdonar sin reservas, sin cualquier culpa o reproche residual. Esta maravillosa historia real resume el poder del perdón:

Transformación en los Reinos Espirituales

John era un prisionero de los japoneses durante la Segunda Guerra Mundial. Un compañero prisionero le había pedido que escondiera un mapa, pero desafortunadamente el mapa fue encontrado. Por tres días enteros un oficial japonés que quería saber sobre su escape planeado lo torturó. Él fue incapaz de responder las preguntas y fue eventualmente dado por muerto tumbado en el suelo. Sus colegas le ayudaron a reponerse y asombrosamente sobrevivió a la guerra y fue eventualmente liberado.

De vuelta en Inglaterra, él estaba lleno de odio hacia los japoneses por lo que habían hecho. Encontró que no podía sostener un trabajo, y su relación con su esposa sufría y eventualmente ella lo dejó. Él comenzó a beber y vagaba las calles destituido. Un día por casualidad se encontró con uno de sus compañeros prisioneros del campamento y se le dijo sobre una reunión de prisioneros. Con ayuda le fue posible asistir. Lo que él no sabía era que algunos de los soldados japoneses también habían sido invitados y John se encontró cara a cara con el oficial japonés que lo había brutalmente torturado. El oficial inmediatamente lo reconoció y fue hacia a él. Él explicó que si no lo hubiera interrogado, alguien más lo habría hecho y a él le habrían dado un tiro por desobedecer una orden. El dolor de su culpa había permanecido con él cada día desde el evento y había rogado perdón. John espontáneamente se encontró abrazando al oficial japonés y fue capaz de perdonarlo. Después John notó que su vida cambió. Obtuvo un trabajo, una nueva relación y había podido dejar ir su odio hacia los japoneses.

En las vidas pasadas el perdón normalmente viene después de la confrontación en los reinos espirituales cuando la motivación, intenciones y acciones de los otros son entendidos. Se necesita cuidado en situaciones en donde el perdón parece venir demasiado rápido porque puede no ser un perdón verdadero. Una humillación pública priva a la persona del poder y del ser capaz de encarar a la multitud. Decir las palabras que nunca pudieron decirse en ese tiempo da mucha fuerza. Incluso si un cliente dice que hay perdón, es útil encontrarse con los personajes de la vida pasada, particularmente de cierres emocionales y puntos de inflexión.

Algunas veces los perpetradores pueden no mostrar signos de remordimiento cuando el cliente ha sido una víctima. Frecuentemente esto pone obstáculos al proceso de perdón y dos sugestiones útiles son:

Telepáticamente envíe su dolor a ... (los perpetradores).
¿Qué ocurre ahora?

Envíe un pequeño fragmento de energía amorosa a ... (los perpetradores). **¿Qué ocurre ahora?**

Alternativamente se le puede preguntar al perpetrador sobre cualquier persona que fue muy amada por él en su vida y se le puede pedir que imagine como se sentirían si algo similar se le hiciera a esa persona. La regla general para encontrar perdón es el obtener mayor información sobre los personajes de la vida pasada, sobre otras vidas pasadas que el cliente haya compartido con ellos, o de guías espirituales.

El descubrir perdón espontáneo a través del diálogo es una manera poderosa de obtener una terminación significativa. La siguiente pregunta es un ejemplo de lo que puede ser preguntado:

¿Necesita más información ... o puede dejarlo ir?

El perdón espontáneo señaliza el fin de asuntos inconclusos. Frecuentemente palabras como, "Ahora entiendo" o "Ahora puedo dejarlos ir" indican perdón.

Escaneo de Energía por Asuntos inconclusos

Tal como se puede usar un escaneo de energía para identificar asuntos inconclusos antes de una regresión, puede ser usado para encontrar cualquier asunto restante sin resolver al final de una sesión. Un estudio de caso ejemplo es un cliente a quien llamaré Maggie quien estaba en una larga relación abusiva con un esposo alcohólico. Aunque ella creía que era su tarea ayudarlo, aún buscaba una razón para irse:

> Ella regresó a la vida pasada de una joven mujer enferma acostada en cama. Un ruido se escuchaba fuera de la casa y aventurándose afuera, ella encontró a un hombre pelirrojo sobre un caballo. Él la confrontó gritándole, con una espada en su mano. Temiendo por su vida, ella comenzó a correr, pero él la capturó rápidamente y la arrastró por el suelo por su cabello. Luego sintió los cascos del caballo pisoteando sobre ella y ella murió boca abajo en el lodo.
>
> Conforme fue repasada la vida pasada, parecía que su madre había muerto cuando ella nació y ella había crecido aislada de los aldeanos locales deliberadamente por su padre. Cuando éste enfermó, ella cuidó de él. Sin tener otro conocimiento mundano además de vivir en la casa por sí misma, ella no tenía adónde ir después de la muerte de su padre. Hasta el encuentro con el hombre pelirrojo, ella había sobrevivido del dinero que su padre le había dejado. En los reinos espirituales se le pidió a la joven mujer que se

encontrara con el espíritu de su padre, y descubrió que él pensaba que ella era especial y diferente a los aldeanos por sus visiones psíquicas. Él estaba preocupado de que si los aldeanos lo hubiesen descubierto no habrían entendido y la hubieran dañado. La joven mujer estaba lista para dejarlo ir.

Luego ella confrontó al hombre pelirrojo para descubrir por qué la mató. En el diálogo ella descubrió que él estaba ebrio y pensó que ella era malvada por sus visiones. El encuentro se había salido de control y él ahora lamentaba sus acciones. Parecía que esta nueva información sería suficiente.

El cuerpo de Maggie fue escaneado por cualquier asunto sin resolver de la vida pasada. Ella identificó enojo y una tensión en su cabeza hacia el hombre pelirrojo, a quien ella también intuitivamente reconoció como su esposo abusivo en esta vida. Ella fue llevada al punto antes de que él la matara y se le animó a expresar el enojo y gritó, "*Te odio por lo que hiciste.*" La energía cambió y otro escaneo del cuerpo de Maggie confirmó que toda la tensión había sido liberada. En este punto la joven mujer se sintió triste por el hombre pelirrojo y estaba lista para perdonarlo.

Maggie reconoció muchos patrones de la vida pasada trabajando en su vida actual. Lo más profundo fue el patrón entre el hombre pelirrojo y su esposo abusivo. Ella fue capaz de dar el paso que había sido demasiado difícil en el pasado y encontró su libertad terminando la relación abusiva.

La vida pasada de Maggie ilustra cómo un escaneo de energía puede ser usado para rápidamente identificar cualquier energía congelada de la vida pasada. Esta clase de escaneo es similar al puente de escaneo de energía. El campo de energía del cliente es

Transformación en los Reinos Espirituales

escaneado con las manos del terapeuta varias pulgadas por encima del cuerpo físico, de los dedos de los pies a la cabeza. Es importante dejar clara la intención de que el escaneo es para bloqueos de energía que aún permanecen de la vida pasada. Si el cliente reporta una emoción o una incomodidad de alguna parte del cuerpo, puede ser usado como un puente para ir al punto de la vida pasada en el que fue creado. La energía congelada residual puede entonces ser liberada y transformada.

Concéntrese en ... (la sensación corporal o emoción) **y cuando cuente a tres, vaya al punto justo antes de que ocurriera ... 1 ... 2 ... 3 ... ¿Qué ocurre ahora?**

Puede ser una catarsis nunca liberada o una memoria corporal que aún necesite transformación. Alternativamente puede ser una memoria de la vida actual aún resonando con el complejo de la vida pasada. Éstas necesitan ser exploradas y transformadas, y las técnicas serán cubiertas en los siguientes capítulos.

RESUMEN

Se permite que la experiencia de la vida y muerte pasadas se desenvuelva tal como ocurrió porque un gran valor terapéutico puede venir de entender la verdad. Se le anima al cliente a encontrarse con todos los personajes de los eventos significativos, particularmente cierres y momentos de cambio cuando un complejo comenzó. Se les puede permitir decir cualquier cosa que quieran y las respuestas vienen intuitivamente. Esto trae a la consciencia los motivos de la otra persona, nuevas revelaciones y entendimiento.

La regla general para encontrar el perdón es el obtener mayor información sobre los personajes de la vida pasada, sobre otras vidas pasadas que el cliente ha compartido con ellos, o de guías espirituales. El perdón espontáneo a otros y a uno mismo al final de una confrontación es poderoso y puede terminar con asuntos inconclusos. En ocasiones los clientes simplemente dicen que está terminado o pueden dejar ir a otros. Un escaneo de energía confirmará que no haya faltado nada.

7

Regresión Espiritual de la Vida entre Vidas

*Deja lo familiar por un rato
y deja que tus sentidos y cuerpos se extiendan.
Salúdate en tus mil otras formas
Conforme montas la marea escondida
y viajas de vuelta a casa.*

Mohammad Hafiz, Persa del siglo XIV.

Introducción

En una regresión a vidas pasadas, los reinos espirituales son experimentados en el *eterno ahora*. Este es un estado alterado de consciencia en el que el cliente encuentra fácil comunicarse intuitivamente con las almas de otros personajes de vidas pasadas y su guía espiritual. He ilustrado a través de estudios de casos cómo la discusión interactiva puede tener lugar dando revelaciones y transformación de estos encuentros. Michael Newton tomó enfoque diferente en los reinos espirituales permitiendo a los clientes recordar sus memorias del alma. Su libro *Life between Lives Hypnotherapy for Spiritual Regression*[1] (Hipnoterapia de Vida entre Vidas para Regresión Espiritual) destaca sus técnicas. Éste y el trabajo de la asociación que él estableció, llamada Michael Newton Institute[2] ha sido la base para este capítulo. He adaptado e introducido cambios que considero simplifican el proceso. En ocasiones llamada regresión espiritual o de vida entre vidas, permite a la gente experimentar cómo su propia alma se preparó para la siguiente vida. Ellos pueden experimentar las actividades multi-dimensionales del alma y a un nivel profundo responder las preguntas *"¿Quién soy?"* y *"¿Por qué estoy aquí?"*.

Después de la muerte, la energía del alma de una persona vuelve a los reinos espirituales para un tiempo de reflexión y para encontrarse con su grupo de almas. Estas son otras almas que han sido asignadas para trabajar juntas y frecuentemente reencarnan conjuntamente en alguna tarea significativa. Un aspecto interesante durante parte del tiempo en los reinos espirituales es el encontrarse con los Sabios. Estas son almas que han alcanzado un nivel de experiencia y sabiduría que no les requiere reencarnar físicamente. Ellos repasan el proceso del alma frente a ellos y pueden volver a reproducir cualquiera de sus vidas anteriores y discutir aspectos, hasta que el alma entienda lo que será esperado en la siguiente vida. Logrado con amor, compasión y la participación del alma, conduce a la siguiente encarnación física teniendo un propósito. Los objetivos son determinados basado en los patrones de experiencias kármicas previas, y nuevas lecciones son acordadas entre el alma, su guía espiritual y los Sabios. En ocasiones los clientes reportan una presencia espiritual intensa detrás o encima de los Sabios. La energía frecuentemente es muy fuerte y sutil para que ellos lo exploren, pero se piensa que los Sabios trabajan a una vibración de energía más alta para sintonizar con esta fuente divina.

PREPARACIÓN

Una parte importante de la preparación para una regresión espiritual es el asegurarse que la hipnosis profunda puede ser experimentada sin problemas. Setenta porciento de la población es sólo moderadamente receptiva y 15 porciento de la población es no-responsiva. Yo proporciono un CD de auto-hipnosis para que el cliente se pueda acostumbrar a mi voz y al script de inducción, y que también pueda experimentar hipnosis frecuentemente. Mientras más veces experimente el trance la gente, más profundo podrán ir. En vez de tener la decepción de no tener una hipnosis profunda durante la regresión de vida entre vidas es mucho mejor resolver este problema de antemano.

Para aquellos que no han experimentado una hipnosis de vidas pasadas, una regresión aparte de vidas pasadas usando hipnosis puede ser planeada antes de la regresión espiritual. Esto es particularmente útil para el cliente analítico para que pueda acostumbrarse al flujo de información intuitiva de una vida pasada. Una sesión aparte de terapia de regresión puede también limpiar emociones bloqueadas que de otro modo interferirían con la regresión de vida entre vidas.

La preparación también incluye el pensamiento del cliente sobre objetivos espirituales para su regresión. Típicamente la gente quiere entender el propósito de su vida actual, su progreso kármico y espiritual, o simplemente experimentar el viaje de su alma en los reinos espirituales. Siempre pido una lista con los nombres de personas significativas de la vida actual del cliente. Típicamente esta lista puede tener hasta ocho personas clave quienes hayan tenido un impacto positivo o negativo, junto con su relación y tres adjetivos para describir a cada una de ellas. Un ejemplo es; madre – amorosa, controladora, y lejana. Frecuentemente las almas de estas personas son reconocidas durante la regresión y ello ayuda al terapeuta a entender quiénes son.

También indico que las experiencias del cliente pueden ser diferentes a lo que pueden haber leído sobre el tema. No hay dos sesiones iguales porque cada alma es única y la mente consciente interpreta sus memorias almacenadas de maneras distintas.

Algunas sesiones son relatadas con gran detalle y algunas con menos, algunas con experiencias visuales y algunas sin ellas. Yo aconsejo al cliente estar abierto al universo y permitir a la experiencia llegar a ellos en cualquier forma que sea apropiada. Las memorias inconscientes del alma, una vez accesadas, siempre revelarán la verdad.

También explico lo que sucederá en hipnosis. Inicialmente se les puede ayudar a relajarse y luego serán usadas visualizaciones para llevarlos a niveles más profundos de relajación. El platicar esto con el cliente y preguntarle si tiene alguna preferencia para la inducción le da un elemento de control que ayudará en la profundización de la hipnosis.

Las sesiones duran ente tres y cuatro horas, por lo que es importante para el cliente el estar totalmente sostenido en una silla reclinable o acostado en un sillón del terapeuta. En trance profundo cambiar la posición física para aliviar cualquier presión no es posible, así que el estar cómodo es importante. Una manta sobre el cuerpo ayudará a protegerlo contra el frío cuando la circulación sanguínea disminuya su velocidad en trance profundo.

El cliente necesita apartar un tiempo después de la sesión para tener un espacio libre de estrés para reflexionar sobre la experiencia. Las sesiones son también intensas para el terapeuta porque durante la mayoría de las regresiones espirituales él estará intuitivamente vinculado con el cliente y varios ayudantes espirituales. Para evitar el *desgaste* del terapeuta recomiendo que solamente una regresión de vida entre vidas sea planeada por día. Yo personalmente me siento agotado después de una sesión y necesito restablecerme pasando un tiempo en una caminata o trabajando en el jardín.

La información de la regresión necesita ser grabada porque muchos clientes obtienen nuevas revelaciones cada vez que escuchan la grabación. Es también muy personal, por lo que recomiendo que cualquier amigo o cónyuge evite asistir a la regresión. Ellos pueden ser parte del patrón kármico que es revelado en la sesión. Se han de hacer chequeos de contraindicadores, particularmente medicación, drogas recreativas o agitaciones emocionales. La regresión espiritual no tiene como propósito el liberar y limpiar complejos.

Profundización en la Hipnosis

Para una regresión espiritual de vida entre vidas, los clientes necesitan estar en hipnosis profunda. Un script de hipnosis sugerido para una regresión espiritual se muestra en el Apéndice III. Podrán ser necesarios hasta 45 minutos de trance de inducción y profundización para llevar a una persona a los niveles profundos donde ellos tienen libre acceso a la información detallada de sus memorias del alma. Las pruebas de profundidad son una ciencia inexacta. Escalas como *LeCron-Bordeaux* y *Arons* tienen su mérito, pero no aplican en todos los casos a todos los clientes. En hipnosis profunda, la circulación sanguínea se desacelera y esto puede ser observado por el color del tono de la piel de la cara haciéndose más pálido. La respiración será poco profunda, los movimientos corporales del cliente cesarán y habrá un retraso creciente en las respuestas a las preguntas o señalizaciones físicas. El labio inferior comenzará a colgar y se relaja la musculatura facial. Con frecuencia habrá tragos involuntarios en la garganta.

Prefiero revisar la profundidad del trance usando indicación por movimiento de dedo. La profundidad del trance puede también ser evaluada por la demora en la respuesta y el movimiento lento y espasmódico del dedo. También en trance más profundo el comando será interpretado literalmente, por lo que el dedo continuará ascendiendo hasta ser reconocido.

> 'Imagine una escala ... con 10 representando totalmente despierto ... y 1 representando la relajación más profunda a la que pudiera posiblemente ir ... y conforme cuento en la escala del 10 al 1 ... permita que el dedo de su mano se eleve para indicar tu profundidad de trance ... 10 ... 9 ... 8 ... 7 ...' y así sucesivamente
> Espere a que un dedo se eleve. 'Bien.'

Dependiendo de la retroalimentación, una mayor profundización puede usar escaleras o "caída de números" o técnicas similares. Algunas veces para niveles de trance ligeros el cliente puede necesitar ser traído de vuelta a consciencia plena para descubrir lo que estaban experimentando, y luego usar enfoques alternativos de trance. El no poder responder a una petición de señal de dedo puede ser porque el cliente se encuentra tan profundamente en trance que la respuesta fue demasiado pequeña para ser notada.

La contribución de Michael Newton a la profundización ha sido con regresión de edad. Esta es una variación del método profundizador de escaleras. Se le pide al cliente que se imagine bajando por una escalera hacia su niñez con una sugestión de que irá más profundo con cada escalón de las escaleras. Profundiza más el trance y permite una evaluación final del mismo. La evaluación se hace por las cualidades de la voz y el acceso a las memorias que se piensan más allá del recuerdo consciente. Algunos de los factores de trance son una creciente demora para contestar las preguntas, una voz callada y el responder a las preguntas literalmente. Deberá responder como si fuera una persona joven de nuevo y recordando detalles de su pasado sin tener que conscientemente esforzarse para recordar. Por supuesto, se han de explorar solamente memorial placenteras o neutrales. Si se ha experimentado un trauma o problema emocional en alguna edad entonces se deberá evitar esa edad con esta técnica.

La experiencia del cliente puede ser anclada en la parte más profunda de la inducción al trance con una frase. En cualquier punto futuro en la regresión esta frase puede ser usada para profundizar. Alternativamente, el ancla puede ser el ir a un lugar especial, un chasquido de los dedos o tocar el brazo o frente. Cuando los clientes hablan frecuentemente se desplazan a niveles más ligeros de trance y luego el ancla puede ser usada. Adicionalmente se les puede pedir que permanezcan concentrados en la visualización de la vida pasada o regresión espiritual. El concentrarse en su mundo interno por un rato sin hablar profundiza la experiencia:

'Hágase consciente de todos los detalles que ve o experimenta. Cuando le pida que hable de nuevo, me puede hablar sobre ellos.'

El ancla y visualización puede en ocasiones tener que ser repetido a través de una vida pasada y algunas veces en los reinos espirituales. No obstante, al invertir inicialmente el tiempo en obtener el nivel correcto de trance, la profundidad del trance será mantenida mientras se habla.

El uso de la hipnosis profunda frecuentemente reduce emociones negativas espontáneas que pueden interferir con la entrada a una regresión espiritual. Recuerdo un cliente que contó una vida pasada como un prisionero durante el tiempo de la inquisición española. Conforme era torturado para confesar, él fue capaz de describir cómo le quitaban las uñas de los dedos una por una con una incomodidad mínima:

'Quiero que se visualice teniendo un poderoso escudo dorado de luz a su alrededor, de pies a cabeza, dándole luz y poder. Cualquier sensación de dolor del pasado rebotará con su escudo protector de luz.'

En materia práctica, un cliente necesitará en ocasiones ir al baño. Siempre encontrarán que pueden expresar esta necesidad incluso en el trance más profundo. En vez de ser traídos totalmente fuera de trance, el cliente puede ser traído a un nivel de consciencia que les puede permitir caminar al baño con un poco de apoyo:

'Será traído a un nivel más ligero de trance para que pueda ir al baño. Lo escoltaré y cuando se recueste de nuevo será capaz de inmediatamente ir a trance más profundo y continuar con sus memorias del alma en el punto que las dejó. Contando de tres a uno y a la cuenta de uno siendo capaz de caminar al baño ...'

A su regreso el cliente encontrará fácil caer en trance profundo de nuevo y continuar con la regresión en el punto que la dejó.

Entrada a los Reinos Espirituales

El punto de entrada a una regresión de vida entre vidas es en la muerte en la vida pasada. Un estudio de caso para ilustrarlo es un cliente al que llamaré Oscar. Él regresó a una vida pasada siendo un herrero grande y fuerte usando una armadura. Se unieron a él sus compañeros aldeanos para luchar contra los romanos invasores y fue eventualmente arrollado para encontrarse luego con las manos atadas en una llanura. Podía ver la espalda de uno de sus colegas de rodillas con las manos atadas por la espalda y la cabeza agachada. Él observaba mientras la cabeza era cortada y el cuerpo era lanzado a un gran fogata. El herrero evitaba ver al verdugo conforme sombríamente se dirigió a la misma muerte:

Puedo escuchar el sonido del cuchillo. [pausa] *No puedo escuchar nada más. No puedo ver nada.*
Revise si su corazón dejó de latir. ¿Permanece en el cuerpo o prosigue?
Permanezco. Oh, puedo ahora ver un campo de batalla entero, caballos y gente, y hay una línea entera de soldados capturados esperando encontrarse con su destino.
¿Se siente atraído a quedarse en este campo de batalla o puede proseguir ahora?
No queda nada para mí.
¿Lleva contigo alguna emoción o sentimiento?
Está aún conmigo. Simplemente es una pérdida el ser vencido. Puede haber peleado tantas batallas más. Es tan injusto.
¿Permanece ahí o se está yendo?
Me estoy yendo.
¿Hay algo que le atrae o lo hace por sí mismo?
[pausa] *Un poco de ambos.*
¿Está viendo hacia delante en a dirección en la que va o hacia atrás a la Tierra?
Estoy yendo a través de las nubes. Muy rápido.
Dígame qué percibe.
Sólo una luz brillante, es enorme. Está en todo mi alrededor. Es una luz como blanca y amarilla.
¿Reconoce qué luz es?

No. [pausa] *Se siente como si estuviera de vuelta en casa.*
¿Qué ocurre después?
[pausa larga] *Hay una figura viniendo hacia mí.*
Mire la figura y descríbala. ¿Se encuentra en forma de energía o en forma humana?
Es difícil de describir. Es amarilla dorada con una apariencia blanca. Tiene como brazos y piernas pero difuminados. Tranquilizante, ha venido a recibirme. No es tan brillante como la luz alrededor.
¿Reconoce la energía que ha venido a encontrarse con usted?
Toma la apariencia de una mujer. [con voz de sorpresa] *Es mi guía.*
¿Cómo se llama su guía?
Empieza con una Z ... Z.
Intente pronunciarlo.
Zenestra.
¿Cuál fue la energía que experimentó antes de que su guía viniera?
Fue solamente una luz brillante. Zenestra me acaba de abrazar con una mirada de alivio, anhelo, todo puesto en uno sólo.
¿Repasa esa vida?
Aún no, pero todo el sentimiento de tanto desperdicio y futilidad se ha ido. Ya no lo siento. Siento que he vuelto a la normalidad.
¿Fue esto una clase de sanación que tuvo?
Sí.

Esta parte de la regresión espiritual de Oscar prosiguió de la muerte de su vida pasada como un herrero y cruzó hacia los reinos espirituales. En punto normal de entrada a una regresión de vida entre vidas es desde la muerte en la *última* vida pasada del cliente. En ocasiones, sin embargo, su mente superior selecciona otra si es más relevante. En el caso de Oscar, se fue a una vida pasada en los tiempos Romanos. Yo intento navegar la vida pasada y llego al punto de la muerte razonablemente rápido porque la vida pasada será completamente repasada en los reinos espirituales, normalmente con el guía espiritual. También da más tiempo para trabajar con las memorias del alma entre vidas. Cualquier catarsis espontánea será improbable debido a la profunda hipnosis, pero si en efecto ocurriera en la muerte de la vida pasada el cliente puede rápidamente ser llevado a través de la muerte para reducir cualquier interrupción con la entrada a los reinos espirituales.

Algunos clientes recuerdan ver hacia atrás conforme dejan la Tierra, mientras otros miran hacia delante. Oscar encontró que él estaba observando el campo de batalla y se quedó aún con las emociones y pensamientos de la injusticia cometida hacia él. Algunos clientes tienen memorias de la dificultad que experimentaron para ajustarse a ser un alma de nuevo o se encuentran en estado de confusión después de una muerte súbita. Así las preguntas directivas son más útiles para guiarlos un poco más rápidamente a través de esta difícil parte del viaje:

Vaya al punto en el que deja el cuerpo. ¿Lo deja por sí mismo o siente alguna clase de atracción?

¿Mira hacia atrás a la Tierra conforme se va o hacia delante de usted?

Después de la sanación de energía en los reinos espirituales las memorias del alma se hacen más claras y las preguntas abiertas pueden hacerse rutinariamente. Puede haber una demora en la respuesta a una pregunta, así que al esperar una respuesta lo mejor es ser paciente y no preguntar la siguiente pregunta hasta que la primera haya sido respondida.

Todos los clientes reportan en algún punto el ver luces. Estas son almas de bienvenida las cuales ayudan en la transición a los reinos espirituales. No hay necesidad de reunir mucho detalle en este punto. Una única luz más grande es usualmente el guía espiritual:

Conforme se acerca, ¿Ve una sola luz o varias luces a la distancia?

¿Se desplaza hacia usted alguna luz o va usted hacia ella?

Si la muerte de la vida pasada fue traumática, los clientes reportarán el ir a un lugar de sanación de energía. En ocasiones podrán decir que han ido a un cerco cristalino y que sus energías están siendo balanceadas. Oscar estaba consciente sólo brevemente de la energía que le rodeaba y de sus pensamientos y sentimientos negativos sobre la vida pasada desaparecieron. Ésta ha sido llamada energía de rejuvenecimiento y su propósito es reducir la densa energía baja o agregar nueva energía antes del encuentro con otras almas en los reinos espirituales. Las memorias traumáticas no son perdidas, solamente se limpia de ellos la energía densa. A través de este proceso las vibraciones de la energía del alma se incrementan para que puedan encontrarse con seguridad con otras almas de su vibración verdadera:

Describa el lugar al que ha sido llevado.

¿Hay alguna energía que está siendo agregada o quitada a usted?

El experimentar esta sanación tiene un efecto profundo en la mente consciente y he encontrado que en algunos casos puede tomar algunos minutos hasta que digan que se ha completado. Algunos terapeutas piden al cliente moverse al punto en el que está terminado para que se pueda continuar con la historia. Mi preferencia es permitir al cliente explorar la experiencia completamente. Frecuentemente ellos reportan que el color de su energía del alma cambia, o a varios espíritus de luz rodeándolos usando energías sanadoras de diferentes colores. Algunas veces he sido intuitivamente llevado a colocar mis manos sobre el campo energético del cliente y a canalizar la sanación de energía. Permite que la experiencia sea sentida en su cuerpo físico actual también y de igual forma profundiza el trance del cliente antes de proseguir:

Mire el color de tu campo energético y dígame los cambios que nota a como había entrado.

Siempre que la profundidad del trance haya sido previamente alcanzada, esta parte es normalmente sencilla. Si el cliente reporta oscuridad, el terapeuta puede ser un poco más directivo y pedirles que imaginen una mano invisible dirigiéndolos a un hermoso mundo espiritual. De manera alternativa, se les puede pedir que vayan al lugar en donde su guía espiritual está, saltándose la entrada a los reinos espirituales. Si el cliente reporta dificultad para recordar cualquier cosa después de la muerte de la vida pasada esto puede indicar que el trance no es suficientemente profundo. Ocasionalmente el guía espiritual podrá bloquear el acceso a las memorias del alma. Esto generalmente significa que la persona no ha progresado a una etapa en la vida en la que esta información le pueda estar disponible. Tal vez ellos están a punto de tomar una decisión importante en su vida y el guía no quiere interferir con el libre albedrío y el bloqueo de amnesia necesita permanecer en su lugar. Lo único que se puede hacer es sacar al cliente del trance y discutir lo que ocurrió. Es importante enfatizar que no son fracasados porque hay una razón para lo que ocurrió. Alternativamente, si se ha acordado durante la entrevista con el cliente, la vida pasada puede ser explorada y transformada más a fondo.

Repaso de la Vida Pasada con el Guía Espiritual

El repaso de la vida pasada normalmente tiene lugar poco tiempo después de la sanación de energía y puede ser un ejercicio solitario o puede ser hecho con otros espíritus de luz, usualmente el guía espiritual. En el caso de estudio de un cliente a quien llamaré Heather, se cubre el repaso con su guía espiritual. Ella regresó a la vida pasada de una maestra victoriana de 50 años, quien era soltera y pasó a convertirse en la institutriz para una familia rica. Ella enseñó a su gran familia de niños y murió pacíficamente, feliz de haber encontrado una familia tan amorosa. Con ellos reunidos alrededor de su cama, se le dificultó el respirar y silenciosamente murió:

Estoy flotando hacia arriba.
¿Ve hacia arriba o hacia abajo?
Veo hacia abajo. Veo a Mary y a Charles y el doctor acercándose a mí conforme subo más y más. Creo que están llorando.
¿Puede dejarlos y continuar con su viaje?
Sí.
¿Puede ver alguna luz en la distancia?
Simplemente parece ser más brillante adelante. Sí, muy brillante.

¿Se dirige hacia allá?
Sí.
Dígame lo que ocurre cuando llega a la luz.
[Pausa larga]
Se siente como si estuviera simplemente en la luz.
Describa cómo es.
Es... se siente muy seguro... [Pausa larga] Siento una presencia. Es difícil ponerlo en palabras.
¿Reconoce a la presencia; un pariente, guía o maestro?
Solamente siento una presencia, no la puedo describir.
¿Sabe quién es esta presencia?
Creo que es un guía.
¿Qué ocurre?
Tengo una sensación de que vamos a algún lugar. Flotando.
¿Qué ocurre después?
Estoy en un túnel y flotando detrás. Me siento perfectamente bien. Estoy siendo llevada. Estoy allí ahora y se siente lleno de gente. Muchas formas de energía. Están en grupos.
¿Cuántos grupos diferentes hay ahí?
Veinte o más, es muy grande este lugar.
Cuente todas las formas de energía.
Uh. Quiero decir 693. [Pausa] Estoy en un cuarto más pequeño ahora. Estoy con mi guía.
¿Alguien más?
No.
¿El guía se encuentra en forma de energía o en forma humana?
Forma de energía.
¿De qué color es la energía?
Amarillos y amarillo-púrpura.
¿Hay algún objeto físico en el cuarto?

Hay una mesa. Estoy sentada frente a una mesa y él está parado. No, se está sentando ahora, o al menos está más abajo.

¿Va a repasar su vida pasada?

Sí, es lo que estamos haciendo.

¿En qué punto de la vida pasada está empezando?

Empezamos en la muerte. Es telepático, como si lo viésemos juntos.

¿Qué ocurre después?

Nos estamos deteniendo en varios puntos.

¿Qué se comenta?

Es cuando dejé a mis padres. Ellos murieron y yo me fui, huí. Él dice que no necesitaba haber huido. Habría estado bien quedarme.

¿Es algo que usted entiende o necesita más información?

Entiendo. Entiendo que era muy joven y huí porque no tenía a nadie. Creo que mi guía está satisfecho con el resto de mi vida. A él le gustó la forma en la que yo hablaba. Dijo que hablaba con amor y eso era bueno para mí.

¿Cuál fue el aprendizaje sobre el haber huido?

[Pausa] Mis padres murieron en un accidente pero no fue mi culpa. Yo huí porque no quería que otros pensaran que fue mi culpa. Él lo sabe. Después dediqué mi vida a ayudar a otras personas.

Pregunte a su guía qué fue planeado que ocurriera cuando sus padres murieron.

Fue así para que pudiera aprender a valerme por mí misma. Para que pudiera aprender independencia.

¿Así que no importaba si se quedaba o no?

No. Aún así aprendí la lección. Tuve una buena vida, aprendí mucho y fui independiente, pero aún necesitaba esa familia.

¿Ocurre algo más con su guía?

Simplemente me siento bien cuando estoy con él.

Los clientes de regresión de vida entre vidas reportan que el alma es inmortal y que tiene una energía vibrante y arremolinada que se puede percibir con diferentes colores: grisoso para almas jóvenes, a través de un rango de colores incluyendo amarillo, naranja, y de verdes a morado para las más experimentadas. Las almas pueden también mostrarse en una forma humana o semihumana proyectando sus pensamientos hacia la energía De manera similar el escenario puede estar en su forma de energía normal o percibido en una forma humana que proporciona comodidad, tal como un jardín o un templo. El repaso de Heather con su guía espiritual fue sentados en una mesa.

Todas las regresiones espirituales serán diferentes unas de otras hasta cierto punto. El explorarlas tiene similitudes con explorar una vida pasada, y normalmente es mejor permitir que las memorias del alma emerjan en el orden en que fueron experimentadas desde la muerte en una vida hasta el nacimiento en la siguiente vida.

¿Qué ocurre después?

Hágame saber si hay algún otro evento significativo ocurriendo aquí antes de que prosigamos.

A pesar de que se ofrecen varias sugestiones para preguntas en este libro, muchas preguntas surgirán naturalmente de lo que el cliente dice. Se necesita escuchar con atención. Así que si el cliente habla acerca de ver energía, diga 'Describa esta energía' o '¿Reconoce esta energía?' en vez de '¿Quiénes son estos ayudantes?' Es mejor mantenerse en preguntas abiertas y necesitan ser establecidas con claridad. Lo extraordinario sobre las memorias del alma es que frecuentemente tienen un alto nivel de contenido visual. Un ejemplo que ilustra esto es el cliente que es daltónico en su vida actual e incapaz de distinguir el morado del azul y el café del rojo. En sus memorias del alma estaba impactado al descubrir que podía ver y distinguir todos los colores separados unos de otros. Frecuentemente los clientes experimentarán mucho más de lo que hablarán, así que lo mejor es permitir suficiente tiempo para la respuesta a una pregunta.

Heather se encontró con su guía espiritual y fue llevada a un espacio de espera con muchas otras almas hasta que el repaso de su vida pasada tuvo lugar. Algunas veces las almas van directo al repaso, mientras las almas más experimentadas pueden saltarse esta parte e inmediatamente ir a una biblioteca y repasar su vida pasada en un libro. Frecuentemente esto será una actividad solitaria con el repaso a profundidad ocurriendo en un punto posterior. Incluso con la vida pasada de Heather que parecía pacífica y completa, el repaso aún tuvo lugar porque forma la base de muchas de las actividades del alma antes de la siguiente encarnación.

Los clientes que no se han comunicado antes con su guía espiritual encontrarán que la experiencia permanecerá con ellos por el resto de sus vidas:

¿Tiene alguna idea de con quién se ha encontrado?

Como Heather notó, fue una profunda experiencia más allá de las palabras. En ocasiones son llamados maestros y tienen una relación muy cercana con el alma. Ellos saben lo que es planeado para su vida y frecuentemente proveen ayuda intuitiva y guía durante la encarnación física. Algunas veces se muestran en forma humana para hacer sentir más cómoda al alma que llega:

¿Su guía se muestra en forma física o de energía?

Describa los rasgos faciales o energía con detalle.

Los nombres espirituales tienden a ser permanentes y tienen un significado especial. El guía de Oscar se llamaba Zenestra, un nombre que él inicialmente encontró difícil de pronunciar. Esto no es poco común por lo que es necesario animarles. Frecuentemente el repaso de la vida pasada es hecho con el guía espiritual. La comunicación es telepática aunque algunas almas reportan que es como observar una película o video. En algunos casos las almas dicen que fue como entrar en esa vida de nuevo, lo cual les permite recordar las emociones con mayor detalle. Conforme la vida pasada es repasada es una oportunidad para traer aprendizaje kármico a la consciencia del cliente:

¿Su guía espiritual repasa su vida pasada con usted?

¿Alcanzó su propósito?

¿Qué problemas tuvo?

Durante un encuentro espiritual profundo con su guía espiritual el cliente puede dejar de hablar y estar sumergido en la experiencia. Para asegurarse de que la información es registrada, han de ser animados a reportar sobre lo que está ocurriendo.

Algunas veces la personalidad del cliente intentará responder las preguntas y pueden reportar el ver a un ícono religioso tal como a Cristo o a un Ángel. Es más probable que esto ocurra si el nivel de trance no ha sido suficientemente profundo. Los espíritus de luz pueden mostrarse en muchas formas pero los clientes pueden ser rápidos en interpretar la experiencia espiritual basados en sus propias creencias religiosas. Es importante respetar el mundo interior de una persona, por lo que simplemente les animo a permanecer en la experiencia por un corto tiempo y describir lo que experimentan, en vez de formular juicios apresurados.

Si es necesario profundizar el trance en este punto el terapeuta puede tener una conversación del "eterno ahora" directamente con el guía espiritual a través del cliente:

Voy a pedir a su guía que se comunique directamente conmigo.

Conforme el cliente canaliza la información del guía espiritual se disocia su mente consciente. Adicionalmente es posible pedir el nombre del espíritu inmortal del cliente y luego algunas de las preguntas pueden ser dirigidas al nombre espiritual. Esto disocia aún más la mente consciente del cliente y profundiza la experiencia.

Encuentro con Grupos de Almas

Después del repaso de la vida pasada, la regresión de vida entre vidas de Heather continúa con el encuentro con su grupo de almas. Estas son almas con quienes ella ha trabajado a lo largo de muchas encarnaciones, algunas de las cuales ella reconoce en esta vida. Sus nombres humanos han cambiado:

¿Adónde va después?
Estoy con muchos de mi grupo.
¿Mi grupo?
Mi mamá está allí. Es bueno verla de nuevo.
¿Se muestran en forma humana?
No. Simplemente sé quienes son.
Describa los colores.

Son como de un amarillo pálido, pero algunos son de un rosado-amarillo.
¿Cuántos hay allí?
Creo que hay alrededor de 20, pero otros están cerca.
Simplemente quédese con el grupo con el que está. ¿A quién reconoce?
Greg [hijo de esta vida]. *Están haciéndose más humanos. John está allí.* [amigo]. *Papá. Grant* [ex-esposo]. *Mis padres. Mis suegros. Bob* [novio en la juventud] *y Stuart* [su otro hijo].
¿Qué hay de Janet? ¿Lesa? ¿Carla? [de la lista de personajes proporcionados en la entrevista]
Sí. Es bueno ver a Carla.
¿Cuáles son los colores de su energía propia?
Un color rosado.
¿Es similar o diferente en alguna manera a su grupo?
Similar.
¿Cuántas vidas ha estado junto con este grupo?
Un largo tiempo, quiero decir 46.
¿Cuál es el tema de aprendizaje común?
Paz.
¿Tuvo algo que ver con la paz la vida pasada que acaba de experimentar?
Sí, porque la independencia me trajo una gran paz. Era pacífica.
¿Reconoce a alguno de su grupo de almas apareciendo en su vida pasada?
Bob era Charles. Mi mamá era Mary.
¿Ocurre algo más que sea significativo para el grupo de almas antes de que los dejemos?
No.
¿Hay otros grupos de almas con los que trabaja?

Sí los hay. Todos son amarillos, ligeramente diferentes a los colores de nuestro grupo.
Vaya allí. ¿A quién reconoce de ese grupo?
Ian [esposo]. Ruby [nueva esposa de ex esposo].
¿Cuál es el propósito de este grupo de almas?
Parecen ser los desafíos.
Encuentra a Ruby. ¿Qué le dice a ella?
[sonrío] Ella hizo un buen trabajo.
¿Ha trabajado con ella solamente en esta vida?
Ella ha estado ahí bastante.
¿Qué desafíos le ha dado en esta vida?
¿Ella me recuerda?
¿Qué es lo que ella le recuerda?
Ella trabaja para balancearme de alguna forma.
¿Qué se siente encontrarse con ella en forma de alma?
Es mi antagonismo. Es casi como si nos riéramos la una de la otra. Es buena en lo que hace.
Revise si esto es algo que usted le pidió que hiciera.
Sí. Cuando dejé a Grant me llevé a sus hijos y ella se llevó a mis hijos Stuart y Greg. Ella trabaja bastante con Greg.
[con voz sorprendida] Fue Greg al que se le ocurrió esta idea.

Cuando la regresión lleva al encuentro con el grupo de almas, el cliente frecuentemente reportará acercarse a un grupo de luces. Esta es una experiencia profunda y muchos clientes hablan de estar 'de vuelta en casa'.

Las almas tienen colores diferentes de energía del alma, los cuales no son sólidos y frecuentemente son descritos como arremolinados y moviéndose. Si se les pide a los clientes mirar de cerca al centro son capaces de definir los colores con mayor claridad. A veces puede ser incluso necesario pedir que el movimiento sea más lento para que los diferentes colores puedan ser identificados. Esto es útil porque los colores representan las experiencias y desarrollo de un alma. El conocimiento de estos colores ayuda a identificar el tipo de grupo de almas con el que el cliente se ha encontrado. Las almas con colores similares pertenecen a un *grupo de almas primario*. Generalmente estas almas habrán estado trabajando con este tipo de grupo por muchas vidas y las reuniones son espiritualmente intensas. Se puede notar alguna variación en el color porque no todas las almas en un grupo progresan al mismo ritmo. Aquellos que avanzan más rápido pasan menos y menos tiempo con su grupo primario y más tiempo con otros grupos de almas. Cuando aparecen con el grupo de almas original pueden aparecer más oscuros o sus colores pueden tomar diferentes tonalidades:

Concéntrese en ellos uno por uno y describa los colores.

¿Es el mismo que el suyo?

¿Qué experimenta conforme se reúne con ellos?

En ocasiones las almas se reúnen de diferentes grupos para trabajar cooperativamente en aspectos kármicos particulares. La manera de detectar estos grupos es que los miembros tendrán diferentes colores de energía del alma. En el caso de Heather ella llamó a este su grupo desafío. Es útil usar la lista de personajes del cliente, particularmente aquellos con quienes el cliente ha tenido experiencias negativas en esta vida, porque muchas de estas almas serán reconocidas en estos encuentros. Heather reconoció a Ruby con quien tuvo conflictos repetidos en esta vida. Ella obtuvo nuevas revelaciones cuando recordó que fue el alma de su hijo Greg quien tuvo la idea que le había causado tanto conflicto en esta vida. Importantemente había sido acordado con ella a nivel del alma. Descubrir que eventos clave en este vida son pre-planeados tiene enormes implicaciones para la mente consciente:

Concéntrese en su grupo de almas uno por uno y dígame los nombres de cualquiera que reconozca en su vida actual.

Visita a los Sabios

Volvemos a la regresión a la vida entre vidas de Oscar, de un herrero ejecutado por los Romanos. Se retoma en el punto en el que se encuentra con los Sabios con su guía espiritual Zenestra:

Vaya al punto en el que se encuentra con los espíritus de luz que planearon la encarnación de su vida presente.
Estoy frente a una mesa que está en forma de arco.
Mire alrededor de la habitación y dígame si está en forma de energía o en forma física.
Es simplemente una habitación, una habitación blanca.
Mire arriba y dígame lo que ve.
Energía púrpura reluciente. Como olas.
¿Tiene una idea de lo que esta energía es?
Es todo poderosa, todo lo sabe. Soy una gota en este océano.
¿Es capaz de conectarse a esta energía o hay otros conectados a ella?
[Pausa] *Otros, creo. Estoy conectado con ella pero no en pensamiento.*
¿Quién más está en esta habitación con usted?
Zenestra.
¿Está ella a su lado o detrás de usted?
Flota entre estar detrás y a mi lado.
Mire frente a usted y dígame cuántos espíritus de luz hay.

Seis.

¿Cómo se muestran a sí mismos, en forma de energía o en forma humana?

En forma humana.

Descríbalos y comience con el que sea más prominente.

Un hombre negro, con un gran mechudo de pelo negro sobre él. El siguiente es una señora mayor con lindo cabello y ojos azul claro. Otra dama con una sonrisa como de maestra, una sonrisa benévola. Su cabello está peinado en un moño. Luego hay un hombre mayor y es calvo.

¿Y los otros?

Lucen como del medio oriente con grandes cejas pobladas y cabello negro y corto, y una dama que luce entrada en años al final con una clase de velo negro sobre su cabeza. Su rostro tiene muchas líneas.

¿Con cuál de ellos se comunicará usted?

La que luce como una maestra.

Mire atentamente y observe si hay algún ornamento o algo decorativo.

Ella porta algo en su cabello. Es lo que las mujeres ponen en su cabello cuando tienen un moño.

¿Un prendedor?

Sí, es como un gran prendedor, un prendedor dorado.

¿Cuál es la importancia del pin dorado?

Es como una clave de sol, es una clave musical.

¿Qué significa esto para usted?

Mi pasión en la vida es la música. Siempre lo ha sido. Es mi compañera más íntima en la vida, y tanto complementa mis humores o los ajusta.

¿Cuál es el diálogo que tiene?

Los espíritus me preguntan por qué tengo miedo.

¿Se refieren a esta vida o a otras vidas?

A esta vida.

¿Qué responde a eso?
Que no lograré.
¿Cuál es su respuesta?
¿Qué quieres lograr?
¿Qué les dice a ellos?
Dejar algo atrás que beneficie a la gente por un largo tiempo y me recuerden.
¿Qué dicen ellos en respuesta?
¿No lo has hecho ya?
Pídales repasar esta vida y amplifique este punto. Dígame qué dicen.
Se te dio amor, calidez y protección de tu madre, quien necesitaba darlo. Le diste a todos ese amor, calidez y protección. Tu felicidad se encuentra en dar felicidad a otras personas prevaleciendo sobre lo que tú querías ser o quien eras. Comenzaste a verte y a hacer cosas a través de los ojos de los demás a pesar de que no se esperaba de ti. Así te embarcaste en este sendero, esta carrera, haciéndolo a expensas de tu identidad y necesidades. Has ahora alcanzado el punto de separación entre hacer a otros felices, pero, en cambio, haciéndote feliz a ti mismo también. Necesitas ahora tender un puente en la brecha entre los dos. Puede hacerse y tú lo harás. Así que sé valiente y continúa aprendiendo.
¿Entiende ahora?
Entiendo.
¿Se puede ir el miedo?
Sí.

La parte más importante de una experiencia del alma de vida entre vidas es el encuentro con los espíritus de luz que tienen un nivel de experiencia y sabiduría que no les requiere físicamente reencarnar. Ellos repasan el progreso del alma frente a ellos y pueden volver a pasar cualquiera de sus vidas pasadas y discutir aspectos hasta que el alma entienda lo que se esperará para la vida siguiente. Usualmente el cliente tendrá este encuentro al menos una vez entre vidas. Algunos de los nombres que se usan incluyen *Ancianos*, *Superiores*, *Maestros*, o los *Sabios* En ocasiones el cliente no tendrá un nombre para ellos y simplemente reportará el tener que ir a una reunión importante. Los escritores les han llamado *Consejo de Sabios*[3] o el *Comité Kármico*.[4] Si el cliente usa un nombre particular entonces este puede ser usado. Si no se ofrece un nombre, me parece que la forma más segura de referirse a ellos en la regresión espiritual es, 'los espíritus de luz que planean la siguiente encarnación'. En el siguiente texto el nombre *Sabios* será usado para colectivamente referirse a ellos.

Frecuentemente el cliente reportará que su guía espiritual se ha unido a ellos y que ellos se están moviendo juntos, lo cual puede ser un indicador de ir a encontrarse con los Sabios. Esta reunión puede ocurrir en cualquier punto de la regresión de vida entre vidas, pero frecuentemente ocurre después de la reunión con los grupos de almas. Se le puede pedir a un cliente que se salte este punto en cualquier momento. Esto fue particularmente útil con la regresión de Oscar porque fue usado para dejar sus memorias del alma después de la vida pasada romana y para llevar a sus memorias del alma antes de encarnar en esta vida:

Vaya al lugar en donde se encuentra con los sabios, espíritus de luz, quienes planearon su encarnación actual.

Es útil hacer preguntas en este punto sobre la localización y descripción de los espíritus de luz con lo que se encuentra. Esto prepara la escena antes de comenzar el diálogo e incrementa la profundidad de la experiencia cuando el cliente está volviendo a escuchar las cintas de la sesión posteriormente:

Describa su ruta de viaje. Hágame saber lo que ve y lo que ocurre cuando llega.

Describa los alrededores en los que se encuentra.

El número y apariencia de los Sabios es importante. Frecuentemente proyectarán una apariencia o portarán un broche u ornamento que tiene un significado simbólico para el cliente. Esto puede ser muy profundo. Un cliente incluso arregló que se le hiciera un broche a mano del estilo del que vio para recordarle el mensaje. Se ha de pasar tiempo haciendo preguntas detalladas. En la reunión de Oscar, uno de los Sabios portaba un prendedor dorado con la forma de una clave de sol para recordarle de la importancia de la música en el balance de sus emociones. Preguntas posibles incluyen:

Mire atentamente. ¿Están en forma de energía o en forma física?

Describa los rostros de cada uno.

Describa cómo están vestidos y cualquier ornamento (o emblema) **que note.**

¿Cuál es la importancia de ese ornamento (o emblema) **para usted?**

¿Qué le es comunicado en esta reunión?

Este tipo de repaso es más amplio que el repaso inicial con el guía espiritual después de cruzar, y sienta las bases para la vida siguiente que el cliente tendrá. En ocasiones hilos completos de vidas pasadas pueden ser repasadas para que un alma entienda lo que se esperará de ella.

En la reunión de Oscar con los sabios las preguntas fueron intercambiadas hacia a qué es lo que él teme en su vida actual. A esto se le refiere como trabajar en el 'eterno ahora' y será cubierto luego. Nada puede esconderse y el alma sabe esto absolutamente. Nota la manera compasiva en la que dieron consejo a Oscar y el amor que provino de esa reunión, que fue poderosa.

Selección del Cuerpo para la Vida Actual

Volvemos a la regresión de vida entre vidas de Heather. Se retoma en el punto en el que se están haciendo las preparaciones para su vida actual:

Vaya al lugar donde seleccionó su cuerpo para esta vida.
Luego describa el lugar en donde se encuentra.
Es como si hubiera algunas pantallas y discos. Pantallas grandes. Mi guía está ahí conmigo.
¿Cuántos cuerpos tiene para escoger?
Tres.
Cuénteme acerca de los otros dos cuerpos que no son en el cual está ahora.
Uno es un hombre alto.
¿Qué tipo de vida sería esa?
Oh no. No quiero esa.
¿Qué tiene de malo ese cuerpo?
No me gustaba ser tan alta. Estaría agachándome todo el tiempo, pero sería un cuerpo gentil.
¿Qué hay del segundo?
Me veo muy ordinaria.

¿Es un hombre o una mujer?
Una mujer. Muy escueto y un poco simple de hecho. No entiendo por qué esa era una opción. No, no quiero esa vida.
¿Cuáles eran las circunstancias familiares de esa vida?
Era una familia bastante unida.
¿Le habría dado una base sólida de dónde empezar?
Sí. Hay mucho amor en esa familia. Una vida simple, no materialista.
¿Era el cuerpo en el que está ahora el tercero?
Sí.
¿Por qué eligió ese?
Porque mis padres serían quienes son y ellos estarían en vidas que realmente complementarían mi plan, porque mi padre sería maestro y mi madre una enfermera. Sé que ellos me darían una niñez feliz con una plataforma muy fuerte.
¿Tuvo alguna opción de inteligencia o emociones?
No necesitaba demasiada inteligencia.
¿Esa fue su elección?
Sí.
¿Qué habría ocurrido si hubiese tenido mucha inteligencia?
Habría estado distraída y me habría hecho materialista.
¿Qué hay de las emociones?
Elegí ser muy nivelada y balanceada.
¿Fue esa su elección o la elección de su guía?
Fue mía.
¿Su guía está de acuerdo con su elección?
Sí.
Y en la elección de el cuerpo para esta vida, ¿había algún conocimiento de que el peso sería un problema? [Tener sobrepeso había sido discutido en la entrevista]
Sí.

¿Así que sabía de este problema antes de reencarnar?
Sí, porque los padres que elegí tienen problemas de peso. Con todas las otras cosas estando bien, eso era una menor preocupación.

Este es el lugar en donde el alma puede probar el cuerpo para la siguiente vida y en ocasiones tiene una opción en su selección. Algunos clientes describen ver cuerpos frente a ellos, o ver un video o pantalla. De cualquier forma que ellos lo describan, esta experiencia telepática les da un entendimiento mayor sobre sí mismos y su origen. En algún punto durante la regresión espiritual el alma llega a visitar este lugar. Con frecuencia es durante la reunión con los Sabios, o se le puede pedir al cliente que vaya directamente allí:

Vaya al lugar en donde selecciona su cuerpo para esta vida.

El nivel de elección del alma en este proceso depende de su experiencia. El entender por qué su cuerpo y familia en esta vida fue seleccionado es particularmente importante para clientes con problemas físicos o aquellos con dificultades familiares:

¿Cuántas opciones de cuerpo tiene?

¿Qué piensa que le ofrece cada cuerpo?

¿Tiene una opción sobre la vida o la familia o circunstancias con cada cuerpo?

Si tiene una opción de cuerpos, ¿Por qué eligió uno y rechazó los otros?

Saliendo hacia la Reencarnación

Este es un breve fragmento de un cliente a quien llamaré Anne. Ella era una mujer de 30 años de Dinamarca quien había pedido específicamente una regresión de vida entre vidas para incluir cómo reencarnó. Se toma en el punto de la planeación de su vida actual:

¿Adónde va después?
Debo ir ahora y planear mi siguiente vida. Mi guía me está llevando a un cine donde puedo ver y elegir.
¿Está planeando para su vida actual?
Así es. Hemos discutido que yo debo trabajar con el mismo asunto. Es para que sepa sobre qué será la vida.
Recuérdeme cuál era el asunto.
Debo ser capaz de dejar que mi alma surja de una manera balanceada.
¿Cómo funciona este proceso de planeación?
Creo que puedo escoger entre dos vidas.
Mire el primer cuerpo. Cuénteme sobre él.
Es una niña.
¿Qué clase de cuerpo es?
Simplemente un cuerpo normal.
¿Qué clase de vida será?
La niña estará por sí misma. No muchos de mi grupo de almas asistirán, pero seré bien educada.
¿De qué manera será bien educada?
Iré a la escuela de derecho y tendré una carrera, y en algún punto permitiré que el alma surja.
¿Qué rechaza de esa vida?
Es una vida muy controlada y muy mental. Es difícil sentir emociones.

¿Qué significará eso?
Será muy difícil para el alma atravesar ese cerebro mental.
No habrá mucho apoyo alrededor porque todos serán intelectuales.
¿Será una vida difícil?
Sí. No estoy segura si pueda sobrellevarla con mi energía del alma.
¿Tiene mucha energía del alma?
Sí.
¿Se discutió cuánta?
Al menos 70%.
¿Ha llevado consigo ese nivel de energía del alma antes?
No.
¿Cuál será el riesgo de llevar consigo tanta energía del alma?
No puedo continuar mi trabajo en casa en el mundo espiritual.
¿Así que puede trabajar en el mundo espiritual al mismo tiempo que está reencarnada?
Sí.
Prosigue al otro cuerpo. El que tiene para esta vida. ¿Cuál fue su primera impresión de él?
Cierta debilidad.
¿Cuál era la debilidad?
Era una personalidad suave que irá en la dirección del viento.
¿Alguna otra impresión?
Era aún un cuerpo lindo, de tamaño e inteligencia normales.
¿Las circunstancias familiares venían con él o tenía que trabajar eso usted misma?
Sabía que habría varios miembros de grupo de almas conmigo.

¿Cuál sería el beneficio de tener varios miembros del grupo con este cuerpo?
Podemos ayudarnos los unos a los otros.
¿Discutió con su guía espiritual cuánta energía habría de ser traída con este cuerpo?
Sí. Podía usar 35 porciento.
¿Eso presenta algún riesgo para usted?
Sí. Podré no mantener el propósito por el que vine. Por eso era importante tener miembros del grupo para ayudar.
¿Qué cuerpo le ofrecía el mayor crecimiento espiritual?
Este, en el que estoy. El país de Dinamarca que va con este cuerpo tiene una mentalidad más abierta y no había amenazas naturales o guerras. Es una vida protegida por lo que me puedo enfocar en el propósito.
[En este punto me estoy saltando a una parte posterior de la regresión espiritual]
Me gustaría que fuera al punto en el que está haciendo las preparaciones para comenzar su vida actual. ¿Está sola o con su guía espiritual?
Digo adiós a mi guía espiritual [suspira] *y me voy sola.*
¿Adónde va?
A un cuarto donde hay toda clase de colores. Es tan relajado y en armonía. Creo que tendré una sanación de nuevo.
Esta sanación, ¿De qué manera le ayudará en lo que ocurrirá?
Es porque será un nacimiento difícil y necesito alguna ayuda extra para entrar en ese pequeño cuerpo.
¿Está llevando consigo un poco de energía extra?
Sí. También le ayudará a la madre a soportarlo.
¿Cuándo sabrá que es tiempo para que vaya y se una al pequeño cuerpo?
Obtendré una señal de los otros.

¿Hay alguna forma de energía en esta habitación con usted?
Sí. Ellos saben cuándo será momento de irse. Cuando el bebé esté listo.
Vaya a ese momento y dígame lo que ocurre.
Voy hacia un túnel de luz y me muevo a través de ese túnel. Estoy tan lejos y puedo sentir el cuerpo de la pequeña niña y trataré de entrar.
¿Por qué parte entra primero?
La cabeza. Intento entrar a la cabeza.
¿Sabe cuántos meses de concebida tiene esta niña?
Creo que tiene, ¿seis meses?
Conforme entra, ¿qué empieza a suceder?
Intentamos y nos unimos. Es un encuentro muy suave.
¿Cómo se compara esto con otros bebés con los que se ha unido antes?
Esto está siendo muy fácil, el bebé es muy cooperativo.
¿Normalmente se une a los seis meses o lo hace en ocasiones antes o después?
Creo que algunas veces me uno antes.
¿Qué es lo más temprano que se ha unido antes?
Tres meses. Tenía que hacer mucha preparación para entrar en el bebé.
¿Hay problemas uniéndose antes de tres meses?
Sí. No está tan desarrollado el bebé. No está tan terminado y algo puede ocurrir aún.
¿Cuánto es lo más grande que ha sido?
Siete meses.
¿Qué ocurre después de siete meses?
Es difícil unirse. Tienes que forzarlo más.
¿Hay problemas al forzarlo más?
No es la manera en la que me gusta hacerlo. Me gusta ser gentil.

¿Causa problemas físicos en el bebé si tiene que forzarlo más?
Podría, pero no tomaré ningún riesgo que no esté planeado.

Todos los humanos tienen su propia alma única que puede separarse en dos partes. Un poco de la energía del alma se lleva a la siguiente reencarnación y la otra parte permanece en los reinos espirituales. La cantidad que se lleva a la reencarnación afectará el tipo de vida. Mientras menos energía se lleve, menor será la influencia que el alma pueda tener en la vida física y más difícil será alcanzar el propósito kármico para esa vida. La energía del alma que permanece en los reinos espirituales puede llevar a cabo actividades espirituales tal como continuar aprendiendo para vidas futuras o trabajar con grupos de almas. El nivel de esta actividad dependerá del porcentaje que se dejó, y mientras más grande sea éste, mayor será la actividad. En consecuencia ocurre una realidad multi-dimensional con el alma operando en tanto los reinos espirituales como en la encarnación humana:

Dígame a dónde va mientras espera para dejar los reinos espirituales para reencarnar en su vida actual.

¿Qué porcentaje de su energía del alma estará llevando consigo?

¿Cuál es la razón para llevar ese nivel de energía a esta reencarnación?

La división no es absoluta porque el alma mantiene un vínculo energético entre las partes llamadas intuición y, como un holograma, retiene su totalidad. El nivel de energía para llevar a una vida nueva podrá ser planeado entre el guía espiritual y el alma, pero es frecuentemente repasado o establecido por los Sabios porque tienen acceso a información en las implicaciones más amplias de la vida planeada. Después de la muerte en una vida, las energías del alma se reunificarán durante el periodo de rejuvenecimiento de energía o en un punto posterior. En ocasiones puede ser descrito como un baño de energía o simplemente como una expansión y sentimiento de estar entero de nuevo.

La unión de la energía del alma con un cuerpo físico usualmente tiene lugar cuando el cuerpo está en su etapa más maleable, alrededor de los cuatro meses después de la concepción. Será anexada a la energía del alma cualquier memoria corporal sutil de las vidas pasadas. El porcentaje de las memorias sin resolver de vidas pasadas que será impreso en el bebé es parte del proceso de planeación para la nueva vida. Mientras mayor sea el porcentaje, más difícil será la vida. La fusión con las características biológicas heredadas del bebé produce el fundamento de la personalidad para la nueva vida:

¿Qué emociones o memorias físicas llevará consigo de sus vidas pasadas?

¿Qué porcentaje de estas llevará consigo?

¿Cuál es la razón de llevar ese nivel a esta reencarnación?

Al momento de la fusión entre la energía del alma y el cuerpo del bebé un bloqueo amnésico de memoria es colocado por el alma. Esto evita que la persona se agobie por todas las traumáticas vidas pasadas que no están listos para asimilar a un nivel consciente. También permite que la nueva vida sea una oportunidad para encontrar nuevas soluciones a viejos problemas kármicos. El bloqueo de memoria puede ser un proceso gradual que se completa durante la infancia temprana:

Vaya al punto en el que su energía del alma se une con el bebé físico en el vientre y cuénteme sobre su experiencia.

¿Cómo recordará a las personas significativas con las que necesita encontrarse en esta vida?

El descubrir que a nivel del alma un cliente estaba involucrado con la elección del cuerpo físico, las circunstancias de la vida y la dificultad de la vida les da nuevas perspectivas. Un cliente reportó:

'Tuve un sentido definido de moverme a un espacio diferente al que había tenido con experiencias de vidas pasadas, aceptando diferentes niveles. La perspectiva y entendimiento que estuvieron disponibles para mí van más allá de las palabras. Fue como ser dado una pista de algo mucho más grande, y conforme comprendí esta realización, el efecto en mí fue inmenso.'

OTRAS ACTIVIDADES ESPIRITUALES

Con más experiencias de reencarnación, las almas se alejan cada vez más del enfoque en trabajar con sus grupos de almas. Pueden empezar a entrenarse en varias áreas de especialización[5] en los reinos espirituales y estar más involucrados en el proceso de planeación para la siguiente vida. Un cliente recordó el estar en un grupo de almas haciendo una investigación de la unión del alma y el cuerpo físico, y experimentó durante un número de vidas pasadas con diferentes niveles de energía usando varios tipos de cuerpos. Otro cliente recordó ir a otro sistema planetario para que se le enseñase sobre el trabajo con la energía. En ocasiones las almas van a un lugar solitario para el estudio y la reflexión, o pueden estar involucrados en enseñar a otras almas o ir a salas de aprendizaje.

Un Alma Híbrida es el nombre dado a una clase especial de alma por Michael Newton.[6] Estas son almas viejas cuyos planetas anteriores fueron destruidos o pueden haber venido a la Tierra por los especiales desafíos físicos y mentales de la complejidad de la condición humana en el mundo moderno. Como energía del alma, pueden unirse con el bebé como otras almas, aunque algunos pueden tener problemas adaptándose, lo cual puede llevar a problemas psicológicos. Muchos se adaptan y llevan vidas productivas y reportan que su última vida fue en otro planeta, no necesariamente en una forma física. Sobre decir que el proceso de repaso con los Sabios, grupos de almas y selección no siguen los patrones indicados en la parte previa del capítulo. Deliberadamente no incluyo más información en el libro sobre ellos porque rara vez ocurren y cuando lo hacen, he encontrado que el mejor enfoque es tomar el papel de un investigador inquisitivo y permitir que la historia emerja sin cualquier preconcepción sobre lo que ocurrirá.

Trabajo en el 'Eterno Ahora'

El terapeuta puede dirigir la regresión a la reunión con los Sabios en cualquier momento y entrar en un diálogo interactivo llamado el *Eterno Ahora*. Esto permite que se hagan preguntas específicas por el beneficio del cliente. Puede ser dejado hasta después de que las memorias del alma han sido exploradas para hacerlo más claro cuando el cliente escuche posteriormente las grabaciones:

Vaya a la reunión con los Sabios. (o el nombre dado por el cliente)

Con un vínculo intuitivo fluyendo fuertemente en el estado alterado de consciencia de la hipnosis y de la regresión de vida entre vidas, es una oportunidad para asegurarse que el cliente tiene toda la información que necesitan de la sesión:

Pídales que confirmen cuál es el propósito para su vida actual.

¿Qué comentarios tienen sobre su progreso en esta vida?

¿Ofrecen algún otro consejo para ayudarle en esta vida?

Se pueden hacer preguntas sobre el futuro espiritual del cliente también. No obstante, en algún punto el flujo de información puede de pronto detenerse cuando los Sabios consideren que interferirá con el libre albedrío del cliente o cuando tengan suficiente información con la cual trabajar:

¿Le pueden hablar sobre sus actividades espirituales en el futuro?

Si uno de los objetivos del cliente es mejorar la comunicación con su guía espiritual, esto se puede hacer en el eterno ahora. El terapeuta puede dirigir la regresión a la reunión con el guía espiritual y guiar la comunicación básica. Esto puede formar la fundación para el trabajo posterior del cliente en meditación:

Pida a su guía espiritual consejo sobre cómo mejorar su comunicación con él.

Antes de terminar una regresión espiritual, vale la pena revisar con el cliente que todo haya sido cubierto:

Antes de dejar los reinos espirituales quiero que me diga si hay alguna última pregunta que quisiera hacer a cualquiera de los espíritus de luz.

UNA REGRESIÓN ESPIRITUAL COMPLETA

Un cliente a quien llamaré Clare era una abogada de 32 años de edad. Ella había hecho un cambio importante en su vida seis meses antes y estaba ahora entrenando para ser una terapeuta complementaria. Había experimentado varias regresiones a vidas pasadas y quería ahora saber sobre su progreso kármico y si estaba espiritualmente en el camino correcto. Había traído una lista de ocho personas significativas en su vida que incluía a su esposo, parientes, novios anteriores y a su suegra. Debajo se halla una gran parte de la transcripción de su sesión:

Habiendo ido rápidamente a un trance profundo, regresó a la vida pasada como un soldado mercenario trabajando en Rusia. El soldado estaba escoltando a alguien importante de la nobleza rusa, y los mongoles tendieron una emboscada a la cuadrilla. En la pelea consiguiente lo mataron:

Es una hermosa luz.
¿La luz viene a usted o vas usted a la luz?
Nos movemos el uno hacia el otro.
¿Y qué ocurre conforme se mueven uno hacia el otro?

Aunque no hay forma humana, siento que la figura tiene brazos para abrazarme. Es como si estuviera expandiéndose. Yo soy simplemente atraída a ir hacia la sensación de amor.

¿Es un jalón fuerte o gentil?

Siento que estoy siendo jalada del corazón y siento que una mano me está guiando desde atrás.

¿Está consciente de algo más?

Me alejo de la Tierra, una hermosa luz alejándose de la Tierra. Estoy tan lejos ahora. Solamente colores.

¿De qué colores está consciente con esta forma de energía con la que se ha encontrado?

Indicios de colores, azules, morados y verdes.

¿Sabe quién es esta energía?

Es ... es mi maestro.

¿Y es su maestro quien ha estado supervisándole en la vida pasada?

Me ha estado mandando mensajes. Pistas.

¿Qué le comunica?

Luce muy feliz. Parece que fue bastante bien.

Revisa lo que estaba destinada a aprender en esa vida, y tenga un repaso con él.

Es sobre el deber, honor, respeto y trabajo en equipo.

¿Qué nota mientras tiene este repaso?

Estoy sentada frente a una mesa. Él luce diferente ahora.

¿Cómo luce?

Es muy joven, un poco más viejo que yo. Es fuerte, masculino.

¿Se muestra con cualquier vestido en particular?

Porta ropa de leñador, muy casual.

¿Por qué se está mostrando en esta forma?

Es una forma con la cual estoy cómoda. Puedo hablar con mayor facilidad así. No es tan impresionante como cuando se mostró como energía.

¿Cómo repasa él la vida pasada con usted?

En parte telepáticamente y en parte hablado. Hablamos sobre cualquier cosa que sea importante revisar para nosotros, pero cualquier otra cosa me la comunica telepáticamente. Simplemente me hace saber que está bien.

¿En qué parte de la vida pasada comienza?

Está haciendo esto al revés conmigo, empezando en la muerte.

¿Qué tan bien cree que se desempeñó en esa vida, ahora que la ha repasado con su guía?

Estoy muy feliz. Tomé un par de decisiones incorrectas en el camino pero llegué a la conclusión correcta. No estoy muy feliz de haber matado.

Dígame lo que ocurre en la discusión con su guía sobre haber matado.

Él dice que es parte de la vida que elegí. Me pregunta cómo esperaba que fuera estar en el ejército y no matar.

¿Qué dice al respecto?

En esa vida pensé que lo hacía por razones honorables, por ahora me siento triste.

Pregunte a su guía lo que dice de que se siente triste.

Dice que está bien, que demuestra compasión y me dice que debo saber que todos toman sus decisiones. Él me está enseñando que los hombres que nos atacaron en la batalla final sintieron que era un gran honor el estar haciendo lo que estaban haciendo. Ellos eligieron pelear de la misma manera en que yo elegí pelear. Todos conocíamos los riesgos.

¿Lo entiende ahora?

Es difícil cuando acabo de dejar una forma humana. Hay tan sólo un pequeño indicio de lo físico aún conmigo. Mi guía dice que está bien y se desvanecerá. No he terminado lo que él llama 'la interrogación e integración' aún.
Prosiga a la siguiente parte y dígame lo que ocurre.
Hay otros.
Describa dónde está y a los otros con usted.
Es difícil de describir. Es como un gran domo. Está hecho solamente de energía. Está en todas partes.
¿Qué otros aspectos nota aparte del domo?
Hay mucha gente.
¿Qué están haciendo?
Flotan. No es como un piso sólido, son sólo olas.
¿Los otros se muestran en forma humana o en forma de energía?
En forma de energía.
¿Se siente cómoda estando ellos en esa forma?
Sí.
Describa cómo son estas formas de energía.
Vibrantes, radiantes, translúcidas.
¿Hay algún color en particular viniendo de ellas?
Parecen ser diferentes colores. Conforme se comunican los colores cambian.
¿Cuántos hay en este domo? Cuéntelas.
[Pausa larga] *Sesenta y siete.*
¿En qué posición están en relación a usted?
Son como tres grupos. Algunos están en un semicírculo a mi izquierda, algunos detrás de mí y a la derecha, y hay otro grupo simplemente flotando un poco más alto.
¿Qué hace en este lugar?
Quiero ver a mis amigos y todos parecían ya saber que iba a venir.
¿Qué experimenta?

Se siente como un enorme abrazo. Estoy tan feliz de estar de vuelta con ellos.
¿Cuántos miembros de este grupo están ahí?
Veintiséis en total.
¿Hay algo que estén todos intentando aprender juntos en este grupo de almas?
Es sobre ayudar.
¿Cuántas vidas ha estado con ellos?
Cincuenta y tres.
Mire algunos de los colores en este grupo y descríbalos.
Plateado translúcido, igual que mi energía.
¿Reconoce a alguno de este grupo en su última vida pasada?
Sí, dos de ellos eran mis amigos en el ejército. Muchos de ellos reencarnaron al mismo tiempo pero en lugares diferentes.
¿Estaba alguno de ellos en el ejército contra el que estaba peleando?
Sí. Había cinco de ellos. [ríe ligeramente] *Ellos piensan que fue gracioso porque nosotros los llamábamos Bárbaros. Ellos nos llamaban Bárbaros también.*
¿Cuáles son sus pensamientos ahora sobre sus amigos del ejército aquí y aquellos que pelearon contra usted?
Era sobre ser fieles a nuestras causas. A pesar de que fue difícil en los grupos en los que estábamos, intentábamos difundir amistad y compasión, y muchas pequeñas obras de amor y ayuda a amigos y familia.
¿Hay algo más que necesite saber sobre estos compañeros?
No.
¿Cuántos de su grupo de almas están reencarnados en esta vida ahora?
Siete.
¿Los reconoce?

Sí. Estaremos trabajando juntos.
Pregúnteles cuál será el trabajo.
Tratar de difundir amor y luz a tantas personas como posible, intentando tocarlos de alguna forma. Es difícil de describir. El estar abiertos a toda oportunidad, ser abiertos y comprensivos, sanando para nosotros y otros.
¿Hay algo más que necesite saber de este grupo?
No. Es bueno simplemente estar con ellos.
Desplácese al punto en el que se reúne con otro grupo de almas. ¿Qué hace con ellos?
Este es un grupo alegre. Todos nos desafiamos los unos a los otros.
¿Cuántos hay ahí en este grupo?
Veintiuno.
Y mire los colores de este grupo. ¿Tienen todos los mismos colores o diferentes colores de energía?
Colores diferentes.
¿Cuál es el propósito de este grupo?
Este es mi grupo de aprendizaje.
¿Hay algún aspecto específico que este grupo esté aprendiendo ahora?
Ha habido varios. Todos estamos trabajando en la tolerancia de momento.
¿En qué aspectos han trabajado antes?
Verdad, amor, remordimiento, felicidad. Estos son los principales.
¿Reconoce a alguno de este grupo trabajando en su vida actual?
Reconozco a ocho energías pero puedo ubicar solamente a cuatro de ellas.
Trabajemos con las cuatro que puede ubicar. Seleccione una y dígame lo que le dice, y lo que le dice a usted.

Estamos simplemente riéndonos de los problemas que tuvimos en el pasado. Es tan insignificante ahora.
¿Esto era algo que había sido planeado?
Sí.
Traiga a los otros al frente uno por uno y converse con ellos sobre los problemas en esta vida.
Es una conversación muy difícil. No me hablan.
¿Son capaces de traer alguna de las memorias de cuando planearon trabajar juntos?
Nos reunimos con nuestros maestros y todos dijeron lo que teníamos que aprender. Si había una correspondencia y dos podían trabajar juntos eso era fácil. Si más de nosotros éramos necesitados hablábamos al respecto. Algunas veces no había una correspondencia en nuestro grupo y uno podría ofrecerse a tomar un rol para ayudar.
¿Necesitaban saber qué cuerpo tendrían antes de que acordaran trabajar juntos?
Te das una idea de la forma que necesitas. Un ejemplo sencillo es si vas a ser un abusador y necesitas usar fuerza tienes un cuerpo fuerte. Si vas a ser una víctima tendrías un cuerpo más débil.
Vaya a ese lugar en donde elige un cuerpo para esta vida y dígame lo que ve y lo que ocurre.
Es un cuarto hecho con energía. En parte del cuarto puedes ver imágenes.
¿Cómo sabe qué cuerpos puede elegir?
Justo como una forma genérica y luego tienes diferentes opciones tales como pequeño, gordo, delgado. Una vez que hayas resuelto eso puedes ir al detalle.
¿Cuántas opciones específicas le han ofrecido en esta vida?
Tres. Pude haber sido un hombre, bastante frágil. En una familia no amorosa. Pude haber sido una niña, muy

grande, con una familia abusiva. El cuerpo y familia que tengo ahora era la tercera opción.
¿Qué le hizo escoger el cuerpo y familia que tiene ahora?
Quería una base fuerte para esta vida. Sentía que esto me daría el apoyo para superar las partes difíciles.
¿Tienen que ver las partes difíciles con la tolerancia?
Algunas son sobre tolerancia a mí y algunas sobre tolerancia hacia otros.
¿Habría sido capaz de trabajar con la tolerancia con los otros cuerpos?
Pensé que habría fracasado en los otros cuerpos.
¿Tenía alguna opción sobre el tipo de cerebro o emociones que tendría?
Sí.
¿Cómo seleccionó estos?
No tenía opción sobre la inteligencia. Mi maestro decidió eso. Para las emociones tuve dos opciones. O un acceso completo a sentir todo sobre mí misma y las situaciones de otras personas, o ser muy dura.
¿Qué eligió al final?
Mi maestro y yo estuvimos de acuerdo. Habría sido fácil el ser dura. Quería experimentar todas las emociones y mi maestro estuvo de acuerdo.
¿Hay alguna otra decisión; padres, por ejemplo?
El tipo de padres iba con el cuerpo que era elegido. Los padres actuales fueron elegidos para mí.
¿Tuvo algún periodo de prueba antes tomar la decisión final?
Sí, tuve que hacerlo. No sé cómo describirlo. Experimenté los sentimientos. Fue como en una forma de meditación. Algunos de ellos no fueron tan agradables.
¿Entiende por qué tuvo el cuerpo, mente, emociones y padres que tiene en esta vida?

Sí.

Una vez que tomó esa decisión, ¿tuvo que regresar con su grupo de almas y hacerles saber al respecto?

Todos parecían ya saber de alguna forma.

¿Hizo algún juego de roles en los cuerpos con su grupo de almas?

Esta vez no. Lo he hecho en otras vidas.

¿Cuál fue el propósito del juego de roles antes de venir a la reencarnación?

De esa forma la energía se imprime de lo que realmente necesitas hacer. Cuando encarnas no te acuerdas. Es como imprimir el motor que se activa cuando tienes que tomar decisiones. Envía una sensación de que deberías ir por un lado y no otro.

¿Hay algo más que necesite decir al grupo de almas sobre la tolerancia antes de que los dejemos?

Adiós. Nos vemos pronto.

Desplácese al punto de reunión con el tercer grupo y dígame qué hace en ese grupo.

Me siento muy humilde en este grupo. Este grupo es el de los supervisores de los otros dos grupos.

¿Son diferentes a su maestro?

No. Mi maestro es parte de ellos?

¿Hay alguno en reencarnación en este momento?

Solamente uno que puedo ubicar.

¿Tendrá algún trabajo con este?

Sí.

¿Reconoce quién es?

Sí. [voz sorprendida] *Es el bebé del que estoy embarazada.*

¿Hay algo que necesites averiguar, alguna pregunta que tengas para ellos? Dame un resumen de esas discusiones.

Se está ya desarrollando. Estoy intentando preguntar si necesito activamente hacer algo para llevarlo acabo.

Si se le permite a su maestro decirle, pregunte lo que estará haciendo en el futuro cercano.
No pueden decirme con exactitud. Sólo he de estar alerta a las oportunidades. Simplemente lo sentiré cuando estas se presenten.
Agradézcale por toda la información y ayuda. Vaya al lugar donde los espíritus de luz quienes planearon su encarnación en esta vida están y describa el lugar.
Es otro domo.
¿Cuántas figuras de energía hay ahí?
Siete.
¿Se muestran en forma humana o en forma espiritual?
Están en forma de energía.
Describa lo que nota alrededor de estas formas de energía.
La magnitud de su energía me está distrayendo. El domo no se ve tan diferente al otro, pero se siente muy diferente.
Concéntrese en esa energía en el domo y descríbala.
Es de la fuente. Es demasiado fuerte para que me acerque. Es simplemente abrumador. Conecta perfectamente con tu corazón.
Además del domo, ¿qué más nota alrededor de estas formas de energía?
El piso en su forma física es como mármol. En otras ocasiones habría una mesa, pero ahora no está. También sillas con respaldos altos.
¿De qué color son estas energías?
Sólo luz pura y brillante.
¿Está su maestro con usted?
Sí.
Dígame lo que ocurre en este encuentro.
Mi maestro es como mi defensor.
¿Qué dice?

Les recuerda el trabajo que estamos haciendo todos, particularmente el trabajo que he estado haciendo.
¿Qué cosas en particular dice su maestro sobre su trabajo?
Dice que hice ... es difícil escuchar ... Que hice bien en ayudar a mi otro amigo de energía en su búsqueda. Dice que a pesar de lo mucho que mis acciones le asombran, necesito continuar trabajando en la tolerancia.
¿En cuántas vidas pasadas ha estado trabajando en la tolerancia?
En cierto nivel en tres.
¿Puede pedirle a los sabios espíritus de luz que recapitulen estas vidas para que entiendan lo que pasó en cada una?
Estoy obteniendo una afluencia de información. He visto tolerancia desde lo que podrías describir como ángulos violentos. La primera vida no fui tolerada. Sólo no pude hacer que la gente me viera por lo que era. Ellos no podían ver más allá de cómo me veía. Aprendí que no podía esperar que la gente cambiase sus perspectivas y opiniones porque yo se lo dijera. También aprendí que no importaba lo que la gente pensara de mí. En la vida posterior elegí tomar el otro rol y ser intolerante para poder experimentar lo opuesto.
¿Qué clase de persona era en esa vida?
Era horrible. Era una mujer que no podía aceptar a nadie que fuese diferente en color, forma y discapacidad. Incluso miraba hacia abajo a las personas que no habían hecho mucho de sus vidas o a cualquiera que viviera de cualquier forma diferente a la forma en la que yo vivía.
¿Cuál fue la tercera?
Esta vida.
¿Puede preguntarle a los espíritus de luz lo que dicen sobre sus dos últimas vidas y esta?

He hecho la mayor parte del trabajo. Son las escalas menores de las que me tengo que mantener al tanto.
¿A qué cosas menores se está refiriendo?
En su mayoría, he pensado en tolerancias como grandes cosas tal como el diferente color o la diferente cultura de la gente. Estoy ahora aprendiendo que necesito ser tolerante de las perspectivas y opiniones de todos. Estoy ahora intentando entender por qué alguien tiene esa perspectiva en vez de pensar que es grosero. Que algo puede haber pasado si alguien tiene mucho que decir o poco que decir.
¿Le dan los espíritus de luz algún consejo para ayudarle?
El mantener mi conciencia a mi alrededor. El reconocer las situaciones y aprender de ellas.
¿Entiende eso?
Sí, lo entiendo.
¿Tienen algo más que decirle?
Parecen estar bastante satisfechos.
¿Hay algo más que necesite pedir a los espíritus de luz?
Necesito más confianza.
Pregúnteles si le pueden mostrar una vida pasada que pudiera ayudar.
Me están mostrando una vida pasada cuando yo era fuerte. Sentía que podía hacer cualquier cosa.
¿Está sintiendo esta fortaleza ahora?
La estoy sintiendo en mi pecho ahora.
Recuerde este sentimiento y vida pasada cuando necesite que se le recuerde de su fortaleza.
Están asintiendo como reconocimiento. Telepáticamente están dándome la sensación de que están satisfechos para que yo siga adelante.

¿Hay alguno de ellos que le pueda hablar en detalle de las cosas espirituales que estará haciendo en el futuro próximo?
Están muy felices sobre aquellas en las que estoy involucrada y del entrenamiento y trabajo de desarrollo que estoy haciendo en esta vida. Se me dice que necesito obtener y tener más confianza en mis habilidades. No preocuparme por hacer las cosas mal. Si las intenciones son correctas, entonces no importa.
¿Le dan alguna información específica?
Tendré una oportunidad de encontrarme con alguien que pensé jamás volvería a encontrar.
¿Se les permite decirle más?
Tiene que ver con el desarrollo psíquico.
¿En qué manera ayudará esta persona?
Inspiración y sólo por estar en la energía de esta persona habrá una afinación y elevación de mis vibraciones.
¿Es suficiente esta información?
Sí. Creo que probablemente me han dicho más de lo que debían.
¿Hay alguna última pregunta que tenga para los espíritus de luz?
No.
Agradezcámosles su sabiduría y perspectiva y dejémoslos ir de esta reunión.

Clare siguió su camino y tuvo a su bebé, encontró a un maestro psíquico como predicho y está ocupada realizando trabajo espiritual con algunos de los miembros de su grupo de almas. Esto es lo que posteriormente Clare escribió sobre su regresión de vida entre vidas:

A pesar de que siento que mis palabras no pueden hacerle justicia, si tuviera que encontrar una manera de expresar mis sentimientos en papel, sería que la regresión espiritual fue una experiencia extremadamente profunda. Puso mucho de lo que yo percibía como 'problemas' en mi vida en contexto y me permitió echar un vistazo a un panorama más amplio de mi vida.

Tuve una increíble oportunidad de entrever mi vida entre vidas para ver el proceso de toma de decisiones y los procedimientos que están en su lugar para asegurar que aprovechemos al máximo de nuestro tiempo encarnado en la Tierra. Tuve un vistazo de mis grupos de almas, me pude parar cara a cara con mi grupo kármico en un lugar de amor, entendimiento y no-juicio, para encontrarme con mi Consejo de Sabios y abrir canales de comunicación con mi guía. Fue simplemente mágico y maravilloso y me ha dejado con un respeto tan profundo por la fuerza del universo y por el proceso que ocurre cada vez que tomamos la decisión de regresar a la Tierra. Me ha dado un respeto renovado para mí misma y las decisiones que he tomado y un amor más profundo por mis amigos, mi familia y mis desafiantes en esta vida; mis hermanas y hermanos en este viaje.

Más mágicamente para mí, siento que este trabajo fue capaz de tocarme no solamente a mí, sino también a mi bebé, de quien estaba embarazada cuando fue la sesión de regresión espiritual. Tenemos ya un entendimiento el uno del otro incluso antes de que haya nacido. Todo será perfecto y está en su sitio para su parte en este viaje. No paso mi tiempo preocupándome sobre aspectos físicos o prácticos del embarazo y no tengo miedo del parto. Hemos visto el alma el uno del otro y estamos listas para trabajar juntas. No puedo describir lo libre que me siento para disfrutar cada momento de este embarazo. Conforme escribo esto me doy cuenta que este trabajo me ha tocado en un nivel más profundo del que me había dado cuenta. Me siento reconectada, sé dónde estoy, sé por qué vine, sé que las decisiones que tomo son perfectas en el momento en el que las tomo y sé que soy amada.

Resumen

Una regresión de vida entre vidas no está enfocada en la resolución de un complejo. Este es el objetivo terapéutico de la terapia de regresión. No obstante, le da al cliente una revelación profunda de la evolución de su alma y su propósito para esta vida. Va también más lejos y les da una oportunidad de repasar su progreso en esta vida y de recibir orientación espiritual de los Sabios. A través de este entendimiento mayor y de ver el panorama más ampliamente viene la oportunidad para que ellos cambien su vida actual y consecuentemente inicien el proceso de sanación del alma y resolución de sus complejos. Aunque algunos clientes pueden espontáneamente recordar algunas memorias del alma durante una regresión a vidas pasadas, para la mayoría el vínculo intuitivo necesita ser intensificado usando hipnosis profunda para obtener la intensidad del detalle. Sin embargo, el vínculo intuitivo establecido en una regresión a vidas pasadas permite un diálogo interactivo con el guía espiritual. Esto abre el paso para que sean integrados aspectos de una regresión espiritual en una terapia de regresión.

Muchas de las preguntas clave para navegar las memorias del alma de una regresión de vida entre vidas están mostradas en el Apéndice III. A través de la experiencia e intuición muchas preguntas seguirán naturalmente a las respuestas del cliente. La manera más simple de navegar es preguntando, '¿Qué ocurre después?' y 'Dígame si algún otro evento significativo ocurre antes de que prosigamos'. El escuchar lo que el cliente dice es importante para poder ser usado en la respuesta. Si el cliente dice, 'Puedo ver energía', decir '¿Reconoce esta energía?' o 'Describa esta energía' es preferible a preguntas conducentes como, '¿Quién es este ayudante?' Los clientes en hipnosis profunda pueden ser lentos respondiendo a las preguntas por lo que se les ha de dar tiempo para responder completamente antes de hacer la siguiente pregunta.

Para agilizar la regresión de vida entre vidas, el terapeuta puede guiar al cliente directamente hacia eventos clave, tal como la reunión con el guía espiritual, grupos de almas, los Sabios y el lugar de selección del cuerpo. Normalmente es mejor permitir que las memorias del alma emerjan naturalmente porque partes interesantes, como visitas a la biblioteca o actividades especiales, podrían perderse. No obstante, si la vida pasada no fue su última, se necesitará una declaración guía para ir a la planeación de la vida actual. Es mejor dejar para el final las preguntas interactivas en el Eterno Ahora con los Sabios y Guía Espiritual para asegurarse de que todos los objetivos del cliente han sido cumplidos en su totalidad.

Pueden ocurrir bloqueos en una regresión espiritual. Los más comunes vienen de clientes que tienen dificultad para entrar en trance profundo. Esto es algo que puede ser filtrado antes de una sesión y reducido con el uso de CDs de auto-hipnosis y experiencia previa en regresión a vidas pasadas usando hipnosis. El otro bloqueo puede venir de un guía espiritual ya sea en el cruce a los reinos espirituales o durante la regresión espiritual. Aunque esto no es frecuente, siempre habrá una razón. Normalmente es porque el cliente está trabajando en algún aspecto del karma en su vida actual y no es el momento indicado para que sepa sobre las memorias del alma.

En ocasiones los clientes analíticos se preguntarán después de la regresión si la experiencia fue *real*. Algunos de los factores para ayudales a decidir incluyen la intensidad emocional de las reuniones, las diferencias en algún aspecto de su regresión con cualquier cosa que pudieran haber leído, y el nivel de detalle visual que emerge. En hipnosis profunda los clientes responden literalmente a las preguntas, y, a no ser de que haya interferencia consciente, las memorias del alma emergerán. Lo más importante es que los clientes reportan que hay una verdad intuitiva en la información que es relevante para su vida actual.

8

TRABAJO CON MEMORIAS CORPORALES

La cura para el dolor está en el dolor.
El bien y el mal están mezclados.
Si no tiene ambos, no pertenece a nosotros.
Yalad-ad-Din Rumi, Sufista del siglo XIII.

Durante un profundo masaje, muchos trabajadores corporales han reportado cómo imágenes de vidas pasadas frecuentemente surgen cuando una parte del cuerpo tensa o sensible ha sido manipulada. Es como si se hubieran *sintonizado* con algún aspecto de las memorias de su campo energético a través del cuerpo. Un ejemplo fue un cliente que reportó, durante un masaje profundo de su pecho, una imagen de ser inmovilizado por una pila de cuerpos. En un punto posterior cuando emergió más de la historia, resultó que él había sido víctima de la plaga y fue arrojado en un hoyo con otros cuerpos de una carreta, pero estaba aún vivo.

Las memorias corporales pueden ser creadas por un incidente traumático o acumuladas durante un periodo de tiempo. Un niño que vive con miedo a ser golpeado por padres violentos puede aprender a encogerse, voltear su cabeza y poner las manos al aire como protección. Si esto continúa, las amenazas de violencia activan a los músculos del cuerpo hasta que los músculos aprenden esta postura inconscientemente. El niño estará permanentemente alerta por lo que el miedo permanece encerrado en su cuerpo en su organismo junto con los hombros crónicamente elevados, la cabeza volteada, y un estómago estreñido y nervioso. Este patrón sostenido a través de los años puede degenerarse en una postura fija.[1] La inhabilidad de resolver la situación resulta en una memoria corporal congelada. Wilhelm Reich[2] llamó a esto armadura corporal y continuó describiendo patrones rígidos de sujeción muscular inconsciente que encontramos en la cabeza, quijada, cuello, hombro, tórax, diafragma, pelvis, piernas, brazos, manos y pies.

Muchas de las técnicas usadas en este capítulo fueron adaptadas del trabajo de Roger Woolger, quien ha sido pionero en el uso de consciencia corporal de vidas pasadas en la terapia de regresión. Él llama a este enfoque *Procesos Profundos de Memoria*[3] y lo cubre en sus libros y artículos.[4] En "*Sensorimotor Psychotherapy* (Psicoterapia Sensorimotora)" Pat Ogden y el Dr. Kekuni Minton[5] enfatizan la importancia de las memorias corporales, tal como lo hace Tree Staunton[6] en el muy aclamado libro *Body Psychotherapy* (Psicoterapia Corporal). El Apéndice I comenta éstos y otros con mayor detalle.

El Lenguaje del Cuerpo

En el mundo occidental ha habido una cultura de no demostrar los sentimientos reprimiéndolos. Cuando esto ocurre, las sensaciones corporales que acompañan a estos sentimientos también se bloquean. Como resultado mucha gente encontrará difícil describir sus sensaciones corporales. Tome algunos minutos para pensar en tantas palabras como sea posible para describir las sensaciones que podría experimentar en su cuerpo. La persona

Trabajo con Memorias Corporales

promedio enlistará seis. Ejemplos del vocabulario de sensación incluyen:

Dolor, tensión, congelación, estremecido, vibrar, pegajoso, velludo, palpitante, enrojecido, tenso, nauseabundo, pesado, torpe, suave, comezón, apretado, hormigueo, sudoroso, denso, débil, constricción, espinoso, girante, sin aliento, sofocante, fuerte, bloqueado, entumecido, tembloroso, húmedo, frenético, mojado, fresco, cálido, hinchado, mareado, latidos, tic, crispante, viscosidad, opresión y cosquilleo.

El tener un vocabulario de sensación más amplio ayuda a una persona a profundizar la consciencia del estado de su cuerpo, particularmente cuando se usa un puente físico. El terapeuta puede ayudar animando al cliente a describir y localizar sus síntomas con el uso de preguntas direccionales como:

¿La sensación es tenue o aguda?

¿Es palpitante o apretada?

¿Está cerca de la superficie o más profundo?

Si se le pide a un cliente describir una sensación, frecuentemente lo hará con palabras como 'pánico' o 'miedo', lo cual se puede referir a los estados emocionales, en vez de la sensación en sí. Cuando esto ocurre se les puede pedir que describan dónde en el cuerpo lo sienten. El pánico puede ser sentido en el cuerpo como palpitación rápida, temblor y respiración poco profunda. El enojo puede ser experimentado como una tensión en la mandíbula o un impulso de golpear. La desesperanza se puede experimentar como un colapso a través de la columna y agachado de la cabeza y los hombros.

Exploración de las Memorias Corporales

Para Sam, el problema fue creado durante un viaje a Miami para ver a su hijo. Una tarde tres hombres armados que estaban bastante drogados entraron a su cabaña rentada y le exigieron dinero. Ella tenía sus manos amarradas y estaba aterrorizada de morir mientras un cuchillo era empujado contra su garganta. La patearon y tuvo que soportar ver cómo golpeaban a su hijo y su esposa, conforme valientemente se negaba a gritar por miedo a provocar a los atacadores. Sam había tenido pesadillas y ataques de pánico por 18 meses y otras terapias no habían cambiado el síntoma:

> Se le pidió que mostrara la postura en la que se encontraba cuando fue atacada. Conforme juntó sus manos frente a ella comenzó a llorar, pues la memoria vino de nuevo y se le llevó rápidamente a través de ella. Volviendo a reflexionar, Sam dice, '*Yo quería quitarme las cuerdas de las muñecas y gritarles pero no pude.*' Se le pidió volver a la postura y una toalla retorcida fue ligeramente atada alrededor de sus muñecas para recrear un psicodrama del evento. Conforme regresó a la memoria la transformó deshaciéndose de la toalla y explotó en un torrente de gritos y groserías. Conforme exhaló, una sonrisa se esbozó en su rostro. Los ataques de pánico y las pesadillas desaparecieron después de la sesión.

Trabajo con Memorias Corporales

El complejo de Sam comenzó con el pensamiento de su muerte, seguido por la emoción de miedo y luego las memorias corporales de la postura de las manos y el grito congelado. La transformación funcionó de manera invertida, comenzando con sus memorias corporales en el punto en el que el complejo empezó, que, en el caso de Sam, fue cuando el ataque ocurrió. Estos pasos pueden ser usados para explorar las memorias corporales:

Vaya al punto justo antes ...

Con las memorias corporales el cliente necesita ser animado a *mostrar* en vez de *decir*.

Cuerpo, muéstrame lo que está pasando.

Cuerpo, muéstrame lo que ocurre después.

El trabajo con las memorias corporales frecuentemente abre una catarsis profundamente arraigada, así que se necesita tener cuidado de no abrumar al cliente cuando se desate. Con experiencia, el terapeuta sabrá si permitir que sea totalmente liberado o gradualmente a lo largo de un número de regresiones. Decirle al cuerpo que vaya al final repetidamente en una voz más fuerte de lo normal es una manera de controlar la liberación de la catarsis:

Cuerpo, ve al final.

El trabajo con memorias corporales enfoca al cliente en su cuerpo por la simple razón de que es aquí donde la energía corporal congelada de un complejo puede ser más efectivamente liberada y transformada. La terapia para los componentes emocionales y de pensamiento puede hacerse después.

Transformación de Memorias Corporales de Vidas Pasadas

Frecuentemente, síntomas físicos en esta vida vienen de una muerte violenta en una vida pasada. El ser colgado, morir en batallas, comido por animales salvajes, torturado, asesinado, atrapado por rocas, en medio de un terremoto, en una violación, a golpes por una multitud, son tan sólo algunas de las escenas de muerte que pueden ser encontradas. Como Ian Stevenson identificó en su investigación, las memorias físicas congeladas de estos eventos son tan fuertes que son frecuentemente asociadas con tensión inexplicable, dolor y patrones físicos sostenidos en esta vida.

Un estudio de caso que ilustra esto es un cliente a quien llamaré Sally. Ella estaba en sus cuarentas y había experimentado 'dolores inexplicables' crónicos en la parte superior de su columna y brazos desde que tenía memoria. También tenía un historial de pensamientos perturbadores de estar sola. Sally ya había tenido una sesión de terapia de regresión en la que había regresado a una vida pasada como la esposa de un granjero con una gran familia. Los niños habían crecido y se habían ido de casa uno por uno y luego su esposo había sido forzado a dejar su hogar para buscar trabajo en otro sitio. Ella se quedó sola con poco dinero y comida y un pequeño niño de dos años a quien ella llamó 'bebé'. La soledad de esa vida le había llevado a cometer suicidio. Después de resolver el complejo de esa vida pasada fue capaz de experimentar por primera vez el ser realmente feliz en compañía de sí misma. La segunda sesión era para trabajar con su dolor inexplicable:

Se le pidió a Sally que se enfocara en el dolor de su columna y se le animó a ajustar su postura. Ella se sentó verticalmente con las manos colgando y regresó a la vida pasada de una niña de diez años a punto de ser castigada con un hurgón de fuego al rojo vivo contra la parte superior de su columna. Sally lloró levemente y su cuerpo comenzó a temblar. La pequeña niña fue llevada rápidamente a través de la muerte, la cual incluía caer en un suelo frío y oscuro para morir en terror por sí sola. Conforme tomó su última respiración, Sally dejó salir un suspiro y su respiración se ralentizó.

Los eventos significativos de la vida pasada fueron repasados. Ella había vivido felizmente en Londres con sus padres hasta que ellos pescaron la plaga. Para evitar que ella la contrajera fue sacada de la casa y se le dijo que los vecinos cuidarían de ella. Desafortunadamente ellos sospechaban que ella podría llevar consigo la plaga y ella fue rechazada, sin un lugar adónde ir más que vagar por las calles adoquinadas por sí sola. Sobrevivió robando comida y durmiendo en fríos portales. Ella recordó oler dos grandes pays que habían sido sacados para enfriar en la orilla de la ventana de la cocina de una gran casa. Con un hambre desesperada, decidió tomar uno de los pays, pero en vez de salir corriendo, se sentó para comerlo. Un sirviente de la casa la atrapó y la llamó miserable pilluela que había de ser castigada. Dos hombres la tomaron de los brazos y eventualmente fue aventada en un calabozo oscuro. En un punto posterior sus brazos fueron elevados y atados a una viga, forzando a sus piernas a elevarse del suelo. Sus residuos de ropa le fueron arrancados y ella notó a otro hombre calentando un hurgón de fuego hasta que estaba al rojo vivo. Se le llevó rápidamente a través de la muerte.

Se le preguntó a su *columna* y a sus *manos* qué querían cambiar de esa vida pasada. Sally respondió que ella quería sus manos libres y apartar el hurgón de ella. Se le pidió a la pequeña niña que fuera al punto de la muerte y en la postura corporal. Conforme Sally se sentaba y levantaba sus brazos hacia arriba, una toalla fue usada como un elemento de apoyo para sostener sus manos. Se aplicó presión con las manos para crear el psicodrama del hurgón. Sally describió el dolor en su espina y el olor de su piel ardiente. Se le animó a liberar sus manos y apartar el hurgón empujando la presión constante de las manos del terapeuta en su columna. Ella suspiró en alivio y reportó que el dolor y tensión habían completamente desaparecido de su columna.

En este estudio de caso la entrada fue en medio de una muerte violenta y se llevó a Sally rápidamente a través de ella. Luego se repasó toda esa vida pasada. Dado que un puente físico había sido usado, las memorias corporales eran conocidas al momento del complejo. Alternativamente pudieron haberse explorado antes de su transformación. La transformación comenzó hablando a las *partes del cuerpo* afectadas; sus manos y columna. Fue llevada de regreso al punto de la muerte de la vida pasada y se le permitió experimentar físicamente el remover las cuerdas que le ataban y el empujar el hurgón al rojo vivo. Esto transformó muy rápidamente las memorias corporales congeladas de la vida pasada, y el 'dolor inexplicable' de Sally en su columna y hombro desaparecieron en ese punto y no le han molestado desde entonces.

En una muerte violenta de una vida pasada el cliente puede ser llevado rápidamente a través del punto de la muerte. Esto se ha de decir con una voz más alta y frecuentemente repetida:

Ve al punto de la muerte ... cuerpo, ve al final.

Alguien que fue torturado puede tener una larga y dolorosa experiencia y señales de muerte de que la vida ha terminado. Al haber reducido la duración de la experiencia de la muerte, puede ser necesario repetirla. Si una muerte violenta no se recuerda completamente, el cliente puede no estar consciente de un grito que nunca salió, o una herida en su cuerpo que no había sentido. Si hay una resistencia a morir, quizás por un esfuerzo o lucha por vivir, es importante que esto recuerde y libere porque esto será la fuente de un complejo que se está repitiendo en la vida actual.

En línea con la transformación en los reinos espirituales, lo mejor es permitir al cliente decidir cómo experimentar el cambio. Cuando una memoria corporal está siendo transformada, el trauma es aliviado y cada *parte* es traída a una nueva conclusión conscientemente. El hablar a las partes del cuerpo ayuda a enfocarse en los diferentes aspectos de la transformación y establece si se necesitará una o más regresión de psicodrama. Por ejemplo, cada parte del cuerpo podría ser un puño cerrado, piernas entumidas o manos atadas:

Manos (o brazo, pierna, etc.), **¿qué quieren hacer que nunca pudieron hacer?**

Un complejo de cierre puede ser detectado cuando un cliente es una víctima en medio del recuento de una historia violenta y su cuerpo o piernas se ponen rígidas. También se puede manifestar como el entumecimiento de partes del cuerpo, un debilitamiento de sensaciones corporales internas y una ralentización de la respuesta muscular. Dado que involucra una pérdida de energía vital, la transformación de partes del cuerpo congeladas requiere energía extra. Yo personalmente encuentro efectivo el uso de animales de poder chamánicos. Cuando se les pidió que encontraran un espíritu animal con la energía requerida, los clientes frecuentemente reportan que han vuelto con un león, oso, tigre o algo similar. La realidad de lo que la energía es o de dónde viene es menos importante que el hecho que parece proporcionar una metáfora para transformar extremidades congeladas:

> **Vaya al reino animal y encuentre un espíritu animal que tenga la energía que requiere ... traiga la energía animal adentro de usted y sienta la fuerza de la energía yendo hacia dentro de ....** (sus puños, piernas, etc.)

En el caso de Sally, la transformación comenzó en el punto justo antes de que sintiera el hurgón caliente:

> **Vaya al punto justo antes de ...** (el punto de trauma)

Usar elementos de apoyo, tal como una toalla o un cojín, es útil y puede llamar a cierta creatividad en su uso. En el estudio de caso de Sally, la presión de la mano del terapeuta sostenida recta fue usada para crear el efecto del hurgón para que el cuerpo pudiera experimentar el empujarlo:

> **Cuerpo** (puño etc.), **muéstrame lo que siempre has querido hacer.**

Las emociones, y en particular el miedo, actúan como un turbocompresor para construir niveles enormes de energía que se queda incrustada con las memorias corporales. Cuando un bloqueo ha sido liberado, habrá un fluir natural de energía donde no lo había antes. Los clientes frecuentemente emiten un suspiro o reportan sensación de calor, temblor o una nueva consciencia en esa parte del cuerpo.

Transformación de Memorias Corporales en la Vida Actual

Cuando el resistirse o escapar son imposibles, el sistema humano de autodefensa se torna abrumado y desorganizado. Ejemplos son situaciones de guerra, tortura, abuso sexual y golpes en la niñez. En ocasiones llamado estrés post-traumático, estas memorias pueden ser complejos hiperactivos con síntomas de espasmos incontrolados, agresión híper-atención y ataques incontrolables de ira. De manera alternativa, pueden ser complejos de cierre con síntomas de patrones crónicos de sumisión, impotencia, inhabilidad de establecer límites, sentimientos bloqueados, entumecimiento y una repetición del rol de víctima. Ambos complejos incluyen ataques de pánico, pesadillas, dolores corporales y recuerdo de experiencias pasadas.

Un cliente a quien llamaré Jo era una mujer soltera de 30 años quien había sido diagnosticada con estrés post-traumático. Sus síntomas eran espasmos estomacales, rechinado de dientes, dificultad para respirar y un temblor corporal que constantemente trataba de contener. En sus palabras, *'Era como si mi estómago y otras partes de mi cuerpo no fueran parte de mí, sino entes vivos separados.'* También tenía problemas para dormir, frecuentemente despertando en la noche con ataques de pánico. Todos estos síntomas le habían molestado por diez años después de un incidente de artes marciales. En una sesión pobremente supervisada su oponente, un hombre, entró en una ira y la atrapó con sus piernas alrededor de su estómago y pecho, sin dejarla respirar. Aunque no tenía una memoria detallada de los eventos, recordó luchar desesperadamente para ser liberada y ser incapaz de decir algo hasta que quedó inconsciente. Cuando se restableció recuerda el dolor en su pecho. Al día siguiente descubrió que tenía costillas rotas y había perdido el tacto en sus manos y pies. Los otros síntomas aparecieron al poco tiempo después. Había tratado varias terapias tradicionales y complementarias a lo largo de los años sin alivio:

Jo fue invitada a dejar que su cuerpo mostrara lo que ocurrió en el evento. Ella encontró difícil al principio estar consciente de sus sensaciones corporales porque la hiperexitación del temblor, el arqueo de su cuerpo, el pánico y el gritar eran demasiado abrumadores. Inicialmente se le animó a confiar en su cuerpo permitiendo que los movimientos ocurrieran sin intentar dirigirlos en cualquier manera pero siendo capaz de detenerse en cualquier momento si sentía que era demasiado. Permitiéndole saber que esto era importante, dado que la exposición al evento traumático puede ser intenso antes de comenzar a desenvolverse y suavizarse. Se preguntó si estaría dispuesta a experimentar con la sensación de la presión de un cojín en su estómago para experimentar las sensaciones de las piernas que atrapaban a su cuerpo. Jo lo consintió y se le animó a sostener el cojín con sus manos y empujarlo cuando la experiencia se le hiciera demasiado. Esto la puso en completo control. Inicialmente su espalda se arqueaba y temblaba conforme el cojín era presionado sobre su estómago y ella inmediatamente lo empujaba. Fue llevada a través del evento lentamente y se le pidió que se concientizara de las sensaciones en su estómago. Con cada regresión fue capaz de incrementar la duración antes de que lo empujara.

Trabajo con Memorias Corporales

Jo pidió hacer un trabajo con su garganta y su dificultado para respirar. Se le invitó a respirar lenta y profundamente mientras el cojín era presionado sobre su estómago. Inicialmente tenía dificultad y comenzó a ahogarse conforme empujaba el cojín. Con apoyo y varios intentos su respiración se hizo más lenta y profunda. Jo reportaba aún tensión en su garganta por lo que se le pidió que se enfocara en estas sensaciones en regresiones posteriores. Eventualmente ella pudo respirar continuamente mientras experimentaba la presión del cojín. Después de 40 minutos de liberar y transformar las memorias corporales. Jo estaba exhausta se permitió saborear sus nuevas sensaciones corporales. Reportó sentirse en paz y más conectada con su cuerpo.

Tres sesiones más de terapia eran necesarias trabajando de manera similar en su estómago, al igual que en su rechinado de dientes y temblado de piernas. Los niveles de intensidad en las sesiones se redujeron pero un nivel residual de memoria corporal permaneció. Jo reportó que le era más fácil dormirse ahora y que era menos propensa a los recuerdos de experiencias pasadas y espasmos.

En la quinta sesión, Jo reportó que quería que la sesión se enfocara en una relación en la cual no podía dejar de pensar. Ésta había terminado alrededor del mismo tiempo que el evento de artes marciales. Con una tristeza y anhelo en su corazón, ella regresó a una vida de un hombre medieval. Jo reportó una sensación aplastante en su pecho y parte inferior del cuerpo conforme notaba que estaba en el fondo de un pozo oscuro y seco y se le aventaban cuerpos encima uno por uno. El hombre medieval murió una muerte rápida y, conforme dejaba el cuerpo, la respiración de Jo se hizo más fácil y su cuerpo se relajó.

La vida pasada fue repasada. El hombre estaba casado con una joven atractiva de pelo oscuro, y a pesar de que no tenían niños, había felicidad y amor. Algunos invasores habían llegado de otra parte del país y aunque él era tan sólo un simple trabajador en una granja, fue forzado a unirse a los defensores. Únicamente armado con armas de madera, los defensores no eran rivales para los invasores y pronto se encontró él arrollado y atrapado. Tomado por dos soldados, lo empujaron hacia atrás en un pozo.

Después de la muerte de la vida pasada, se le pidió al hombre medieval que se encontrara con el espíritu de su esposa, y descubrió que ella estaba triste por perderle. Se le dio a Jo un cojín como elemento de apoyo para abrazar y recordó el profundo amor que los dos habían experimentado. Se le pidió entonces al hombre medieval que re-experimentara la muerte en el pozo y la cambiara de cualquier manera que el cuerpo lo necesitara. Queriendo quedarse con su esposa, se le animó a Jo a seguir abrazando el cojín. Esta fue la primera vez que Jo fue capaz de experimentar peso sobre su estómago sin que éste disparara alguna reacción. Un escaneo del cuerpo de Jo indicaba que toda la tensión había sido despejada.

Después de estas sesiones, Jo reportó que su patrón de sueño había vuelto completamente a la normalidad, sin ataques de pánico. Ya no tenía que conscientemente constreñir su cuerpo y su cuerpo se sentía como si estuviera completo. El sufrimiento que había experimentado en el pozo oscuro se había fundido con el evento traumático de artes marciales. Al limpiar las memorias corporales de ambos eventos, reverberaron en su vida actual. En sus palabras, *'Antes era un vegetal y ahora tengo una segunda vida y disfruto de cada momento por completo.'*

Una liberación de energía hiperactiva como la de Jo necesita ser controlada para que el cliente, por un lado, pueda liberar y transformar toda la energía atrapada y aún así permanecer en control de lo que está ocurriendo. Necesita hacerse con gran sensibilidad del cliente y con su consentimiento total. Las técnicas para explorar y transformar las memorias corporales congeladas en la vida actual son las mismas que las del trabajo con vidas pasadas, excepto que el nivel de energía es mayor y frecuentemente requiere más sesiones de regresión.

PSICODRAMA

Algunas veces una catarsis se atora y no se libera en la transformación de terapia corporal. El psicodrama es una técnica para construir la tensión del evento antes de la transformación dramatizándolo. Por ejemplo, un complejo puede haber empezado cuando un esclavo en la vida pasada fue golpeado pero no golpeó de regreso. Después de obtener la historia de la vida pasada, el cliente puede ser llevado de vuelta al punto antes de los golpes y la información sobre la situación puede ser usada para crear la tensión. 'Él está tomando el palo ... El palo está cayendo a la cuenta de tres .... Uno ... Dejando que su cuerpo muestre lo que está ocurriendo .... Note que su puño se comienza a cerrar .... Todas las cosas que quiso hacer pero no pudo ... Dos ... Recordando lo que le ocurre a su cuerpo a la cuenta de tres ... Tres.'

La respiración y el sonido es otra forma de amplificar los sentimientos congelados.[7] Si un personaje de una vida pasada está enojado y dice, 'Quiero golpearlo,' el terapeuta puede igualar el volumen de su voz y animarles a decirlo una y otra vez. Si gritan, el terapeuta puede gritar también. Esto dramatiza el momento e intensifica los sentimientos. Una persona que está asustada tomará respiraciones cortas. Si el terapeuta toma respiraciones rápidas y cortas también actuará como modelo para el cliente. Si un personaje de la vida pasada dice que está triste y las emociones parecen estar atoradas, el terapeuta puede decir, 'Intente tomar respiraciones largas y estar consciente de lo que ocurre si hace el sonido de la tristeza.'

Disociación y Fragmentación con Trauma Profundo

La disociación de la mente del cuerpo es un mecanismo de defensa que permite a una persona sobrevivir un evento pavoroso sin estar atrapado en el cuerpo para sentir el dolor físico. La consciencia parece separarse y dejar el cuerpo y el cliente reportará ver el evento a una distancia, sin emoción, o estar en un estado de ensoñación. En su libro *The Process of Healing* (El Proceso de Sanación), Alice Givens[8] notó que los clientes puede auto-hipnotizarse para evitar el trauma con los pensamientos de 'No quiero sentir esto' o, 'Esto no está pasando realmente'.

En miedo extremo o terror, esto se lleva más allá. El siglo pasado, Herman[9] subrayó en su trabajo con la histeria que los clientes pierden su capacidad de integrar la memoria de eventos de vida abrumadores. Con técnicas meticulosas de investigación, él demostró que las memorias traumáticas eran preservadas en un estado anormal, separadas y bloqueadas de la consciencia ordinaria. Freud llamó al trauma sin resolver una fijación, y Fairbairn, uno de los contribuyentes a la teoría psicodinámica moderna, lo llamó *fragmentación*.[10] Esto ocurre en momentos de situaciones altamente emocionales, incluyendo heridas en batalla, amputaciones, atrocidades y tortura. Con un abuso repetitivo, durante un periodo de tiempo, tal como tortura bajo interrogación o abuso infantil, ocurre una fragmentación múltiple. Si el fragmento de memoria viene a la consciencia en una fecha posterior, algunos aspectos de los síntomas emocionales y físicos asociados con el evento son recreados. Para sobrevivientes de una neurosis de guerra quienes han sido abrumados por miedo en una situación de batalla, se le ha llamado a esto recuerdo de experiencias pasadas. Un ruido puede disparar un temblor en el cuerpo y miedo intenso. El fragmento no sostendrá una historia clara, solamente los pensamientos en ese momento, pedazos de emoción y memorias corporales. Si queda sin resolverse en la muerte, el pedazo fragmentado de consciencia es llevado con el cuerpo sutil como una memoria.

Un estudio de caso que ilustra esto es un cliente a quien llamaré Rose. Ella era una madre en sus cuarentas cuyo mayor problema, tal como presentado en un taller público, era que no tenía deseo sexual con su esposo. Cuando él la penetraba ella quedaba congelada. A lo largo de los años ella había infligido autolesiones y estaba fumando y bebiendo alcohol para insensibilizarse de cualquier sentimiento. Muchos años de terapia convencional habían fracasado en liberarle de estas quejas. Rose tenía pocas memorias de su infancia, aunque seis meses antes tuvo una infección interna pélvica que había disparado un fragmento de memoria de su padre sexualmente abusando de ella, lo cual fue alrededor del tiempo en el que comenzó su asma. Ella tuvo la valentía de compartir su doloroso problema con los otros terapeutas presentes en el taller:

Rose regresó a una memoria de su vida actual de cuando tenía once años y veía hacia fuera de una ventana mientras su padre se marchaba, pensando, *'Todo fue culpa mía'*. Ella había encontrado una cinta de su padre hablando con su amante y, sin entender por completo su contenido, se lo había dado a su madre. Su madre había confrontado a su esposo, lo cual resultó en dejarlo. Conforme Rose repetía las palabras, *'Todo fue culpa mía'*, comenzó a sollozar suavemente y se le animó a cambiar su postura corporal para que fuera con la experiencia. La parte inferior del cuerpo de Rose parecía estar rígida, y reportó entumecimiento y presión. Vinieron imágenes de rocas atrapando sus piernas, y mientras ella exploraba la memoria corporal intentando escapar, dejó salir un quejido de frustración que se convirtió en una liberación catártica. Intuitivamente percibiendo que esto era un fragmento de una vida pasada se le recordó que su cuerpo estaba muerto y que podía dejarlo ahora.

Se le pidió a Rose que recapitulara los eventos significativos. Todo lo que podía recordar era ser un soldado en un campo de batalla y estar atrapada por escombros que caían de un edificio. El soldado fue llevado de vuelta al punto en el que sintió por primera vez presión en sus piernas del escombro. Se presionó un cojín sobre las piernas de Rose y el soldado fue animado a empujar el escombro con la ayuda de la fuerza de un 'espíritu de oso'. Rose comenzó a toser y a esforzarse por respirar. Emergió más de la memoria y el soldado estaba respirando en sus pulmones el polvo del edificio que caía. Fue llevado a través de la muerte otra vez y Rose liberó más catarsis. Su cuerpo estaba visiblemente relajado en este punto y su respiración volvió a la normalidad. Se le pidió al soldado que recapitulara los eventos de esa vida. Él había sido enviado a espiar al enemigo durante la Segunda Guerra Mundial y, teniendo miedo de hacerlo, había dado a sus líderes información incorrecta que llevó a que muchos de ellos fueran sacrificados. Recordó el bombardeo y a los cuervos comiendo los cadáveres. El sacrificio había sido culpa suya. El terapeuta notó que el dar información dando lugar a un desastre era también un patrón relacionado a la memoria de la infancia de Rose.

Trabajo con Memorias Corporales

Se le pidió al soldado que volviera al punto en el que sintió por primera vez el escombro sobre sus piernas atrapándolo. Se le animó a empujar el escombro haciéndolo contra la presión firme de un cojín sostenido sobre las piernas y parte inferior del cuerpo de Rose. Después de haber empujado los escombros, se le pidió a Rose que experimentara las sensaciones en su cuerpo. Ella estiró sus piernas y las sintió, y se dio cuenta que su respiración se hizo más fácil. Se le animó a mover sus piernas y sentirlas moviéndose y a elegir un movimiento para correr mientras estaba recostada sobre su espalda. Conforme sus piernas se movían, ella se miraba visiblemente cómoda y comentó sobre cuán poderosa se sentía a través de su cuerpo mientras estaba corriendo.

Se le pidió a la pequeña Rose si había querido salir corriendo también. La voz de Rose comenzó a sollozar suavemente y sus piernas dejaron de moverse conforme recordaba su memoria de la infancia de sentir el peso de su padre aplastándola. La pequeña Rose estaba consciente de haber dejado el cuerpo y de ver hacia abajo mientras su padre la abusaba. Se presionó un cojín sobre la parte inferior del cuerpo de Rose y se animó a la pequeña Rose a que lo empujara. Conforme ella empujaba contra la resistencia del cojín vinieron lágrimas a los ojos de Rose, lloró y tuvo dificultad para respirar. Recordó que el peso de su padre la estaba asfixiando mientras ella luchaba para respirar. Inicialmente no tenía fuerza para empujar, pero se le animó a que trajera la fuerza del soldado de la vida pasada empujando las rocas. Conforme la pequeña Rose empujaba a su padre y se liberaba de la presión, experimentó energía fluyendo a sus brazos y pecho. Se le preguntó a la pequeña Rose qué querían hacer sus piernas, y se le permitió expresarlo moviendo sus piernas con movimientos como si estuviera corriendo. Conforme experimentaba que los sentimientos volvían a la parte inferior de su cuerpo, la pequeña Rose estaba confundida porque estaba recordando el placer de sus genitales en ese momento. Se le recordó que los genitales de todos automáticamente responden de esa manera, y se le dio el pensamiento útil de decir, '*No los culpo por tener placer, genitales, lo que estaban haciendo era natural y normal.*' Conforme integraba el fragmento de la memoria genital, la cara de Rose se relajó.

La pequeña Rose recordó que su padre le decía que la policía se la llevaría si ella le decía a su madre. Se le dio permiso de visualizar a su madre y decir las palabras que siempre había querido decir. Vinieron lágrimas a los ojos de Rose conforme le decía a su madre lo que su padre le había hecho. Se le pidió que escaneara su cuerpo buscando alguna tensión, e indicó que sus piernas se sentían aún tensas. Se le animó a Rose que dejara que sus piernas sintieran el movimiento de correr una vez más conforme respiraba profundamente. Una sonrisa se dibujó en su cara mientras decía que estaba realmente disfrutando de hacerlo ahora.

Lo que este caso demuestra es que es posible trabajar a través de trauma muy severo de manera muy efectiva, siempre que el cuerpo completo esté participando. Cuando se anima por completo, la liberación física y emocional y la integración de los fragmentos pueden ser logrados rápidamente. En casos de memorias de la infancia dolorosas, las vidas pasadas son una puerta trasera para liberar memorias congeladas antes de que se procese un trauma de la vida actual. Por más doloroso que pudiera parecerle a uno como observador, fue de hecho un gran alivio para Rose, pues todos en el taller pudieron observar por la manera en la que lucía y cómo hablaba sobre ello después del trabajo. Después de esta sesión Rose fue capaz de dejar de autolacerarse y decidió dejar de fumar y de beber alcohol. Ella encontró que se podía conectar con sus emociones aún cuando estas eran aún dolorosas, y con más sesiones de terapia de regresión liberó otras memorias asociadas con cuatro años de abuso de su padre. Después de varias sesiones de terapia su vida sexual mejoró y su asma se curó.

En casos más complejos de múltiple fragmentación, cada fragmento puede estar asociado con un evento traumático diferente. En este caso cada fragmento y memoria traumática habrá de ser identificada y procesada. La estrategia al trabajar con una fragmentación de la vida actual o pasada, es llevar la memoria de fragmentación a la consciencia del cliente y posteriormente integrarla con el resto de las acciones del cliente en la transformación.

RESUMEN

Este tipo de trabajo trae consigo la sanación más asombrosa de complejos crónicos. Sin embargo, los altos niveles de energía liberados significan que ha de hacerse con gran sensibilidad al cliente y su consentimiento pleno. Como fue ilustrado con el estudio de caso del estrés post-traumático de Jo, la energía congelada atrapada en el cuerpo puede necesitar ser liberada y transformada durante un número de sesiones. El terapeuta ha de seguir el fluir de la energía hacia donde quiera que vaya. En ocasiones una vida pasada es un punto de entrada a un trauma de la infancia que es demasiado doloroso para encararse sin haber primero descargado algo de la energía como se ilustró con el estudio de caso de Rose. Frecuentemente las experiencias de la vida actual son un puente a los orígenes del complejo en una vida pasada. La liberación y transformación de memorias corporales congeladas es la primer prioridad permitiendo al cliente volver al punto del trauma completándolo en una manera diferente. Los estudios de caso ilustran cómo el permitir que las partes del cuerpo afectadas encuentren conclusión con el uso creativo de elementos de apoyo pueden transformar las memorias corporales físicas.

La disociación y fragmentación frecuentemente ocurren con memorias violentas. El cliente necesita ser representado en el momento antes de cuando el evento ocurrió. Animar al movimiento corporal ayuda a mantener al cliente enfocado en su cuerpo. El enfoque es *muéstrame* en vez de *dime*. Cada memoria corporal fragmentada necesita ser integrada al cuerpo entero por medio de llevar la consciencia a esa área.

9

ENERGÍA INTRUSIVA

La naturaleza de todo es ilusoria y efímera.
Qué lamentable aquellos que se aferran fuertemente a la realidad concreta.
Dirijan su atención hacia adentro, mis amigos.

Nyoshul Khenpo

En los capítulos anteriores he ilustrado cómo las almas dividen su energía antes de encarnar y cómo la parte encarnada puede atarse a la Tierra. Eventualmente esta energía del alma regresará al mundo espiritual y será reunida con el resto del alma.

ANTECEDENTES

¿Se puede una energía del alma atada a la Tierra adjuntar a las personas en esta vida? El cuerpo sutil está diseñado para protegernos de otras energías que no sean nuestras. Cuando nuestra protección es baja, se puede acumular energía en nuestra vida actual en la forma de pensamientos y emociones negativas. Cuando se trata de adhesiones de energía del alma los pioneros que han hecho la mayor parte del trabajo en el área son William Baldwin, quien escribió el libro *Spirit Releasement Therapy* (Terapia de Liberación de Espíritus),[1] y Louise Ireland-Frey en su libro *Freeing the Captives* (Liberando a los Captivos).[2] Ellos toman la posición de que la energía espiritual que no sigue un camino normal de ir a los reinos espirituales frecuentemente contiene memorias traumáticas sin resolver. Ésta es atraída a las personas vivientes con problemas similares en una forma de resonancia psíquica. Puede ser un deseo particular tal como violencia, sufrimiento, o una adicción a la bebida o a las drogas. Alternativamente se puede identificar con una emoción particular como enojo, depresión o culpa. En ocasiones puede simplemente querer compañía y se acerca a la compasión del anfitrión. Puede adjuntarse al campo energético de una persona después de que este haya sido debilitado por eventos tal como traumas de vida, accidentes, operaciones, bebida excesiva o uso de drogas. Un ejemplo de esto, sacado del libro de William Baldwin *Spirit Releasement Therapy*:

> Gerry estaba en sus cuarentas y trabajaba para el cuerpo de bomberos de una ciudad de los Estados Unidos. Él fue el primero en llegar a un muelle en un lago donde una víctima que se ahogaba había sido llevada por el agua. El aplicó resucitación boca a boca y se enojó cuando notó que fue en vano. Gerry luego se comportaba diferente de cómo normalmente lo hacía en tales circunstancias. Caminó al hospital donde el cuerpo había sido llevado e intentó pasar por las puertas en el cuarto de tratamiento de emergencia hacia donde el cuerpo había sido llevado. Sentía una poderosa compulsión de permanecer cerca de él. Otros aspectos de su vida se deterioraron también. No fue hasta que el espíritu del niño ahogado fue liberado de él que comprendió lo que había ocurrido. Sus fuertes sentimientos negativos de enojo habían abierto una grieta en su protección normal.

Energía Intrusiva

Esta perspectiva sobre las adhesiones espirituales es controversial. Michael Newton reporta que en más de 30 años de investigación, nunca ha tenido un cliente durante una regresión espiritual que haya reportado tener una adhesión espiritual de otro espíritu, amigable o no. Sus clientes han hablado sobre la existencia de una abundancia de energía negativa de las intensas emociones negativas de otras personas de enojo, odio y miedo, los cuales son atraídos a pensadores negativos. Dolores Cannon en su libro *Between Death and Life* (Entre la Vida y la Muerte)[3] tiene algunos reportes de clientes de que las adhesiones espirituales ocurren sólo cuando hay un desbalance en el campo energético del anfitrión. No obstante, uno de sus clientes reportó que todas las adhesiones espirituales sospechadas son energías negativas que han sido atraídas a ellos.

En el mundo de la terapia de regresión, los pioneros y Roger Woolger trabajaron con adhesiones espirituales. Alan Sanderson, un psiquiatra retirado de Inglaterra y fundador de la *Spirit Release Foundation* (Fundación de Liberación de Espíritus),[4] toma la perspectiva que muchos problemas de salud mental están asociados con adhesiones espirituales. Otros terapeutas de regresión toman la posición de Michael Newton o van más allá y sugieren que toda esta área es el resultado de las sub-personalidades de un cliente de trauma sin resolver, vinculándose con fantasías vívidas.

Encuentro que los clientes tienen experiencias en su mundo interior que parecen ser adhesiones espirituales o formas poderosas de pensamiento negativo que han atraído. Colectivamente llamo a esto energía intrusiva. Al tratarlo como tal, el marco de despeje se hace veloz y muchas de las conductas y síntomas emocionales indeseados son ya o reducidos o eliminados. La energía intrusiva puede ser encontrada antes o durante terapia de regresión y necesita ser despejada en el proceso de trabajar con el complejo de un cliente. Este capítulo no pretende ser totalmente amplio, sino suficiente para su uso práctico con la mayoría de formas de energía intrusiva comúnmente encontradas. Para aquellos que deseen información con mayor profundidad, recomiendo los libros de William Baldwin o Louise Ireland-Frey mencionados con anterioridad, de los cuales he selectivamente usado o adaptado técnicas.

Detección

Para aquellos familiarizados con la kinesiología, una técnica de prueba muscular puede ser utilizada. Los músculos se debilitarán en la presencia de algo que esté haciendo tensión en el sistema energético. Una presión gentil puede ser aplicada a un músculo tal como un brazo doblado, y se le pide al cliente que resista la presión. Todo eso se necesita para decir las palabras de la prueba y el brazo bajará si esto está provocando tensión en el sistema energético.

Aquellos que no estén familiarizados con la kinesiología pueden usar el escaneo de energía discutido en capítulos previos. Sin embargo, la intención ahora es buscar energía que no pertenezca al cliente:

> **Voy a escanear en busca de cualquier energía que no pertenezca a usted. Con sus ojos cerrados enfóquese en un área alrededor de su cuerpo conforme mi mano se mueve lentamente a algunos centímetros de su cuerpo de los dedos de sus pies a su cabeza. Dígame la parte del cuerpo que se siente más ligera o más pesada o diferente en cualquier manera.**

Mientras el escaneo se lleva a cabo, se le puede animar al cliente a que se enfoque en áreas diferentes:

Energía Intrusiva

Estoy escaneando la energía alrededor de sus pies ... piernas bajas ... rodillas ... (y otras partes del cuerpo)

El escaneo puede necesitar ser repetido dos o tres veces porque cada una incrementa la sensibilidad tanto del terapeuta como del cliente. La respuesta ideomotora con los dedos vinculada con la mente superior del cliente es otra técnica. Después de un escaneo de energía o trance ligero, se pueden usar los siguientes pasos:

Quiero comunicarme con su mente superior a través de sus dedos. Simplemente permita que su mente consciente se desplace a un segundo plano.

Quisiera que su mente superior elevara un dedo de su mano izquierda para indicar SÍ. Espere que se eleve un dedo. Bien.

Quisiera que su mente superior elevara otro dedo en su mano izquierda para indicar NO. Espere que se eleve un dedo. Bien.

Normalmente habrá una demora en la respuesta y un movimiento ligero de dedos. Si no es así, puede estar involucrada la mente consciente y puede ser necesaria una mayor profundidad de trance.

La presencia y número de energías intrusivas puede ser detectada usando la respuesta ideomotora con los dedos para indicar la respuesta. En vez de alarmar al cliente, yo me refiero a la energía intrusiva como *energía no perteneciente al cliente*. Se pueden hacer las siguientes preguntas, esperando una respuesta y luego confirmándola:

Mente superior, ¿hay alguna energía que no pertenezca a ... (el cliente)?

Mente superior, ¿hay 2 (o 3, 4, etc.) o más energías que no pertenecen a .... (el cliente)?

A partir de las respuestas es posible identificar la presencia y número de energías intrusivas con las cuales lidiar. Aquellos terapeutas nuevos en este trabajo podrían preferir usar ambas técnicas para estar seguro de haber identificado energía intrusiva. Esto es útil porque ocasionalmente una adhesión espiritual puede interferir con la respuesta ideomotora del dedo del cliente, dando una respuesta incorrecta.

Liberación de Adhesiones Espirituales

Una vez que la energía haya sido detectada, se le puede animar a hablar a través del cliente. Un estudio de caso que ilustra esto es un cliente a quien llamaré Lena. Cuando ella me contó su historia de vida fue difícil no sentir pena por ella. Ella fue abandonada por su madre a la hora de nacer y fue criada por su abuela, quien había muerto cuando ella tenía seis años. Su novio la dejó cuando estaba embarazada a los dieciséis, forzándola a abortar. Luego, con veinte años, su novio, de noviazgo largo, la dejó. Había estado entrando y saliendo en depresiones e intentó cometer suicidio dos veces. Estaba trabajando en ese entonces como bailarina profesional:

Conforme se escaneaba a Lena, ella era capaz de detectar un área alrededor de sus piernas que se sentía más pesada y no parecía pertenecer a ella. Una prueba de dedo confirmó

Energía Intrusiva

la adhesión de un espíritu. Mientras se concentraba en el área, se le animó a Lena a permitir que la energía hablara a través de ella y a decir el primer pensamiento que entrara en su mente. De pronto dijo, '*Victoria*'. En el diálogo se reportó que Victoria era una niña de siete años en un vestido rojo con un moño blanco. Habiendo sido empujada por su hermano de su caballo de balancín, había muerto de un golpe en la cabeza en la caída. Estaba molesta de que nadie la notó. Victoria fue atraída a Lena durante un tiempo en el que ella había estado llorando en su cuarto en un profundo humor depresivo. Victoria siempre había querido ser una bailarina y explicó que fue capaz de cumplir su anhelo de bailar cuando Lena lo hacía. Lena estaba inicialmente renuente para liberar a Victoria porque habría tenido una pequeña niña propia de no haber tenido un aborto antes en su vida. A través de mayor cuestionamiento a Victoria se encontró pronto que estaría dispuesta a dejar a Lena para reunirse con el espíritu de una niñera. Conforme Victoria era liberada, Lena comentaba que se sentía más ligera mientras se iba. También explicó que durante los últimos meses después de su depresión había pensado en varias ocasiones que alguien estaba con ella. Un escaneo confirmó que el bloqueo de energía de Lena se había despejado después de la liberación de Victoria y una prueba de dedo lo confirmó. El resto de la sesión se enfocó en los problemas actuales en la vida de Lena.

Victoria tenía toda la apariencia de un espíritu atado a la Tierra y se había adherido a Lena cuando su campo energético se había debilitado durante su depresión. Se trató de una manera compasiva y se le ayudó a regresar a los reinos espirituales.

En ocasiones las adhesiones espirituales están ligeramente adheridos al campo energético del cliente y están listos para volver a casa inmediatamente con la ayuda de un guía espiritual. Una revisión se puede hacer con una señalización de dedo.

¿Se pueden liberar estas energías sin comunicación?

Cuando se requiere comunicación, yo comienzo frecuentemente con la más poderosa. Esta se puede establecer con la retroalimentación del cliente durante el escaneo o con una señal de dedo. Luego se puede hacer el contacto:

Permita que su mente consciente se desplace a un segundo plano. Quiero que permita a la energía en su pecho (piernas, etc.) **que se mueva a su garganta y me hable.**

Hola, mi nombre es .... (nombre del terapeuta) **¿cuál es tu nombre?**

Una voz suave y gentil es menos amenazante y en ocasiones un poco de perseverancia es necesaria para obtener un nombre. Una vez que se da, usualmente no hay demora para encontrar más sobre él/ella. La mayoría parecen estar felices de conversar con alguien. Mayor información como el género y la edad se pueden reunir, aunque un diálogo útil es para debilitar el vínculo de la adhesión espiritual con el cliente. Algunos no se dan cuenta de que están muertos o en el cuerpo de otra persona. Uno masculino estaba asombrado al descubrir que estaba en el pequeño cuerpo de una niña con senos. Las preguntas posibles incluyen:

¿Te das cuenta que estás muerto?

¿Te das cuenta que este no es tu cuerpo legítimo?

Energía Intrusiva

Los detalles históricos o biográficos son menos importantes que el llegar al problema raíz de lo que necesita para ser liberado a la luz. Eso podría el ser reunido con un ser querido de su propia vida o una niñera para bebés. Algunos pueden querer un lugar seguro o simplemente fumar puros. Asegura a la adhesión espiritual que lo que sea que quiere puede ser experimentado en la luz:

Cuando moriste, ¿qué te detuvo de ir hacia la luz?

¿Había alguien a quien amabas en tu vida? ¿Te gustaría encontrarte con ellos ahora?

¿Qué es lo que necesitas para ir a la luz?

También es importante encontrar qué sucedía en la vida del cliente cuando se adjuntó. Si había un tiempo emocional o traumático, este puede ser el *gancho* que el cliente necesitará limpiar en una posterior terapia de regresión.

¿Qué es lo que te atrajo a unirte a este cuerpo?

¿Qué estaba ocurriendo en la vida de ... (el cliente) **cuando te uniste?**

Antes de que la adhesión espiritual se vaya, un mayor diálogo puede establecer los efectos que tuvo en el cliente. Esto pueden ser niveles bajos de energía, pensamientos particulares, emociones o cambios en el comportamiento.

¿Pusiste algún pensamiento (etc.) **en** ... (el cliente)**?**

Cuando la adhesión esté lista para partir, se le puede pedir al cliente que lo empuje con sus manos para darle poder en la liberación. Podrán describir sensaciones como hormigueo, sentirse más livianos, o el estar consciente de que algo los dejó. Un cliente dijo, 'Algo acaba de pararse y me dejó.' Para las adhesiones restantes una revisión con la señal ideomotora del dedo puede confirmar si es necesario un diálogo o si un guía espiritual los puede remover inmediatamente.

LIMPIEZA DE ENERGÍA INTRUSIVA NEGATIVA

Todos tenemos pensamientos en nuestra cabeza, pero cuando se convierten en voces que cobran vida propia esto puede indicar una adhesión espiritual con energía negativa. Para ilustrar esto usaré el estudio de caso de un cliente a quien llamaré Joe; un nigeriano viviendo y trabajando en Alemania. Por dos años había estado escuchando voces hablándole en su cabeza. Le dijeron que hiciera cosas malas a personas y el se sentía más y más atormentado luchando contra estos comandos, y el intenso enojo que se creaba dentro de él cuando hablaban. Su esposa lo había dejado porque tenía miedo y para el momento en el que vino a su sesión se sentía muy bajo y exhausto. Joe había visto a su doctor buscando ayuda y después de una visita al psiquiatra, se le prescribieron drogas para ayudar con las alucinaciones. Las drogas no hicieron diferencia y Joe se aislaba más y más:

> Trabajar con la técnica usual de hablar con la energía intrusiva a través del cliente probó ser imposible. En primera había una barrera de lenguaje porque el inglés de Joe era pobre, y también él estaba muy ansioso y quería seguir hablando sobre cómo esta energía le estaba afectando. Una simple técnica de relajación fue usada, la cual rápidamente lo suavizó. Esto dio tiempo para escanear su campo energético. La energía intrusiva era poderosa, y

Energía Intrusiva

Joe quería que se fuera pero pensaba que no se iría voluntariamente. Comenzó a sentirse ansioso mientras se concientizaba más sobre la energía por lo que el terapeuta habló fuertemente, '*Hago un llamado a los Espíritus de Luz para que retiren esta energía.*' Joe comenzó a sentirse a salvo mientras el proceso de cómo los espíritus iban a retirarla era descrito. Se le pidió que visualizara lo que estaba ocurriendo a toda esta energía negativa. Dijo, '*Está siendo cubierta de luz y es retirada de mí.*' El ser superior de Joe lo confirmó cuando se fue y también que no había otra energía intrusiva con él. Se dio energía sanadora a su cuerpo sutil y al final de la sesión estaba increíblemente calmado, y dijo que sentía como si una gran piedra hubiese sido levantada de su pecho.

En el caso de Joe no era posible entrar en diálogo por sus pobres habilidades del idioma y su condición agitada. Incluso con buenas habilidades en el idioma, es frecuentemente difícil trabajar con este tipo de energía intrusiva. Hans TenDam le llama un *Obsesor*. El que esta técnica pueda ser descrita como una visualización creativa o como la liberación de energía negativa es menos importante que el que las voces y sentimientos negativos de Joe se detuvieran en el momento en el que se sentó después de la sesión. En una llamada de seguimiento un mes después, estaba totalmente en paz consigo mismo y estaba trabajando en recuperar su matrimonio de nuevo.

Un cliente puede tener niveles bajos de energía o comportamientos cambiados después de algún trauma, muerte, malparto o una operación. Otra pista es cuando un cliente dice, 'Es como si otra parte de mí estuviera hablando.' La energía intrusiva puede mostrarse en medio de la terapia y puede ser indicada por una sensación que parece cambiar de localización durante una sesión, tal como del hombro a la cabeza y luego a la espalda.

A veces las adhesiones espirituales negativas pueden estar renuentes a irse a la luz o a seguir con el diálogo con el terapeuta. Se les pedirá traer una pequeña chispa de amor dentro de ellos. Con frecuencia reportarán que la luz está creciendo en tamaño y brillantez hasta que son transformados y están entonces listos para dejar al cliente:

Trae una chispa de amor puro al centro de ti. ¿Qué empieza a pasar?

Estas sesiones no siguen un proceso establecido y la intuición con un poco de creatividad puede ser requerida. La conclusión es cuando la adhesión ha sido liberada a la luz.

El caso de Joe ilustra cómo el obtener una respuesta a preguntas de energías más fuertes puede ser difícil. En ocasiones la comunicación estará restringida a señales de dedo para ayudar a los espíritus de luz que se especializan en el trabajo con espíritus perdidos. Michael Newton les llama *Redentores de Almas Perdidas*.[5] Desde los reinos espirituales ellos ayudan a las almas perdidas en el plano terrenal a cruzar a los reinos espirituales. Personalmente siempre invito a un guía espiritual a asistir en la guía de una adhesión espiritual liberada hacia los reinos espirituales. De esta manera se asegura que la energía que parte no vuelva:

Le pido a un espíritu de luz que venga y lleve a esta energía hacia la luz.

En el caso de estudio de Joe, necesito agradecer a Di Griffiths,[6] un terapeuta de regresión y entrenador que se especializa en el trabajo con energía intrusiva, por facilitar el estudio de caso.

Energía Intrusiva

Algunas veces la energía intrusiva puede parecer una forma negativa de pensamiento:

¿Has tenido alguna vez un cuerpo humano propio?

Si la respuesta a esta pregunta es 'no', el diálogo con la energía negativa puede continuar. Esto es similar al diálogo con partes usada por muchos hipnoterapeutas. Si la energía negativa es regresada al punto en el que se unió al cliente, frecuentemente habrá una descripción de las emociones o problemas del cliente en ese tiempo. Yo prefiero trabajar con esto usando terapia de regresión:

Vuelve al punto en el que ... (la adhesión) **se unió a ti y dime qué está ocurriendo.**

Una forma especial de energía negativa es una maldición. Creada por un intenso pensamiento enfocado, gran parte de su efecto puede ser alimentado por el miedo del cliente. Porque existe un vínculo energético entre la persona que pidió que se enviara la maldición, la persona que la envió, y el cliente, un diálogo intuitivo entre ellos, similar a los encuentros en los reinos espirituales, puede ser usado. Esto le da al cliente nuevas perspectivas y entendimiento. Se puede llamar a guías espirituales para asistir y ayudar en la disolución del vínculo energético.

Todo trabajo sobre energía intrusiva necesita la revisión de que esa energía, una vez detectada, haya sido retirada del cliente. Esto puede ser con un escaneo de energía o usando los dedos vinculados a la mente superior.

Quiero que su mente superior me permita saber si toda la energía que no pertenece a ... **(el cliente) ha sido retirada.**

SANACIÓN DE ENERGÍA Y ENTREVISTA

Al final de una sesión el campo energético del cliente necesitará ser llenado de nueva energía y se le ha de dar tiempo para asentarse. Reiki, sanación espiritual o canalizaciones similares de energía pueden ser usadas y una prueba de respuesta ideomotora del dedo puede ser usada para revisar su conclusión:

Permita que su mente superior eleve el dedo 'sí' cuando su campo energético haya sido sanado.

Alternativamente los clientes pueden estar interactivamente involucrados. El primer paso es tener la intención de llevar la energía del universo a cualquier parte de su campo energético que necesite sanación. Lo siguiente es pedir al cliente que se visualice parado debajo de una cascada de energía sanadora, dejándola fluir por su cabeza, hombros, etc. y eventualmente sobre su cuerpo entero.

Al final de la sesión, el cliente querrá discutir lo que ocurrió y puede necesitar que se le de seguridad. Las películas de horror de Hollywood y los exorcismos religiosos han influenciado la percepción popular de una adhesión espiritual y algunos clientes pueden tener miedo. En ocasiones explico que han sido anfitriones de un visitante no bienvenido que ha perdido su camino y explico cómo la energía se adjuntó cuando sus defensas normales estaban bajas. Una analogía es que el cuerpo físico tiene muchos parásitos y bacterias que son invisibles al ojo, y es sólo cuando causan un problema que necesitamos lidiar con ellos. Algunas veces explico la terapia como una visualización imaginativa y diálogo con partes, lo cual es una forma de psicoterapia. El confirmar que la respuesta ideomotora de los dedos no fueron controlados por la mente consciente del cliente

Energía Intrusiva

les permita darse cuenta de que algo estaba ahí en el inicio y se despejó al final. Lo que es importante es el beneficio terapéutico para el cliente.

Resumen

La energía intrusiva es un tema controversial y puede ser visto por algunos como desacreditar la posición profesional de la terapia de regresión. Personalmente yo la uso de manera útil con la mayoría de los clientes. Las pistas sobre la energía intrusiva vienen de la entrevista con el cliente, bloqueos o sensaciones que parecen moverse sin una razón lógica. Los escaneos de energía y la respuesta ideomotora de dedos vinculadas a la mente superior pueden confirmar si está presente. Un paso importante es establecer si la energía necesita ser retirada con diálogo o sin él. Cuando se comienza el diálogo, si se experimenta dificultad se requerirá perseverancia.

Las preguntas importantes tienen como intención debilitar la sujeción de la adhesión con el cliente y encontrar lo que necesita para irse. Frecuentemente seres queridos de la vida pasada o una niñera espiritual especializada para bebés es todo lo que se necesita. Pueden tomar a la adhesión hacia la luz junto con un guía espiritual. Antes de la partida, preguntar qué ocurría en la vida del cliente cuando la adhesión se unió, permite que cualquier trauma emocional o *gancho* sea identificado para una limpieza posterior con terapia de regresión.

Llenar el aura del cliente con energía nueva es importante al final de la sesión. El cliente necesitará una explicación sobre lo que ocurrió. La profundidad de la verdad es menos importante que el hecho que suene lógico y coherente. Muchos síntomas del cliente reducen con la partida de energía intrusiva y bloqueos previos entrando en hipnosis o a una vida pasada frecuentemente desaparecen.

10

Integración

*Cuando la mente está en paz, el mundo está también en paz.
Nada real, nada ausente.
Sin aferrarse a la realidad, sin atorarse en el vacío.
No eres ni santo ni sabio,
sólo un compañero ordinario completando su trabajo.*
Layman P'ang Maestro Zen Chino del Siglo VIII.

El experimentar memorias de la vida pasada o de la vida actual le permite a una persona entender la causa de su problema. Los encuentros en el reino espiritual dan nuevos entendimientos, y la energía congelada del origen de los complejos puede ser liberada y transformada. Posteriormente la experiencia necesita ser completamente integrada en la vida presente del cliente para completar el proceso de sanación.

Integración de una Regresión a Vidas Pasadas

La forma más simple de integrar una vida pasada en la vida actual es preguntando sobre los patrones que hay entre ellas. Para ilustrar esto usaré el estudio de caso de un cliente a quien llamaré Jenny. La tensión en su expresión facial era obvia mientras describía la razón para venir a terapia: *'No es fácil para mí decir que es sobre un aspecto físico de mi relación.*' A pesar de varios años de asesoramiento y otras terapias algo estaba aún mal:

Jenny regresó a la vida pasada de una niña de siete años trabajando como criada en una gran casa. Había tirado una figurina de porcelana que había estado intentando robar. Se había destrozado al impacto con el suelo y ella estaba desesperadamente intentando levantar los pedazos. Jenny comenzó a hacer sonidos de ahogo y a decir, '*Mi garganta, me están estrangulando.*' Se llevó a la pequeña niña rápidamente a través de su muerte. Su pensamiento de muerte fue, '*Estaba intentando tanto. No fui suficientemente buena.*'

Se le pidió a la pequeña niña recapitular los eventos significativos de esa vida. Ella había sido enviada a trabajar por sus padres sin entender la razón. Después de llegar fue presentada al patrón y su familia, y en este punto notó al hijo adolescente mirándola de arriba abajo con una expresión desdeñosa en su rostro. Todo el personal sabía que tenía un mal temperamento, así que ella intentaba evitarlo. En un punto posterior ella robó una valiosa figurina de porcelana escondiéndola en su falda. Desafortunadamente la figurina de porcelana se había caído al piso y se había destrozado. Conforme se agachó para intentar recoger los pedazos, él se colocó sobre ella y ella pudo oír su monótona y enojada voz. Él había usado una tira de piel que llevaba para ahogarla hasta su muerte.

En los reinos espirituales la pequeña niña tuvo una reunión con los espíritus de su madre y de su padre y en el diálogo encontró la razón para haber sido enviada a la casa a trabajar. Aunque la amaban, con el poco dinero y comida no tenían alternativa. Al darse cuenta de esto, Jenny se relajó visualmente conforme decía las palabras, '*Soy suficientemente buena.'* Cuando la pequeña niña se encontró con el espíritu de el hijo que la había estrangulado, ella quería enseñarle que la figurina de porcelana no estaba rota. Con la ayuda de un elemento de apoyo ella tuvo un encuentro emocional presentando la figurina a él, diciendo, *'No está rota. Cuídala.'* Luego ella sonrió, diciendo, *'¡Y no mates a nadie más por ella!'*

En un escaneo corporal Jenny reportó que aún sentía tensión al lado de su cabeza. Ella fue regresada al punto cuando la tensión comenzó, el cual fue cuando intentaba recoger los pedazos de la figurina destrozada. Con inspiración intuitiva Jenny dijo, *'No tengo que observar histéricamente. Está bien que los pedazos estén simplemente ahí.'* Se le preguntó si había algún patrón de la pequeña niña intentando histéricamente pegar los pedazos de nuevo con su vida actual. Brotaron lágrimas en sus ojos y se le ofreció un pañuelo. *'Estoy intentando arreglar el lado sexual de mi vida con mi esposo pero no puedo.'* Se le preguntó cómo fue que la pequeña niña liberó la presión de su cabeza. Jenny dijo, *'Dejando de ser tan dura consigo misma.'* De pronto Jenny rió, *'Ya no necesito ser dura conmigo misma. Soy suficientemente buena.'* Se le dio esto como una afirmación a llevar en su vida presente.

Dos semanas después de la sesión Jenny envió el siguiente email:

'En mi relación me siento mucho más relajada en general. Siempre me había sentido bastante antagonizada pero eso se ha ido por completo y soy capaz de reírme mucho más de las cosas. Creo que la figura de porcelana [de la sesión] *fue un símbolo de la relación, la cual sentía que había destruido y que nunca podría ser arreglada. Ahora me*

siento reasegurada y todas las deudas se han ido. Usar la afirmación, "Soy suficientemente buena," ha sido muy poderoso. Cuando fuera que tenía un problema y me sentía desanimada usaba la afirmación y me sentía mucho más relajada. Ya no me siento tanto como un niño siendo asfixiado. Soy una persona más capaz que puede hacer lo que sea, y que es suficientemente buena. Las palabras no expresan mi eterna gratitud.'

Para Jenny, el patrón entre la vida pasada y su vida actual fue el pensamiento de un ser suficientemente buena. Para otros clientes puede ser una emoción, sensación física, problema de relación, o incluso reconocer a una persona:

¿Reconoce algún patrón de esa vida que se esté llevando a cabo en esta vida?

¿Reconoce a alguna persona de la vida pasada apareciendo en esta vida?

Aún en un estado alterado de consciencia, puede haber una pausa hasta que las revelaciones intuitivas aparezcan. Si algún patrón se ha pasado por algo, se puede hacer una sugestión, '¿Hay algún patrón entre el dolor en tu espalda en la vida pasada y tu vida actual? Las preguntas penetrantes para incitar el autodescubrimiento del cliente es más poderoso que ofrecer perspectivas u opiniones.

    Cuando un cliente ha tenido síntomas con pensamientos negativos obsesivos, me gusta acordar con ellos una afirmación para llevar a la vida actual. La afirmación debe estar enfocada en crear una declaración positiva del pensamiento de muerte o de la obsesión. En ocasiones puede ser usando el consejo de un guía espiritual. En el caso de Jenny, su pensamiento de muerte de,

Integración

'Estaba intentando tanto, no soy suficientemente buena' fue cambiado a una afirmación, 'Soy suficientemente buena'. Las afirmaciones son una manera de contrarrestar los pensamientos negativos que han 'sangrado' hasta la vida actual de la vida anterior.

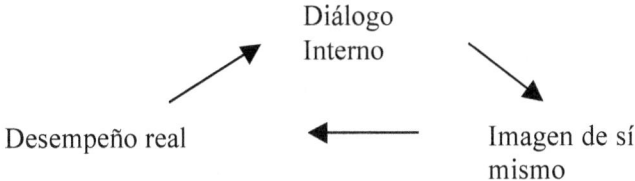

Cuando la carga asociada con un pensamiento obsesivo se ha eliminado durante la regresión, es más fácil crear un ciclo positivo de diálogo interno de refuerzo.

La afirmación necesita ser fraseada en el tiempo presente, ser positiva, y ser atractiva a la imaginación o emociones en vez del intelecto. Ejemplos son, '*Soy fuerte ya que encaro a los hombres*' o '*Me siento libre de guiar mi propio destino*'. Pueden ser repetidas regularmente o escritas en una tarjeta en un lugar prominente para recordarle a la mente consciente.

Después de una regresión espiritual de vida entre vidas es útil resumir el orden de los eventos, tal como el repaso de la vida pasada y el encuentro con el grupo de almas. Se pueden hacer preguntas penetrantes sobre el contenido:

¿Qué aspectos clave recuerda sobre esta parte y de qué manera fue útil?

Recomiendo que esperen algunas semanas antes de escuchar la grabación. Cada vez que el CD se reproduzca, serán posibles mayores revelaciones debido a la cantidad de información contenida en él. Después de haber tenido tiempo para reflexionar, pido un resumen de cómo ha ayudado la información por correo o email. Esto asiste al proceso de integración.

Integración de Terapia de Regresión

En terapia de regresión la línea del tiempo se extiende para incluir los eventos significativos de la vida actual al igual que aquellos de una vida pasada que están relacionados con el problema del cliente. Todos ellos necesitan ser traídos a la consciencia y transformados durante una o múltiples sesiones. Un estudio de caso de un cliente a quien llamaré Jane puede ser usado para ilustrarlo. Ella tenía 32 años y era madre de dos pequeños niños y una niña. Actualmente estaba viviendo con su novio y tenía un trabajo como enfermera de noche. Dos años previamente se había deprimido levemente después de la separación de su esposo. Ella tenía un patrón crónico de abuso en sus relaciones y estaba aferrada a la relación con él a pesar de su mal genio. Ansiosa de que su novio actual se fuera, había visto a varios terapeutas y estaba consciente de sus problemas pero le fue difícil ponerlos en acción. Recientemente estaba experimentando ataques de pánico dos o tres veces al día, acompañados con espasmos y dolores en el estómago. Salía enferma del trabajo y su doctor le había ofrecido duplicar su medicación, pero ella quería probar un enfoque distinto:

> Casi tan pronto como Jane habló de su último ataque de pánico la noche anterior, su estómago comenzó con espasmos. Cuando se le pidió que se enfocara en ello, su cuello y mandíbula apretaron y eventualmente todo su cuerpo estaba temblando. Cuando la intensidad subsidió se le pidió que trajera una imagen relacionada a estas

Integración

sensaciones. Ella habló de la memoria de una operación de cesárea diez años atrás. Bajo anestesia local la abrieron y estaba aterrada de que fuera a morir su bebé, pero no se podía mover. Regresó a la memoria, y se le animó a Jane a que se encorvara hacia delante y visualizara al bebé sano. Enfocándose en la tensión residual en su estómago, Jane regresó a una memoria más temprana de su vida actual. Tenía cinco años en un pequeño bote de madera usado para ir de excursión en vacaciones. Un súbito chubasco estalló y el agua comenzó a meterse en su bote. Su padre estaba al otro lado del bote y, pensando que ella moriría, lloraba aferrándose a la pierna del hombre más cercano. Esto fue peor cuando su padre se rió al verla sujetando la pierna de un extraño. Desafortunadamente no se dio cuenta del evento traumático que ella estaba experimentando. Se le pidió a Jane que dejara que su cuerpo mostrara lo que estaba ocurriendo. Conforme ajustaba su posición corporal y se sentaba derecha, aferrándose a un cojín, su cuerpo entero comenzó a temblar y su respiración se acortó y aceleró. Cuando esto se asentó, se le permitió cambiar cualquier aspecto que quisiera. Conforme regresaba de nuevo, le gritó a su padre, *'Te necesito. No tienes derecho a reírte de mí.'* Después de más regresiones de transformación, fue capaz de recordar la memoria sin experimentar un ataque de pánico.

Uno de los principales enfoques de esta sesión era trabajar con las memorias corporales de dos incidentes traumáticos en la vida más temprana de Jane. Con la liberación intensa en este tipo de sesión, se tomaron precauciones para trabajar con cuidado dentro de aquello que Jane podía soportar en una sola sesión. Jane vino a su segunda sesión una semana después. Reportó que los ataques de pánico y los espasmos habían reducido en frecuencia e intensidad. Ella quería trabajar más en los espasmos:

Conforme hablaba de su último ataque de pánico, el corazón de Jane comenzaba a temblar. Se le pidió que se enfocara en las sensaciones de su estómago y que fuera al punto en el que por primera vez comenzaron. Su cuerpo entero comenzó a temblar y ella jadeaba, '*Todo el aire se está yendo. Estoy siendo aplastada. Oh, mi estómago. Hay un grupo de nativos acercándose. Uno tiene un cuchillo y puedo sentir su cuerpo. Oh, el cuchillo está entrando en mi estómago.*' Se le llevó rápidamente a través de la muerte.

Jane repasó la vida pasada con mayor detalle. Había sido una mujer victoriana embarazada que había sido arrastrada por la borda durante una tormenta en un velero. A punto de ahogarse, había eventualmente nadado a tierra y se encontró en la playa rodeada por mujeres y niños nativos. Ellos cuidaron de ella y eventualmente dio a luz a dos niños gemelos. Algún tiempo después, mientras caminaba sola, un grupo de hombres nativos se acercaron a ella. Conforme su espalda daba contra un árbol, uno de ellos la atacó y posteriormente la apuñaló en el estómago. Mientras tomaba su último respiro recordó dejar el cuerpo, flotando hacia arriba y viendo su cuerpo en la distancia por debajo. Sus pensamientos de muerte fueron sobre no volver a ver sus niños de nuevo.

Se le regresó al punto antes de que sintiera el dolor de ser apuñalada y se le animó a cambiarlo de cualquier forma que quisiera. Con la ayuda de un cojín como elemento de apoyo se le permitió experimentar empujar al nativo y sacar el cuchillo empujando contra la presión de la mano del terapeuta. Con un suspiro, Jane reportó que el dolor en su estómago se había ido y que se sentía calmada.

Integración

En los reinos espirituales, la mujer victoriana fue invitada a encontrarse con sus niños y encontrar lo que ocurrió con ellos. Con una voz sorprendida dijo, '*Sienten lo que me pasó.*' Un cojín fue usado para que experimentara la reunión de los abrazos. Luego estaba el nativo que la había matado. Con el apoyo de sus niños descubrió que tenía una esposa e hijos en la aldea que dependían de él; él lo sentía mucho y pidió perdón. A través de este entendimiento más amplio ella estaba ahora lista para perdonar. A pesar de esta haber sido una sesión intensa ella expresó un gran alivio con la liberación que experimentó.

Explorar y despertar estas diferentes memorias puede ser como pelar capas de una cebolla. Siguiendo la energía, varias capas de memoria emergen, hasta que las memorias congeladas asociadas con un complejo estén listas para ser liberadas y transformadas. Una parte importante de esta sesión fue que ayudar a Jane a encontrar entendimiento y perdón en la vida pasada. Mucha gente frecuentemente encuentra más fácil perdonar en una vida pasada antes de estar listos para hacer lo mismo en su vida actual. Este fue el contenido de la tercera sesión. Después de que la vida pasada fuera comentada, ella regresó a las memorias de la vida actual, que tenían el mismo problema de ser una víctima:

Jane recontó las memorias de abuso de su novio y ex esposo. Se le pidió que imaginara que se encontraba con el espíritu de su ex esposo, diciendo lo que nunca fue capaz de decir en ese tiempo. Después de una pausa profunda dijo, '*No puedo vivir con tu mal genio. No es correcto para los niños.*' Se le preguntó sobre su respuesta, la cual fue que él tenía un mal genio por el estrés del trabajo y no podía soportar tampoco el mal genio de Jane. El terapeuta le recordó a Jane cómo había encontrado perdón en la vida pasada, lo cual le ayudó a llegar a una resolución. Luego tuvo un abrazo emocional con su ex esposo con la ayuda de un cojín. Un proceso similar se realizó después con su novio. Jane estaba ahora lista para confrontar a su novio incluso si se iba, lo cual fue un valiente paso nuevo para ella.

Simplemente entendiendo los patrones entre una vida pasada y la vida actual es frecuentemente suficiente para la integración. No obstante, cuando las cargas emocionales de la vida actual están aún presentes, necesitan ser liberadas y se les ha de encontrar una resolución. En ocasiones esto se puede hacer en una sesión o durante varias. En su primera sesión, Jane resolvió problemas con su padre y en la tercera sesión trabajó con su ex esposo y novio actual. He ilustrado como en la regresión a la vida pasada existe un vínculo intuitivo entre la energía emocional adherida y otros personajes de la vida pasada. En un estado alterado de consciencia, puede tener lugar un diálogo usando este vínculo intuitivo. Los mismos principios aplican a la energía emocional adherida de alguien en esta vida:

Permítase conectar con el espíritu de .... (la persona de la vida actual). **¿Qué le quiere decir que nunca pudo decirle en ese entonces?**

¿Qué le dice a usted?

El diálogo transformacional trae nuevas revelaciones y perdón de estos encuentros. La transformación también puede venir de revivir las memorias de la vida actual con nuevas perspectivas espirituales y se llama reencuadre.

Integración

Traiga consigo sus nuevas cualidades (perspectivas espirituales o animales de poder) y vaya al punto ... (justo antes del inicio) y reviva la memoria de cualquier manera útil para usted.

El paso al futuro es una manera poderosa de integrar una regresión de vida pasada o actual. Esto le permite al cliente verse en el futuro habiendo ya cumplido sus metas. Funciona mejor cuando se hace interactivamente con el cliente, permitiéndole proporcionar la información tanto intuitivamente o conscientemente.

Vaya a un punto seis meses después de esta sesión de terapia y sea usted mismo, luego mire atrás a los eventos que han ocurrido durante los últimos seis meses y note los cambios en usted mismo con sus nuevas perspectivas espirituales.

Dígame qué ha pasado en su vida social durante los últimos seis meses. (o vida laboral, o en sus relaciones)

Asentamiento de Energía y Restablecimiento

Frecuentemente las sesiones de regresión pueden tener un gran impacto en el sistema energético del cliente cuando se han liberado bloqueos de energía o se ha retirado una adhesión espiritual, y puede tomar algunos días que se asiente el campo energético. Esto simplemente indica que el proceso de sanación está ocurriendo, y se les puede informar a los clientes de esto, para que no se sorprendan.

Para asistir en el balanceo del campo energético al final de una sesión de regresión, muchos terapeutas se toman algunos minutos para canalizar energía al campo energético del cliente antes de que se vaya. Esto se puede hacer rápidamente usando Reiki, terapia de tacto, sanación espiritual o alguna técnica similar de energía. Algunos terapeutas de regresión creen que agregar energía del exterior no es necesario y que es mejor enseñar a los clientes a hacerlo por sí mismo. Las técnicas de luz blanca mencionadas con anterioridad pueden usarse. Creo que hay mérito en ambos enfoques y personalmente sólo canalizo energía por un corto tiempo si intuitivamente me siento atraído a hacerlo. También, un baño en tina puede asistir en la limpieza del campo energético. Recomiendo que el cliente sea gentil consigo mismo en las siguientes 24 horas y que evite cualquier situación emocional.

Después de la profunda hipnosis en una regresión espiritual, se requerirá tiempo para permitir que el cliente vuelva a un estado de total vigilia. También permite que la circulación sanguínea vuelva a la normalidad. Una cuenta regresiva del diez al uno se puede usar mientras se anima al movimiento en diferentes partes del cuerpo físico. Esto es mucho más gentil que rápidamente sentarse en posición vertical.

Incluso si no se utiliza la hipnosis, un estado de consciencia alternativo ocurre naturalmente como parte del proceso de enfoque en las experiencias del mundo interno. Es importante para el cliente que se restablezca por completo y que esté *en su cuerpo* antes de dejar al terapeuta. Sin una concentración absoluta algunas actividades tal como manejar un auto pueden ser peligrosas. El restablecimiento puede comenzar al final de una sesión dejando diez minutos de discusión mientras se sienta el cliente en posición vertical. Otras actividades de restablecimiento incluyen tener un vaso con agua y hacer una caminata larga.

Integración

Otras Actividades de Integración

Con trauma en la infancia, escribir una carta del niño interior al otro-yo es una manera poderosa de integrar el resultado de una sesión de regresión. Esta carta de un cliente a quien llamaré Sonia captura su problema recurrente de la infancia. Nota la delicadeza en las palabras que ella usa, la cual debe haber tomado un tiempo considerable en su elección:

Era una hermosa niña; despreocupada y feliz. Una familia amorosa me trajo con el deseo de satisfacer. Luego a partir de la edad de diez años, el mal conspiró para no ser la misma nunca más. '*Es nuestro pequeño secreto.*,' él decía.. '*No lo entenderían. Tú eres mi niña especial. Te amo.*' Conforme sentía sus manos, no se sentía correcto, pero no podía evitar que sucediera. Estaba bien entrenada en llevar una vida de secretos, mentiras y vergüenza. A los 13, una adolescente fingiendo felicidad, bloqueé las memorias de mi infancia para protegerme. '*Eres tan hermosa,*' decía él, '*No le digas a nadie.*' Eran manos diferentes, pero los mismos secretos, mentiras y vergüenza. Ahora con 18 y bonita, careciendo auto-respeto, el embarazo no había sido planeado. Qué podía esperar, ciertamente no un aborto, pero tuve que hacerlo como mi madre mandó. Ella estaba determinada en que no arruinara mi vida como ella lo hizo. Crecí y me enamoré, pero el hombre tenía manos. Golpeada y violada no creí que alguien entendería. A través de tortura física, emocional y mental, me puse a prueba. Una crisis nerviosa, dijeron, la depresión mostró su mano, pensamientos suicidas, tanto enojo y tanto dolor. Aún trabajando en otros sentimientos, pero ahora no más secretos, mentiras, o vergüenza.

Las palabras tienen un efecto poderoso y conmovedor. Si la sanación está aún incompleta y el cliente ha sido una víctima, la memoria puede aún ser demasiado dolorosa para confrontar a un abusador. Escribirlo proporciona cierto nivel de disociación. Penny Parks,[1] quien ha pasado su vida trabajando con adultos que fueron sexualmente abusados cuando niños, escribe en su importante libro *Rescuing the Inner Child* (Rescatando al Niño Interior) sobre la importancia de integrar al *niño interior* a través de dibujos y escribiendo cartas sobre la experiencia.

Con victimas de abuso infantil, muchos clientes han crecido emocionalmente lisiados por una gran carga de auto-aversión. Muchos encuentran difícil mantener una relación sexual madura y confiada. Como fue comentado en el estudio de caso de Rose en el capítulo anterior, una vida pasada es frecuentemente una puerta trasera antes de que se puedan enfrentar estas memorias dolorosas de la infancia.

Las actividades entre sesiones de regresión pueden continuar el proceso de integración y proporcionar un auto-empoderamiento en el proceso de sanación. Escribir notas de cada vida pasada ayuda, y se pueden añadir mayores perspectivas durante los días o semanas siguientes. Aquellos que han experimentado disociación pueden ser animados a realizar actividades físicas, tal como montar a caballo, esgrima, fútbol, o cualquier deporte que asocie la consciencia con el cuerpo. Se le puede solicitar a un cliente incapaz de expresar un grito congelado que realice una actividad que involucre gritar, tal como un paseo de nudillo blanco con sus hijos. Se le podrá preguntar a un cliente incapaz de experimentar emociones que tenga un trabajo de sanación de energía o trabajo con remedios homeopáticos.

Al principio de cada sesión el terapeuta puede revisar estas actividades. Las preguntas al cliente sobre la reducción de los síntomas puede permitir al terapeuta recibir retroalimentación sobre el resultado de la sesión previa. Aunque se puede tener un

Integración

progreso singular en una sesión, es mejor inicialmente planear alrededor de tres sesiones, y con complejos más profundos, cinco sesiones.

Resumen

Después de una regresión, la experiencia ha de ser completamente integrada en la vida actual del cliente para completar el proceso de sanación. Simplemente entender los patrones entre una vida pasada y la vida actual es frecuentemente suficiente. Estos pueden ser patrones tal como abandono, soledad, ser una víctima, o síntomas emocionales y físicos recurrentes. Los patrones pueden también ser personajes de la vida pasada en la vida actual. Por cada sesión individual de terapia se necesita del cliente una retroalimentación vía telefónica o email, y las preguntas explorativas profundas pueden continuar el proceso de integración.

Para muchos complejos la regresión necesita cubrir cierta combinación de memorias de la vida actual y/o memorias de la vida pasada. Con frecuencia una vida pasada es una puerta trasera para parcialmente sanar memorias dolorosas de la vida actual antes de que puedan ser enfrentadas. Estas pueden ser entonces tratadas de la misma manera que los eventos significativos de vidas pasadas, y se pueden facilitar encuentros intuitivos con otras personas involucradas. En un estado alterado de consciencia nuevas perspectivas y conclusiones pueden venir de estos encuentros. Otras actividades de integración incluyen afirmaciones, reencuadre de memorias y paso al futuro.

11

La Entrevista

*Todos saben que tenemos complejos,
pero lo que la gente olvida es que los complejos nos tienen.*
Carl Jung.

Un día contesté el teléfono y este es un fragmento de la conversación:

¿Puede darme una regresión a vidas pasadas para mi hijo? Bueno ... hija, si procede con una operación de cambio de sexo. Está tomando medicina hormonal y ha cambiado su nombre a Mary. He llegado al tope de mi ingenio porque no quiere hablar más al respecto con nadie. Va a ir a Holanda para la operación en algunos meses.

¿Quiere él ... ella ... una regresión a vidas pasadas?

Sí, pero no hablará con ningún otro terapeuta. Podría hablar con él sobre los peligros de la operación cuando lo vea?

Es muy bueno de usted que llame en su nombre. Puedo darle una regresión a vidas pasadas, pero solamente si quiere una. Siempre hablo con mis clientes y reúno información sobre su historia y si tienen un problema, acordamos conjuntamente el cambio. Toda la información será confidencial entre él y yo. Si no quiere hablar de los problemas sobre la operación de cambio de sexo, respetaré sus perspectivas.

Él vino a verme poco después con un vestido puesto. El efecto de la medicación hormonal era obvio por la forma de los pechos sobresalientes debajo del vestido y el sonido de su voz femenina. Acordamos que la sesión sería una regresión a vidas pasadas y que lo llamaría Mary. La regresión fue a una vida pasada de una niña que nació para unos padres que querían desesperadamente un niño. La corta vida fue infeliz porque ella era del *género equivocado*, y la muerte vino de la pérdida de sangre después de un ataque de un aldeano local con un hacha. Al final de la sesión le di a Mary el nombre de un consejero local quien se había sometido personalmente a una operación de cambio de sexo y se especializaba en la ayuda en esta área.

Nunca averigüé qué le ocurría a Mary, pero el patrón entre la operación planeada en Holanda y el ser cortado hasta morir en la vida pasada le ha de haber dado algo en qué pensar.

Rapport

El fragmento anterior ilustra cuán importante es construir rapport durante una entrevista y mantenerlo durante una sesión. Esto es algo que la terapia de regresión tiene en común con otras psicoterapias.[1] La relación ha de ser construida para que la información dolorosa, vergonzosa o amenazante pueda ser revelada. Una relación confidencial y de confianza es esencial junto con un enfoque libre de prejuicios. En casos sensibles de trauma tal como abuso sexual, las primeras sesiones pueden requerir la construcción de rapport y asesoramiento antes de que el cliente esté listo para terapia de regresión.

Entrevista

El siguiente fragmento viene de Milton Erickson, un psiquiatra en los Estados Unidos cuyo trabajo era instrumental en el establecimiento de la hipnoterapia moderna. Resumida de *The Collected Papers of Milton Erickson*[2] (La Colección de Manuscritos de Milton Erickson), proporciona un ejemplo maravilloso de cómo él usó rapport con un paciente psicótico:

Un paciente en el Hospital del Estado de Worcester en Massachusetts requería que se le encerrara en su cuarto y pasaba el tiempo ansioso y miedosamente bobinando cuerdas alrededor de las barras de las ventanas en la habitación. Sabía que sus enemigos iban a entrar a matarlo, y las ventanas eran la única apertura. Las anchas barras de acero parecían ser demasiado débiles para él, por lo que las reforzaba con cuerda. Entré al cuarto y también le ayudé a reforzar las barras de acero con cuerda. Al hacerlo descubrí que había grietas en el piso y sugerí que esas grietas habían de ser llenadas con periódico para que, de esa forma, no hubiera posibilidad de que sus enemigos llegaran a él. Luego descubrí grietas alrededor de la puerta que debían ser llenadas con periódico y gradualmente logré que se diera cuenta que el cuarto era solamente uno dentro de varios en el pabellón, y que aceptara a los asistentes como parte de su defensa contra enemigos, y luego al Consejo de Salud Mental del Estado de Massachusetts, y luego al sistema policíaco y luego al gobernador. Luego lo expandí a los Estados adjuntos y finalmente hice de los Estados Unidos parte de su sistema de defensa. Esto le permitió dispensar con la puerta cerrada con seguro, porque tenía muchas líneas de defensa. No intenté corregir su idea psicótica de que sus enemigos lo matarían. Meramente le indiqué que tenía una fila interminable de defensores. El resultado fue que el paciente fue capaz de aceptar privilegios de jardín y vagar por los jardines a salvo. El detuvo sus esfuerzos histéricos y se convirtió en un problema mucho menor.

Al tener un enfoque libre de prejuicios y respeto al mundo interno de la otra persona, Erickson demostró cuán rápido se puede ganar la confianza antes de transformar su problema. En este caso, la transformación fue a paso lento dentro de la habilidad del paciente para entender. Tradicionalmente, cuando un cliente no responde a la terapia, se le considera *resistente*. En regresión no deberá haber ninguna necesidad de resistencia porque cualquier cosa que se traiga a la sesión ha de ser visto como parte del problema total.

En un estudio en la Universidad de Pennsylvania, se mostró que el 55 porciento de nuestra comunicación es recibida de nuestro cuerpo, 38 porciento de nuestra voz, y 7 porciento del lenguaje que usamos. Así que cuando alguien se enfoca conscientemente en las palabras de una conversación, 93 porciento de la comunicación es realiza inconscientemente. La mímica es una técnica para ayudar en esta comunicación inconsciente. Con mímica corporal, una persona puede mantener contacto visual e igualar la postura y movimiento del otro. En ocasiones los movimientos corporales no pueden ser igualados de inmediato, tal como gestos con las manos o cuando los brazos de pronto se cruzan. Sin embargo, cuando es momento de hablar, la postura corporal de la otra persona puede ser imitada sin que sea obvio. El tono de voz, ritmo y volumen pueden ser igualados conjuntamente con el uso de frases o palabras que la otra persona utiliza. El rapport es sobre ser más como la otra persona y alinearse con ella.

Es útil entender la creencia del cliente sobre lo que pasará después de la muerte. Algunos pueden tener una perspectiva materialista, por lo que la regresión a vidas pasadas se puede explicar como la sanación del problema en las memorias inconscientes con visualización creativa e historias imaginativas que se asemejan a una vida pasada. A aquellos con una creencia más espiritual, se le puede describir como la sanación de la raíz del problema de vidas pasadas. La verdad absoluta es menos importante que el que la percepción del cliente sea coherente y lógica. Se le puede recordar a las personas analíticas que ellos no detienen la tira de un filme a la mitad solamente para analizarlo, y lo mismo aplica para la regresión a vidas pasadas.

La explicación sobre cómo la regresión puede ayudar con los síntomas presentados puede hacerse con ejemplos de clientes con condiciones similares. La confianza del terapeuta en un resultado beneficioso establece una base firme.

El Objetivo y Síntomas Medibles

La primera entrevista es una oportunidad de establecer el objetivo de venir a terapia del cliente. Cuando se use terapia de regresión, los síntomas del cliente asociados con el objetivo habrán de ser reunidos también. Estos incluyen pensamientos intrusivos, emociones negativas y dolor inexplicable. Una falla común en muchos estudiantes de terapia es el tomar nota de un síntoma vago, tal como '*Me enojo*'. Un mayor cuestionamiento puede identificar la frecuencia, tal como, '*Dos arranques de enojo al día durante los últimos tres años*'. La intensidad puede ser establecida introduciendo una escala, con 10 representando el enojo más fuerte que el cliente haya experimentado y 1 representando ningún enojo. Esto puede dar información adicional como arranques de enojo nivel 7 durante los últimos meses en situaciones específicas. Al reunir síntomas medibles en *intensidad* y *frecuencia* tanto el terapeuta como el cliente podrán evaluar la efectividad de la terapia conforme los síntomas se reduzcan.

Límites y Charla sobre el Historial

Cuando un cliente está trabajando con el problema de ser una víctima, se necesita establecer una relación segura con el terapeuta antes de cualquier forma de contacto físico pueda hacerse. En una sesión de regresión, la terapia corporal puede involucrar cierto contacto físico a través de elementos de apoyo como cojines, así que se necesita el consentimiento del cliente. Mientras que esto puede ser comentado en la entrevista dando un ejemplo simple, se puede obtener permiso alternativamente cuando sea necesario durante la sesión, por ejemplo, *'Sólo voy a pedirte ahora que empujes contra mi mano para ayudar en la liberación'*. Se requiere permiso también si las sesiones se grabarán con intenciones profesionales.

El establecimiento de la expectativa del cliente es importante para aquellos nuevos a este tipo de terapia. Esto cubre cómo será la experiencia de hipnosis, vidas pasadas o la vida entre vidas. También cubre la explicación de que las emociones puede emerger como parte del proceso de sanación. Se habrán de discutir la duración y el número de las sesiones.

Una parte importante de la toma de la historia incluye la revisión de experiencias previas de terapia, problemas de salud mental, enfermedades físicas y cualquier discapacidad tal como sordera y presión alta. Esta información permite que sean identificados aquellos que no sean adecuados para el uso de terapia de regresión.

Entrevista

Complejos a Evitar con Terapia de Regresión

Aquellos terapeutas nuevos al trabajo de regresión encontrarán que los clientes a quienes atraen tenderán a ser aquellos que no necesitan mucho trabajo, o unos que han hecho bastante con anterioridad con otros. Conforme se adquiere mayor experiencia, la habilidad de lidiar con problemas más difíciles incrementará.

Muchos complejos, tal como un desorden de compulsión obsesiva requiere experiencia de haber trabajado con problemas mentales serios y la integración de otros enfoques psicoterapéuticos.

Sin embargo, algunos problemas de los clientes son áreas a evitar usando terapia de regresión. Esto incluye clientes que son incapaces de pensar clara y racionalmente, o que son delirantes. Esto incluye anorexia cuando el peso corporal se encuentra por debajo de del peso crítico. La falta de proteína de los alimentos significa que son incapaces de producir hormonas para una actividad cerebral normal. También se incluye la depresión cuando llega a una etapa avanzada. Los síntomas de esto son niveles reducidos de actividad, dormir excesivamente, fatiga constante e inhabilidad para trabajar. Otro contra indicador es el desorden bipolar que se alterna entre una depresión mayor y periodos maniáticos de pensamientos acelerados, fácil distracción y una necesidad reducida de dormir.

Se requiere precaución con clientes con tendencias esquizofrénicas. Pueden intentar sobre-identificarse con fragmentos de vidas pasadas y elaborar sobre ellos en vez de integrarlos en su propia psique.

El uso de drogas recreativas o altos niveles de medicación, particularmente altos niveles de *anti-depresivos* y drogas *anti-ansiedad*, pueden ser contra indicadores. Niveles de éstos arriba de 50mg frecuentemente dificultan la concentración y retención de memoria. La habilidad de la persona de vincularse con su ser superior es afectada, dificultando el recuerdo de memorias de vidas pasadas y el trabajo en el reino espiritual.

Otras áreas a evitar si el trabajo catártico es utilizado, son condiciones médicas incluyendo problemas cardiacos o ataques epilépticos, donde no se recomienda experimentar niveles emocionales más elevados. Se necesita precaución con mujeres embarazadas ya que el feto puede registrar las experiencias emocionales como propias.

Si el terapeuta está trabajando con un niño menor a 16 años, se requerirá el consentimiento escrito de los padres.

Los Efectos Adversos de las Drogas Psicóticas

El uso de drogas psicóticas tiene lugar para romper un ciclo en espiral hacia una depresión más profunda o psicosis. No obstante, no son una solución a largo plazo cuando se puede usar la terapia. Los efectos secundarios de estas drogas son alarmantes. En el ampliamente usado manual de drogas para doctores, *Psychotropic Drugs Fast Facts*, (Hechos Rápidos de las Drogas Psicotrópicas) Jerrold Maxmen[3] consolida la información de investigación disponible sobre drogas psicóticas. Algunos de los efectos secundarios incluyen confusión, desorientación, alucinaciones, hipomanía e incluso un *incremento* en el nivel de ansiedad y depresión que están destinadas a reducir.

Cuando un cliente deja de tomar drogas psicóticas, frecuentemente hay efectos secundarios desagradables. Los síntomas originales de ansiedad y depresión pueden intensificarse por un corto periodo de tiempo. Por esta razón los practicantes médicos normalmente aconsejan el método de retiro del 10 porciento.[4] Se reduce la droga en 10 pasos de aproximadamente 10 porciento a la vez, con el último paso en ocasiones dividido en pasos más pequeños. La duración de cada paso variará dependiendo en el nivel previo de medicación y en qué tanto tiempo fue tomada. Cada paso se toma cuando al juicio del cliente los efectos secundarios de retracción se han reducido. Mientras que esto reduce los síntomas de los efectos secundarios, un terapeuta necesita estar consciente que durante el periodo de retracción, los síntomas originales de depresión o ansiedad pueden ser problemáticos. Obviamente la decisión del cliente de cambiar los niveles de medicación ha de ser comentada y acordada con su practicante médico.

MEMORIAS FALSAS

Este fragmento muestra lo fácil que es el ser acusado de introducir una memoria falsa:

En septiembre del 2003, un psiquiatra líder para niños fue acusado de implantar memorias falsas de abuso sexual en la mente de una niña de 13 años. El Consejo Médico General del Reino Unido revisó el cargo sobre él por mala conducta profesional. La niña fue referida al psiquiatra después de haber dejado de comer en el internado y de haber tomado una sobredosis de drogas antidepresivas. Antes de esto ella había estado viendo a un especialista en huesos porque sus padres se habían preocupado de que no estaba creciendo suficientemente rápido para su edad. Durante una de estas sesiones, el especialista en huesos llevó a cabo una examinación visual de sus senos. El psiquiatra para niños afirmaba que la niña le había dicho que el especialista había acariciado sus senos. Sin embargo, se descubrió posteriormente que los padres de la niña habían estado presentes en todas las citas y nunca presenciaron tal cosa.

En algunos países, particularmente en los Estados Unidos, las alegaciones de falsas memorias han resultado en que los terapeutas sean demandados. Aunque esto es difícil de probar, un terapeuta necesita tomar medidas protectoras. Si cualquier forma de terapia corporal es usada en el proceso de regresión puede haber algún contacto físico. Así que como protección contra las alegaciones de conducta no profesional se le recomienda al terapeuta que grabe todas las sesiones. Con el adviento de grabadoras digitales baratas que pueden grabar muchas horas continuamente, la tecnología existe para convenientemente grabar cada sesión. Estas grabaciones están libre de ruido, así que incluso las partes en que se habla con un volumen bajo pueden ser grabadas con precisión. El terapeuta también ha de ser cuidadoso de hacer preguntas en vez de usar declaraciones conducentes, particularmente si información sobre abuso surge durante una sesión de regresión.

Resumen

La entrevista es una oportunidad para decidir si es apropiado usar terapia de regresión o regresión de vida entre vidas. Las contraindicaciones incluyen a clientes que son incapaces de pensar con claridad y racionalmente, o que alucinan. Esto puede ser causado por su complejo o puede ser inducido por drogas, ya sean medicinales o recreativas. El historial médico y de salud mental ha de ser cuidadosamente revisado y se ayuda a la protección contra alegaciones de memorias falsas o conducta no profesional con la grabación de todas las sesiones. El crear rapport comienza en la entrevista y ha de ser mantenido durante las sesiones. Esto incluye cuando se comenta y acuerda lo que ocurrirá en la terapia y en el establecimiento de la expectativa. Una relación confidencial y de confianza es esencial, conjuntamente con un enfoque sin prejuicios. Para la terapia de

Entrevista

regresión se han de registrar síntomas de pensamientos perturbadores, emociones negativas y dolores inexplicables conectados con los objetivos. Éstos incluyen intensidad y frecuencia, y permiten el monitoreo del progreso del cliente.

12

CONCLUSIÓN

*No hay errores ni coincidencias,
todos los eventos son bendiciones dadas a nosotros
de las cuales aprendemos.*
Elizabeth Kubler-Ross.

Una creciente evidencia objetiva ha sido acumulada a través del trabajo de Ian Stevenson y sus colegas con los relatos de vidas anteriores de niños y con experiencias cercanas a la muerte que son difíciles de explicar excepto a través de la realidad de las vidas pasadas. La ciencia occidental no tiene una explicación, por lo que la Sabiduría Antigua y sus principios del crecimiento del alma a través de la reencarnación y el karma proporcionan esa teoría. He ilustrado cómo esto ha sido confirmado a través de la investigación extensiva de Michael Newton y mis propios estudios de caso de las memorias del alma de la vida entre vidas.

En ocasiones pueden ocurrir solamente fragmentos de lo que parece ser una vida pasada. Un buen ejemplo de esto es el estudio de caso de Rose, quien fue abusada por su padre. Ella regresó a la vida pasada de un soldado en un campo de batalla quien estaba atrapado por los escombros de un edificio que caía. Conforme recordaba la presión en sus piernas se permitía a la sanación comenzar mientras se evitaba el tener que enfrentar una memoria dolorosa de la infancia. Se le dio completo permiso a su psique para seguir su propia resonancia y asociaciones primero en una vida pasada y luego en su vida actual. Ella fue capaz de llegar a un lugar de resolución que le llevó a la remisión de sus síntomas. La búsqueda de la verdad de la vida pasada en este tipo de terapia no es tan importante como su poder para sanar.

Puede parecer que la terapia de regresión realiza declaraciones extravagantes diciendo ser la terapia de terapia que raramente falla donde otras fallan. También, el que integre todas las disciplinas terapéuticas clave de psicoterapia y experiencias transpersonales en un proceso completo. Estas afirmaciones serían exageradas porque no funciona para todas las personas. Para algunos clientes la terapia de regresión es demasiado intensa y abrumadora. Pueden no necesitar que se expongan áreas crudas de su psique y simplemente quieren una relación terapéutica que les ayude a reconstruir su confianza en la vida. Algunos encontrarán difícil trabajar con imágenes y permitir que la libertad de su intuición se abra a las vidas pasadas. Otros podrán estar tan profundamente atorados en un complejo que no están listos para abandonarlo, y el dolor físico y emocional ha de ser experimentado por el beneficio de su ser superior. Dolores recurrentes y la desarmonía son importantes maestros para el alma, lo cual no se entiende en la profesión médica.

La terapia de regresión puede traer liberaciones notables de síntomas físicos crónicos y condiciones emocionales paralizantes. Muchas de ellas han sido descritas en los estudios de caso. La investigación con la terapia de regresión muestra que el 60 porciento de los clientes experimentan algún nivel de beneficio, frecuentemente cuando otras terapias han sido no han tenido éxito. Cualquiera que sea la creencia del cliente, una regresión a vidas pasadas le permite a la persona entender sus patrones de esta vida y cómo fueron creados. El ir más allá de la muerte de una vida pasada a los reinos espirituales puede tener un efecto profundo, y encontrar perdón con personaje de una vida pasada provee de una metáfora para un cambio en el pensamiento

Conclusión

consciente. La comunicación intuitiva con los guías espirituales trae niveles de sabiduría espiritual más allá de la terapia convencional y se recomienda a los terapeutas tomar un rol humilde como parte del equipo en el proceso de sanación. Siempre comienzo todas las sesiones de regresión dejando en claro mi intención para que cualquiera de estos espíritus de luz me asista por el beneficio del cliente.

Una parte importante de esta terapia es el reconocer que la sanación del alma es sobre el trabajo con energías. Un cliente quería saber qué había ocurrido con él en las seis horas entre haber tomado una sobredosis masiva de drogas y despertar en el hospital después de un intento de suicidio. Los doctores no podían explicar cómo había sobrevivido a un nivel de droga seis veces mayor que el nivel normal para causar la muerte. Cuando regresó a la experiencia lloró por la compasión y amor que había sentido cuando su guía espiritual derramó energía en su cuerpo. Se hizo a un nivel celular para bloquear el efecto de las drogas y luego el guía explicó por qué no se le había permitido morir. El valor real en los reinos espirituales es la rica variedad de enfoques que pueden ser usados para liberar y transformar patrones energéticos atorados en emociones no expresadas tal como miedo, culpa y enojo, y los viejos pensamientos recurrentes. También ayuda a los terapeutas a identificar y liberar la energía espiritual adjunta de otros personajes de vidas pasadas, tal como las tropas que eran llevadas a su muerte o los esclavos cruelmente golpeados a morir.

La energía intrusiva también ilustra la importancia de ver la sanación como un trabajo con energías en vez de los enfoques tradicionales de la psicoterapia. Aunque esto es controversial y difícil de probar, parece que las energías corporales sutiles atadas a la tierra y la energía negativa pueden adherirse a los clientes. Como es ilustrado con el estudio de caso de Joe, quien tenía voces en su cabeza, y la investigación de Ron Van der Maeson en el Apéndice II, se pueden tener transformaciones extraordinarias al reconocer que algunos síntomas de los clientes son adhesiones de energía. William Baldwin se refirió a esto como la liberación de espíritus y los chamanes le llaman trabajar con partes perdidas del alma. Los nombres son menos importantes que la necesidad de liberación de energía y conclusión.

Muchos enfoques terapéuticos, tal como la terapia cognitivo-conductual son terapias de conversación y evitan cualquier forma de liberación catártica. No obstante, al enfocarse únicamente en memorias cognitivas se ignora el sistema límbico del cerebro donde las memorias básicas corporales y de trauma son almacenadas. Tan pronto como en los 1920s, Wilhelm Reich había explorado el problema de estructuras rígidas de carácter y cómo ellas eran expresadas en el cuerpo. Lo que nos mostró fue que estas estructuras rígidas de armadura corporal no eran el resultado de estrés físico, sino una expresión directa de emociones profundamente reprimidas. Bessel van der Kolk y sus compañeros investigadores encontraron que se tenía que regresar a los clientes a sus memorias de energía corporal congelada para que pudieran ser activadas, liberadas y transformadas antes de trabajar con otras memorias. Alice Bailey resumió los principios que gobiernan la herencia kármica de vidas pasadas de enfermedades y memorias corporales severas. Esto ha sido independientemente verificado por la investigación de Ian Stevenson con los síntomas físicos de los niños relacionados a muertes violentas de vidas pasadas. Las implicaciones de esto son que el cuerpo ha de estar involucrado para el recuerdo y liberación efectivos de residuos traumáticos.

La regresión espiritual aporta un recuerdo detallado de las memorias del alma entre vidas. Estas memorias incluyen el encuentro con otros miembros de los grupos de almas, algunos de los cuales se reconocen como personas de la vida actual. Frecuentemente un cliente habrá tenido un conflicto kármico con ellos tiempo atrás en su vida actual. Descubrir que fue pre-planeado por su alma antes de que reencarnaran es

Conclusión

transformacional al lidiar con las relaciones. Entender por qué nuestro cuerpo y circunstancias de vida. Uno de los aspectos a destacar de cualquier regresión de vida entre vidas es el encuentro con los Sabios que, a través de amor y compasión, guían la planeación de la vida actual. Con frecuencia dan una dirección espiritual en el punto medio en la vida de una persona. En la historia de la humanidad esto ha estado disponible sólo después de la conclusión de una vida. Aquellos espíritus de luz quienes están guiando el destino de la Tierra parecen haber tomado la decisión de cambiar las reglas y acelerar la sanación del alma a través del hacer esta información fácilmente disponible. Las palabras de Clare después de su regresión espiritual lo resume bien:

Me doy cuenta que este trabajo me ha llegado a un nivel más profundo de lo que había notado. Uso mucho la palabra confianza. Ahora noto que no solamente confío; sé que todo es perfecto. Este es el sentido de saber que ha abierto mi corazón y mi alma. Me siento re-conectada, sé dónde estoy, sé por qué vine, sé que las decisiones que tomo son perfectas en el momento en que las tomo y sé que soy amada.

Buda indicó los pasos para la sanación del alma, lo cuales son aspectos eternos de la Sabiduría antigua. El primer paso es reconocer que existe un problema a un nivel consciente. El segundo es saber qué lo causó. Las regresiones a espirituales y a vidas pasadas ayudan a las personas a ver más allá de la ilusión y confusión de esta vida contenido en la personalidad. El tercer paso es saber qué hacer. La terapia de regresión descongela las cargas emocionales y físicas que pueden dificultar el cambio, y las experiencias espirituales trascendentales proveen de nuevas revelaciones. El cuarto paso es cambiar la forma en que pensamos y nuestras acciones hacia otros en nuestra vida actual. La integración después de una regresión espiritual o a vidas pasadas ayuda, pero al final depende del cliente hacer el cambio y usar su libre albedrío para espiritualmente crecer y desarrollarse.

El por qué estas herramientas poderosas ayudan en la sanación del alma se ha de hacer disponible en este momento no es claro, pero está probablemente conectado con el difícil punto en la historia de la humanidad. Con todos los errores que se cometen debido a la avaricia y al materialismo, mucho puede cambiar en el mundo por nuestra consciencia de la dualidad que existe, el poder de la intención positiva y el respeto al karma. En las palabras de la Sabiduría Antigua, '*Venimos del amor y regresamos al amor.*'

Apéndice I — Notas

1 — La Historia de la Terapia de Regresión

El trabajo con las vidas pasadas comenzó hace alrededor de 30 años con el maestro y autor Dr Morris Netherton. Dr Hans TenDam, el autor de *Deep Healing* (Sanación Profunda), se basó en este trabajo e introdujo nuevas técnicas. Él era responsable de entrenar a la mayor parte de los terapeutas de regresión en Holanda y aproximadamente un tercio de aquellos en Brasil. El Dr Roger Woolger durante un periodo de 20 años ha integrado el psicodrama, la consciencia Reichiana del cuerpo, y la teoría de Jung de los complejos en su propia versión de la terapia de regresión a la que llama *Deep Memory Processes* (DMP) (Procesos Profundos de Memoria (PPM)). La terapia de regresión ha sido llevada al mundo médico tradicional. Esto incluye el trabajo del Profesor Mario Simoes en la facultad de medicina en Portugal y Terumi Okuyama M.D., el primer médico en integrar la regresión a vidas pasadas como parte del tratamiento médico en Japón. Otros pioneros son el Dr Pavel Gyngazov, un médico que ha usado la terapia de regresión en Rusia, el Dr Newton Kondavati M.D. en India y Julio Peres M.D. en Brasil. Otros que han aportado nuevos conocimientos de vidas pasadas incluyen la investigación del Profesor Ian Stevenson con las vidas pasadas espontáneas de niños y el Dr Michael Newton, quien ha pasado 30 años metódicamente registrando las memorias del alma de los clientes entre vidas usando hipnosis.

Con esto no se pretende de ninguna manera excluir los esfuerzos de muchos otros en el mundo, sino indicar las muchas y diferentes maneras en las que algunos de los pioneros han contribuido.

2 – Investigación con Terapia de Regresión

La revolucionaria investigación del Dr Ron Van der Maesen usando terapia de regresión ha sido con clientes quienes tenían condiciones comúnmente consideradas intratables con psicoterapia. Su primer estudio de investigación fue con el síndrome de Tourette.[1] Este es un desorden que se caracteriza por comportamientos repetitivos involuntarios, y ha sido considerado como una condición neuro-psiquiátrica de por vida. Su investigación fue llevada a cabo usando a diez miembros de la *Dutch Association of Regression Therapy* (Asociación Holandesa de Terapia de Regresión), con 22 sujetos arriba de la edad rango de nueve a cincuenta y dos años. Todos los sujetos estaban bajo cuidado médico y tomando medicación para controlar sus tics. De los diez sujetos que completaron la terapia y respondieron un cuestionario de seguimiento a un año, cinco reportaron que sus tics motores habían en gran parte desaparecido o habían sido bastante reducidos en frecuencia. Lo mismo aplicó a tics vocales. Cinco sujetos también reportaron que estaban libres de medicación.

Su segundo estudio de investigación[2] fue con clientes que tenían pensamientos o voces perturbadoras, muchos de los cuales satisfacían el diagnóstico de alucinaciones auditivas y esquizofrenia como definidos en el *Diagnostic and Statistical Manual of Mental Disorders* (*DSM-IV*) (Manual Estadístico y de Diagnóstico de Desórdenes Mentales). Trabajó con 54 sujetos divididos en un grupo de terapia y un grupo de control. La *Dutch Association of Regression Therapy* facilitó a los terapeutas para la investigación. En un seguimiento de seis meses después de la terapia por un psiquiatra externo, 25 por ciento reportó que las voces habían desaparecido, y un mayor 32 de por ciento podía ahora soportar las voces. En conjunto, 80 por ciento había tenido una experiencia subjetiva positiva y recomendaría esta terapia para estos problemas en otros. En su reseña crítica de la psicoterapia en el libro *What Works for Whom* (Qué Funciona para Quién),[3] El profesor Fonagy subraya que otros tratamientos psicológicos para la esquizofrenia parecen no ser efectivos para tantos como la mitad de aquellos sufriendo de ese desorden. En la otra mitad, solamente se habían notado mejorías en el área de los delirios.

En un estudio de investigación a gran escala y basada en la práctica, Helen Wambach[4] reportó sobre los resultados de una encuesta de 26 terapeutas de regresión quienes habían trabajado con un total de 17,350 clientes con regresión a vidas pasadas. De estos, el 63 por ciento mejoró sus síntomas emocionales y físicos y 40 por ciento mejoró sus relaciones interpersonales. Un aspecto significativo de este estudio es que muchos de los clientes recurrieron a esta terapia cuando otros enfoques terapéuticos habían sido infructuosos.

Hazel Denning[5] condujo una investigación a gran escala, basada en la práctica, usando a ocho terapeutas de regresión con casi 1,000 clientes entre 1985 y 1992. Los resultados fueron medidos justo después de la terapia, después de seis meses, después de un año y cinco años después. De los 450 clientes que podían aún ser rastreados después de cinco años, 24 porciento reportaron que los síntomas habían desaparecido por completo, 23 por ciento reportó una mejora considerable o dramática, 17 por ciento reportó una mejora perceptible y 36 porciento no reportó ninguna mejora.

3 — Visualización Usada en Psicoterapia

La visualización guiada tiene una larga y respetable historia en la psicoterapia. Ya en 1935 Jung[6] propuso el uso de la 'imaginación activa' como la piedra angular de su método y por los 1940s,

Roberto Assagioli[7] había hecho de meditaciones de visualización guiada el fundamento para su terapia a la cual llamó Psicosíntesis. Un profundo respeto al poder de la imaginación en la psicoterapia también forma la base de la psicoterapia transpersonal.[8] Milton Erickson, quien fue una de las figuras significativas en el desarrollo de la hipnoterapia moderna, también fue pionero en el uso de metáforas e historias como poderosas técnicas de sanación.[9] El trabajo de Erickson fue también el fundamento de la terapia ampliamente usada llamada *NLP* (Neuro-linguistic Programming/Programación Neurolinguística).[10] Otro ejemplo de visualización guiada es la terapia llamada *Terapia de Metáforas* desarrollada por David Groves.[11] El núcleo de esta terapia involucra el trabajo interactivo del terapeuta con el cliente en el desarrollo de una imagen o una metáfora del problema del cliente. No es una exageración decir que prácticamente todos los procedimientos de psicoterapia e hipnoterapia implican algún nivel de visualización.

4 – CATARSIS

Sigmund Freud usó primero el término catarsis después de descubrir que los síntomas de su cliente Anna O desaparecieron después de expresar emociones previas suprimidas. Posteriormente abandonó el uso de la catarsis cuando descubrió que los síntomas habían reaparecido algunos años después de haber completado la terapia. Otros continuaron trabajando con la catarsis, incluyendo a uno de los fundadores de la consciencia corporal, Reich, y luego Moreno. Lo que Freud no comprendió, y Moreno notó, fue que la catarsis es más que la liberación de una carga emocional de una ira, miedo, enojo o tristeza suprimidos. Moreno lo vio como una oportunidad para que el cliente obtuviera nuevas perspectivas y para transformarlas en su vida actual. Estas ideas fueron incluidas en su Terapia Grupal, que fue exitosamente usada en grupos de pacientes externos clínicos y organizaciones de salud mental en los Estados Unidos. Algunas de las psicoterapias más conocidas usando la liberación de energía atrapada incluye la Terapia Gestalt de Fritz Perl, el Psychodrama,[12] Renacer, y la terapia del Niño Interior. Estas terapias muestran que emociones fuertes o inadecuadamente expresadas asociadas con una imagen pueden hacer que la percepción sea imposible de cambiar sin que la emoción sea primero liberada. Cuando se ha liberado, se le puede ayudar al cliente a ver de manera distinta y tener una percepción más precisa. [13] El Dr Hans TenDam, el Dr Roger Woolger y muchos otros terapeutas de regresión han encontrado que las emociones reprimidas y bloqueadas necesitan ser liberadas y transformadas para sanar complejos profundos.

La hipnoterapia y muchas técnicas de psicoterapia, incluyendo la ampliamente utilizada terapia cognitivo-conductual, toman una perspectiva diferente y llaman a una catarsis una *ab-reacción* y la tratan de evitar. A los terapeutas de vidas pasadas utilizando hipnosis se les enseña desensibilización. La idea es brevemente descubrir la situación o memoria negativa regresada y permitir que la mente consciente la digiera lentamente como un observador separado. El enfoque es para traer la vida pasada a la consciencia en vez de liberar y transformar el complejo.

5 – MEMORIAS CORPORALES

La terapia de trauma, desarrollada por Bessel Van der Kolk[14], ha subrayado la importancia de la liberación física al igual que su liberación emocional acompañante. Los investigadores psiquiátricos de Harvard con los que trabajo enfatizan la participación de partes más viejas de la estructura cerebral, particularmente el sistema reptiliano o límbico. Esta parte del cerebro responde a situaciones de vida o muerte, de supervivencia, y es responsable de almacenar memorias traumáticas emocionales y corporales. Las porciones inferiores del área límbica controlan la sensación y el movimiento, y las partes intermedias controlan el procesamiento emocional.[15] Esta parte del cerebro está separada de la frontal cortical del cerebro, normalmente usada para la lógica y el pensamiento. Las implicaciones de esto son que para un recordar efectivo y la liberación de residuos traumáticos el cuerpo tiene que estar involucrado.

La Sabiduría Antigua[16] explica cómo las memorias físicas se mantienen como una memoria etérea en el cuerpo sutil. Una niña en una vida pasada que es estrangulada a morir tendrá las sensaciones físicas de ahogarse por falta de aire en el punto de la muerte. Esto se convierte en una memoria etérea retenida en el cuerpo sutil mientras parte del cuerpo físico. Esta memoria puede entonces imprimirse en una vida posterior en el cuerpo maleable del bebé cuando el alma se une con él. En línea con las liberaciones más físicas buscadas por Wilhelm Reich, el trabajo con memorias corporales de vidas pasadas muy frecuentemente provoca una disolución espontánea de la armadura corporal y la recuperación de un libido físico bloqueado. Efectivamente, un aspecto llamativo de mucho de este enfoque, cuando visto por un observador por primera vez, es el involucramiento físico del cliente en la historia que está siendo revivida. Como Roger Woolger[17] encontró, un cliente con un patrón físico crónico persistente no se sienta o recuesta pasivamente relatando una visión interna con los ojos cerrados. En cambio pueden estar sujetos a movimientos corporales dramáticos tal como apretarse el estómago reviviendo una herida con una lanza, o encorvarse mientras reviven una paliza como esclavos. Esta es una diferencia fundamental de una regresión a vidas pasadas que usa hipnosis y aspira a un entendimiento cognitivo y espiritual y omite al cuerpo. En contraste, el trabajo con memorias corporales enfoca al cliente

Apéndice I – Notas

en su cuerpo por la simple razón de que es en el cuerpo donde las memorias físicas son más vívidamente revividas.

Apéndice II

Estructuración de una Sesión de Terapia de Regresión

Preparación

Tenga una grabadora lista para la protección del terapeuta contra la introducción de memorias falsas, o si un cliente pide una grabación de la regresión a sus vidas pasadas.

Un soporte cómodo es necesario para que el cliente se recueste, el cual permita movimiento corporal en terapia de regresión. Una silla reclinable con soporte para la cabeza puede ser utilizado si se usa hipnosis.

Tenga un cuarto libre de sonidos disruptivos, con teléfonos y celulares apagados, incluyendo el celular del cliente.

Una caja de pañuelos es útil para cualquier liberación emocional.

Entrevista

El propósito de esto es que el terapeuta decida si trabajar la regresión con el cliente es aplicable. También es para establecer rapport, ganar confianza y suavizar cualquier ansiedad del cliente.

Reúna el historial del cliente. En la entrevista inicial, los detalles personales del cliente, historial y problema actual han de ser reunidos y revisados por contraindicaciones. Revise si el cliente está siendo medicado o ha visto a profesionales de salud mental o terapeutas.

Acuerde los objetivos del cliente. El cambio que el cliente quiere de la terapia habrá de ser discutido y se han de establecer y comentar expectativas realistas de escalas de tiempo. Otro estudio de caso de un cliente puede ser usado para ilustrar el proceso de terapia de regresión:

¿Qué le ha traído a verme hoy?
¿Cuál de sus problemas es el más importante para que empecemos a trabajar con él primero? (Para una larga lista de problemas)
Después de comenzar con la terapia, ¿cuál será la primer cosa que notará que le permitirá saber que está mejorando?

Reúna los síntomas de pensamientos, emociones e incomodidad física del cliente. Los síntomas medibles permiten que se pueda rastrear la mejora durante la terapia e incluyen intensidad y frecuencia:

Cuando tuvo este problema, ¿qué emociones tenía en ese tiempo?
¿Qué tan frecuentemente experimenta estos síntomas?
¿Diario, semanalmente, mensualmente?
Cuando tiene estas emociones, ¿qué pensamientos tiene con ellas?
¿Qué tensiones o dolores corporales tiene con ellas?

Apéndice II – Estructura de una Sesión de Terapia de Regresión

Si 10 representara lo peor que ha experimentado el síntoma y 1 es ningún problema, ¿qué nivel ha tenido recientemente?

Escala temporal de terapia. Todas las sesiones serán diferentes en cierto grado de todas las otras regresiones, pero algunas características y etapas son comunes. Las sesiones de terapia de regresión son típicamente planeadas para una duración de dos horas. La sección de la entrevista típicamente toma 15 minutos, 10 minutos para hacer un puenteo o usar hipnosis, 80 minutos para la regresión, y 15 minutos para restablecer al cliente y sacar preguntas.

Evite que estén presentes amigos. La información que viene de la sesión es muy personal y los amigos o esposos pueden ser parte de la información kármica. Por esta razón es mejor que no se sienten dentro durante la sesión. El cliente puede siempre compartir la información posteriormente si lo desea.

Establecimiento de expectativa. El terapeuta puede explicar lo que ocurrirá en la sesión y cómo se siente experimentar – hipnosis, vidas pasadas, o la vida entre vidas. A los clientes inestables se les puede animar a tener una mente abierta. A los clientes analíticos se les puede recordar que no paran una película a la mitad para analizarla. También la liberación de memorias regresadas o congeladas pueden involucrar la liberación de emociones. Se ha de explicar y comentar que esto es parte del proceso de sanación.

Límites. La terapia corporal involucra un movimiento físico y algún contacto con el cliente se puede hacer a través de elementos de apoyo, así que se requerirá el permiso ya sea antes de la terapia o antes del contacto en la sesión.

Puentes de Regresión

Los puentes de terapia de regresión vienen con la información reunida sobre el problema del cliente. El puente más simple puede ser usado durante la entrevista:

¿Qué estaba ocurriendo en su vida cuando el problema comenzó?

Pensamientos perturbadores o frases clave de la entrevistas que están vinculados con el problema del cliente parecen tener una carga emocional que puede ser usada:

Tome una respiración profunda y repita las palabras varias veces y mire lo que ocurre.

Para las emociones, los síntomas que están cerca de la superficie cuando una memoria de la vida actual está siendo recordada, pueden ser usados:

¿Cuál fue la peor parte?
Ponga toda su concentración en la emoción y vea profundamente hacia ella, profundo, hasta el mismo núcleo.
Vuelva a cuando experimentó por primera vez esta emoción ... ¿qué está ocurriendo?

Para síntomas físicos inexplicables presentes en la entrevista:

¿Qué sensaciones está experimentando en su cuerpo?
¿Está cerca de la superficie o es más profundo? ...
¿Sobre un área amplia o pequeña?

Apéndice II – Estructura de una Sesión de Terapia de Regresión

Ajuste su postura corporal, la posición de piernas y brazos que va con esta memoria. Mire si las sensaciones se intensifican.
Es como si ... ¿qué está pasando?
¿Qué imágenes están apareciendo?

Un escaneo de energía puede ser usado para amplificar sensaciones corporales o emociones:

Voy a escanear su campo energético para buscar los bloqueos que tenga en relación a .... (el problema)

Escanea el cuerpo dos o tres veces nombrando el área corporal que está siendo escaneado:

**Con sus ojos cerrados enfóquese en el área de su cuerpo conforme mi mano se mueve lentamente a varias pulgadas de su cuerpo de los dedos de sus pies a su cabeza. Dígame cuando esté consciente de un bloqueo, o una ligereza o pesadez ... tensión ... o alguna otra sensación corporal ... o puede estar consciente de una emoción. Empezando por la energía alrededor de sus pies ... piernas bajas ... rodillas ... (y demás)
¿Cuál es la sensación más fuerte? Simplemente enfóquese en esa área.
Ponga su consciencia entera en esa área.**

Luego use el puente físico.

HIPNOSIS

La hipnosis y la visualización guiada están cubiertas en el Apéndice III. La señalización ideo motora de dedos vinculada con la mente superior puede ser usada para identificar si se necesita la liberación de un espíritu, regresión a vidas pasadas o a la vida actual y el orden para realizar el trabajo.

Personificación del Personaje de la Vida Pasada

Reúna información detallada sobre el personaje de la vida pasada y asegúrese de que la experiencia se reporte en el tiempo presente y desde el cuerpo. Si el cliente entra directamente en una catarsis espontánea esta información se puede reunir después:

¿Qué ropa lleva puesta?
Describa la ropa con mayor detalle.
¿Cómo se siente el material contra su piel?
¿Lleva algo consigo?
¿Es un hombre o una mujer ... joven o viejo?

Establecimiento de la Escena

Obtenga información sobre la escena de la vida pasada. Otras preguntas que se pueden hacer están basadas en cómo la historia de la vida pasada emerge:

¿Está en el campo o cerca de algunos edificios?
Descríbalo con detalle.
¿Está solo o con alguien?
¿Qué hacen las otras personas?
¿Qué ropas traen puestas?
¿De qué más está consciente de su alrededor?
¿Es de día o de noche?

Apéndice II – Estructura de una Sesión de Terapia de Regresión

Explora la Vida Pasada

Use comandos directos para mover al cliente hacia delante a través de la vida pasada al punto de la muerte. Sáltese detalles mundanos y vaya a las partes significativas de la vida pasada. Busque puntos de cierre o de inflexión:

¿Qué pasa después?
¿Hay algo más que sea significativo antes de que continuemos?
Cuando haya contado hasta tres, vaya al siguiente evento significativo ... 1 ... 2 ... 3 ... ahora, ¿qué está ocurriendo?
Cuando haya contado hasta tres, vuelva al primer evento significativo ... 1 ... 2 ... 3 ... ahora, ¿qué está ocurriendo?

Catarsis

Para una catarsis espontánea permite la liberación. Use un fraseo sensorial en una voz más fuerte de lo normal y repítalo.

Deja salir todo ... ve a través de ello, cuerpo.
Cuerpo, ve al final.

La Transición de la Muerte

Al punto de la muerte siempre se ha de cubrir. Los pensamientos y sentimientos inconclusos en el punto de la muerte se imprimen profundamente y han de ser registrados para su limpieza posterior. Las memorias físicas pueden ser notadas por el drama, tal como la dificultad para respirar o apretarse una herida:

Cuando cuente a tres, vaya al momento justo antes de que su corazón deja de latir por última vez ... 1 ... 2 ... 3 ... ahora, ¿qué está ocurriendo? ¿Con qué pensamientos y emociones tiene que dejar la vida?

Para una muerte violenta vaya a través de la muerte rápidamente para minimizar cualquier incomodidad. Esto se ha de decir con una voz elevada y la última parte ha de ser repetida:

Vaya rápido al punto de la muerte ... Todo ha terminado ya.

Asegúrese que el espíritu deje el cuerpo y que no permanezca atado a la Tierra. Si no, encuentre una manera de asegurarse que se vaya a los reinos espirituales:

¿Se queda con el cuerpo o lo deja?
¿Qué necesita para finalmente dejar el cuerpo?

Confrontación con los Otros en los Reinos Espirituales

Nuevas revelaciones vienen de encontrarse con personajes de vidas pasadas y se pueden introducir guías espirituales para ayudar. El perdón verdadero es profundamente sanador y con frecuencia indica conclusión:

Vaya al lugar en donde (el otro personaje de la vida pasada) está y encuéntrese con él. ¿Qué le quiere decir que nunca le pudo decir en esa vida? ¿Qué le dice a usted?

Para dificultades o perpetradores que no muestran perdón:

Telepáticamente muéstreles su daño. ¿Qué ocurre ahora?
Envíeles un pequeño fragmento de energía de amor. ¿Qué ocurre ahora?
Vaya a otra vida pasada en la que haya estado con ellos. Pídale a sus guías espirituales que le acompañen. ¿Qué consejo ofrecen?

Terapia Corporal — Exploración de Memorias Corporales

Esto puede usarse para memorias de la vida actual o de vidas pasadas y frecuentemente libera una catarsis. Una voz firme y directiva es requerida:

Ve al punto justo antes ... (por ejemplo, que sentiste por primera vez la paliza)
Cuerpo, muéstrame qué está sucediendo. (Anima al movimiento de brazos y piernas)
Cuerpo, muéstrame lo que ocurre después. (Repítelo tanto como necesario)
Cuerpo, ve al final. (Esto necesitará ser repetido con una voz más alta durante una catarsis)

Terapia Corporal – Transformación de Memorias Corporales

Es mejor hacerlo inmediatamente después de explorar las memorias corporales. Se necesitará energía adicional para transformar un cierre y puede venir de un espíritu animal:

>**Cuerpo** (puño, etc.), **¿qué quieres hacer que nunca pudiste hacer?**
>**Vaya al reino animal y encuentre un espíritu animal que tenga la energía que necesita. Traiga la energía animal dentro de usted y sienta el poder de la energía entrando** ... (en las partes del cuerpo para la transformación)

Repase lo que estará haciendo para la transformación. Es útil tener una cuenta de tres para dar al terapeuta tiempo de coordinar la terapia corporal:

>**Cuando cuente 1 irás al punto justo antes de que** ... (por ejemplo, sentiste por primera vez la paliza) **y a la cuenta de 3** ... (por ejemplo, hará la transformación)

>**1 ... Ve al punto justo antes** ... (por ejemplo, de que sintieras por primera vez la paliza)
>**2 ... Va a ocurrir en cualquier momento ahora** (o un fraseo similar para construir el psicodrama)
>**3 ... Cuerpo** (o puño, etc.), **muéstrame lo que siempre habías querido hacer.**

Transforme la historia corporal usando elementos de apoyo, por ejemplo cojines, toallas retorcidas, etc. Construya el psicodrama

Apéndice II – Estructura de una Sesión de Terapia de Regresión

antes de permitir la transformación o proporciona cierta resistencia durante la transformación.

Una afirmación relacionada con la transformación del cuerpo es útil, tal como, 'Mire cómo las manos ahora tienen la fuerza para empujar.'

REGRESIÓN A LA VIDA ACTUAL

Los eventos significativos de la vida actual pueden ser vistos como una extensión de los eventos significativos de una vida pasada. Pueden venir de la entrevista con el cliente o se puede usar un puente de la vida pasada.

Vaya al punto en su vida actual cuando sintió por primera vez el enojo (o miedo, etc.) **y dígame qué está ocurriendo.**

Una vez que se han repasado las memorias de la vida actual, pueden ser transformadas de manera similar a las memorias de vidas pasadas a través del diálogo con los personajes de estos eventos:

Permítase conectar con el espíritu de ... (la persona). **¿Qué quiere decir que nunca pudo decir en ese entonces?**

¿Qué le dicen a usted?

Reencuadre las memorias:

Traiga consigo sus nuevas cualidades (perspectivas espirituales o animales de poder) **y vaya al punto ...** (justo antes del comienzo) **y reviva la memoria de cualquier manera que sea útil para usted.**

Paso al futuro:

Muévase a un punto seis meses después de esta sesión de terapia y mírese, luego mira atrás a los eventos que han pasado durante los últimos seis meses y concientícese de los cambios en usted mismo con sus nuevas perspectivas espirituales.

Dígame qué ha pasado en su vida social durante los últimos seis meses (o vida laboral, o con sus relaciones).

Conclusión

Se puede hacer una revisión de que el trabajo en la sesión fue completado con un escaneo de energía o una señal ideo motora vinculada con la mente superior. Cualquier trabajo incompleto requerirá una regresión de vuelta a ese punto, y el evento habrá de ser investigado y transformado.

Para cada sesión de terapia, una retroalimentación por teléfono o email puede asistir en la integración. En múltiples sesiones, el cliente puede llevar un diario de vidas pasados, de actividades físicas recomendadas para la disociación, y la vida pasado puede ser repasada antes del comienzo de una nueva sesión.

La Entrevista de Salida

El cliente se habrá de sentar para esta parte de la sesión y estará quieto, en un estado de reflexión. La labor del terapeuta es asistir al cliente para que pueda él encontrar su propia interpretación de

Apéndice II – Estructura de una Sesión de Terapia de Regresión

la sesión. Un periodo de alrededor de 15 minutos se puede apartar para hablar con el cliente y asegurarse que se encuentra completamente restablecido.

Las preguntas al final de una sesión de regresión comienzan el proceso de integración:

¿Reconoce algún patrón de esa vida trabajando en esta vida?

¿Reconoce a alguna de las personas de esa vida pasada teniendo lugar en esta vida?

APÉNDICE III

ESTRUCTURACIÓN DE UNA SESIÓN DE REGRESIÓN ESPIRITUAL

La metodología en esta sección incluyendo los scripts y preguntas están adaptados del libro del Dr Michael Newton, *Life Between Lives Hypnotherapy* (Hipnoterapia de Vida Entre Vidas),[1] y es usado en el Manual de Entrenamiento del *Michael Newton Institute*.

PREPARACIÓN

El objetivo es hacer de cada regresión espiritual un éxito. *Examine al cliente.* Revise que haya exitosamente experimentado hipnosis y una regresión a vidas pasadas primero. A aquellos que no lo han experimentado, se les puede pedir que tengan una regresión a vidas pasadas por separado usando hipnosis. Los clientes irán a niveles más profundos cuando han experimentado el trance o algún estado alterado de consciencia similar previamente. Proporcionar un CD de auto-hipnosis puede ayudar con esto. Contra indicadores pueden ser revisados, particularmente medicación, drogas recreativas o agitaciones emocionales. La regresión espiritual no pretende liberar y despejar un trauma.

Tenga una grabadora lista. La sesión necesita ser grabada porque el cliente no recordará todos los detalles de la regresión a la vida entre vidas. Los clientes frecuentemente reproducirán la grabación un número de veces para obtener nuevas revelaciones. También es útil usar un segundo sistema de grabación como respaldo.

El cuerpo del cliente necesita un soporte cómodo. Las sesiones duran entre tres y cuatro horas. En trance profundo el cliente no será capaz de cambiar su posición física para aliviar cualquier presión, por lo que es importante que esté cómodo. Un sillón de terapeuta, sofá, o silla reclinable pueden ser usados. Una cobija ayudará para asegurarse que no le de frío cuando su circulación se ralentice.

Tenga un cuarto libre de sonidos disruptivos. Teléfonos y celulares necesitan estar apagados, incluyendo el celular del cliente.

La duración de la sesión necesita planeación. Esto puede ser hasta cuatro horas, así que el cliente ha de reservar tiempo suficiente para la sesión y para un periodo libre de estrés después, para reflexionar en la experiencia. Estas regresiones son intensas energéticamente para el terapeuta porque la mayor parte del periodo estará intuitivamente vinculado con los ayudantes espirituales. Para evitar un '*burnout* de terapeuta' se recomienda planear como máximo de una regresión a la vida entre vidas en un día.

Cree un espacio sagrado para la sesión. El recurso primario del terapeuta es su vínculo intuitivo. Si no están usando su entorno normal necesitan estar cómodos con los alrededores y su espacio de energía. Un reproductor de CD puede ser usado para poner música celestial de fondo y asistir en el proceso de hipnosis.

Apéndice III – Estructuración de una Sesión de Regresión Espiritual

Trabajo previo para el cliente antes de la sesión. Una instrucción sugerida para el cliente, ya sea verbalmente o por email es:

'Gracias por su interés. Antes de tener una regresión a la vida entre vidas es importante que usted haya tenido una sesión de hipnosis con éxito. Esto es porque se requiere hipnosis profunda para acceder a sus memorias del alma. El trance es un estado natural de la consciencia durante el cual la mente se enfoca hacia dentro y el pensamiento analítico se desplaza a un segundo plano. Un ejemplo es manejar un coche por un periodo extendido y recordamos poco del viaje a excepción de nuestros pensamientos internos. El ir a un trance profundo es un esfuerzo colaborativo. La gente que ya es familiar con el trance tiende a entrar más rápidamente y con mayor profundidad que aquellos encontrando este estado alterado de consciencia por primera vez.

Si no ha tenido hipnosis puede encontrar a alguien localmente o, si me manda su dirección, puedo proporcionarle un CD de auto-hipnosis para relajación. Mientras más veces la gente usa la hipnosis, más profundo es el nivel al que pueden acceder.

También es importante que una vida pasada sea experimentada antes de la fecha de la regresión espiritual y que cualquier bloqueo de energía que pueda detenerlo de llegar a niveles profundos de hipnosis sea despejado. Esta sesión normalmente dura 2 horas y cuesta *** y tendrá lugar en ***. Las fechas y horarios posibles son ***.

La sesión de regresión a la vida entre vidas dura hasta cuatro horas y cuesta *** y se llevará a cabo en ***. Las fechas y horarios posibles son ***.

Voy a proporcionar una grabación en CD de la sesión pero puede traer su propia grabadora digital si lo desea. Los clientes han encontrado que para absorber completamente la información, frecuentemente escuchan la grabación un número de veces. Necesito que piense sobre sus objetivos para la sesión. Algunos posibles incluyen el propósito de su vida actual, progreso espiritual y kármico, por qué ciertos eventos han ocurrido en su vida, reconocer al grupo de almas, y encontrarse con su guía espiritual. También identifique hasta ocho personas significativas en su vida quienes han tenido ya sea un impacto positivo o negativo en usted. Establezca la relación que tienen con usted y enliste tres adjetivos para cada uno, por ejemplo, Joanne – Mamá: amorosa, controladora, lejana.

Debido a la duración de la sesión, sería bueno que trajera puesta ropa cómoda para recostarse durante la sesión. No se recomienda que amigos esten durante la sesión, ya que mucha de la información puede ser personal. Usted puede compartir la información en su grabación en una fecha posterior.

También se recomienda que planee un tiempo relajado inmediatamente después de la sesión y permita bastante tiempo para su viaje de regreso si necesita manejar un coche.'

El Inicio de la Sesión

La intención de esto es que el terapeuta establezca rapport, entienda los objetivos del cliente, establezca expectativas y responda cualquier pregunta.

Reúna los detalles del cliente. Los detalles personales del cliente han de ser reunidos y revisados por los contra indicadores de regresión a vidas pasadas. Se tendrá que recabar la edad del

Apéndice III – Estructuración de una Sesión de Regresión Espiritual

cliente y si tienen un trauma de la infancia o son incapaces de recordar periodos de su niñez, esto es un indicador para ya sea evitar o ser cuidadoso usando el profundizador de regresión de edad. Se les puede pedir a los clientes que han experimentado hipnosis antes sobre las técnicas que fueron más efectivas y algunas de estas pueden ser sustituidas en la inducción a la hipnosis o la profundización. Los clientes analíticos pueden requerir una inducción de confusión.

Comente cualquier preocupación del cliente. El terapeuta puede explicar lo que ocurrirá en la sesión y comentar cualquier preocupación. Se les puede recordar a los clientes que serán capaces de indicar la necesidad de ir al baño, incluso en la hipnosis más profunda.

Establezca expectativas de lo que ocurrirá. Las experiencias del cliente pueden ser diferentes a lo que pueden haber leído sobre el tema. Pueden tener una experiencia de sensación, en vez de una más normalmente visual; hay cierta fluidez en el orden de los eventos para este tipo de regresión y la cantidad de detalle varía. Algunas sesiones pueden estar bloqueadas total o parcialmente por la mente superior, pero cualquier cosa que se experimente tiende a ser exactamente lo que ellos necesitan en ese momento. Incluso en hipnosis profunda cuando el cuerpo está muy pesado, la mente consciente estará aún presente en cierto nivel, más frecuentemente como un observador sorprendido. A veces, después de una sesión de vida entre vidas, el cliente puede pensar que han inventado la información. Es útil explicarle que esto puede ocurrir y algunos de los factores que le permiten al cliente saber que es real son: las emociones positivas durante las reuniones con el guía espiritual y el grupo de almas, la manera espontánea en que la historia emerge, el nivel de detalle y los comentarios de los guías espirituales y Sabios, que parecen resonar profundamente dentro de él. Lo más importante, enfatice al cliente que sea abierto a como sea que el universo presente la información. *Repase la preparación del cliente.* Los objetivos y listas de personas significativas pueden ser repasados. *Evite que haya amigos presentes.* La información que viene de la sesión es muy personal y los amigos o esposos pueden ser parte de la información karmica. Por esta razón, es mejor que no estén presentes durante la sesión. El cliente siempre puede compartir la información en la grabación de la sesión posteriormente si así lo desea.

Hipnosis – Inducción al Trance

En ocasiones los clientes necesitan un poco de ayuda para calmar sus mentes activas. La siguiente sugestión antes de la hipnosis puede ayudar;

> 'Me gustaría que cerrara sus ojos e imaginara una caja de cualquier tipo ... puede verla, sentirla, o experimentarla de la forma que quiera ... y permita que todos sus pensamientos vayan hacia dentro de esta caja ... todas sus preocupaciones, inquietudes o pensamientos van a esta caja ... y ahora imagine una tapa de cualquier tipo que se pueda imaginar cerrando la caja firmemente ... y hágame saber cuando la tapa esté cerrada firmemente asintiendo con la cabeza ... bien ... y durante esta sesión si nota cualquier otro pensamiento, puede abrir la tapa y ponerlo en la caja ... y luego poner la caja detrás de usted.'

Se pueden necesitar hasta 45 minutos de inducción al trance y profundización para llevar al cliente a los niveles profundos donde tienen acceso libre a la información detallada de las

Apéndice III – Estructuración de una Sesión de Regresión Espiritual

memorias de su alma. La voz del terapeuta necesita proveer un ritmo usando pausas, y es útil gradualmente ralentizar el ritmo del habla durante el proceso de inducción. Se puede usar música celestial apacible como fondo para ocultar cualquier ruido irritante en el fondo. Asegúrese que el cliente esté relajado y que esté acostado o completamente apoyado en una silla reclinable. Sus manos han de estar visibles para el terapeuta. El flujo de sugestiones, cuando sea posible, puede estar sincronizado con las exhalaciones del cliente. Un script posible es:

'Conforme deja que sus ojos se cierren ... tome varias respiraciones profundas ... y enfóquese en su respiración ... y conforme inhala ... inhala relajación ... y conforme exhala ... exhala cualquier tensión ... y ahora enfóquese en la parte superior de su cabeza ... y permita que se vaya cualquier tensión muscular ... sólo relájese y déjese ir ... y me pregunto si la profunda relajación y pesadez en su frente ... se está ya empezando a expandir ... abajo a través de sus ojos ... su cara ... en su boca ... y quijada ... a través de su cuello ... profundamente reposado ... pesado ... y mientras más se relaja físicamente ... más se puede relajar mentalmente también ... y muy pronto ... podrá disfrutar de ese sentimiento placentero ... de relajación total ... y me pregunto qué tan rápido se esparcirá la relajación ... a los músculos de su cuello y hombros ... y a la parte superior de sus brazos ... permitiendo que esos músculos caigan y se liberen de la tensión ... y sigue bajando por sus brazos ... relajándose ... abajo a sus codos ... y a sus antebrazos ... sólo permitiendo que todos esos músculos se relajen ... y dejándose ir ... abajo, a las muñecas ... las manos, pulgares y dedos ... hasta las puntas de sus dedos ... simplemente deje que toda esa tensión muscular se vaya ... y note que su respiración se torna más fácil y nivelada ... quizás comenzando a notar los sonidos que le distraían, haciéndolo ahora menos ... que todos los sonidos que puede escuchar se vuelven parte de su experiencia de comodidad y relajación ... y cualquier otra cosa que note se vuelve parte de esta experiencia ... y ahora quiero que use su maravillosa imaginación ... e imagine que está visitando una hermosa casa de campo y la podrá ver, sentirla o experimentarla de la forma que usted quiera ... una hermosa ... vieja casa de campo ... en una cálida ... y soleada tarde de verano ... y está parado frente a unas escaleras ... que le llevan abajo a una puerta de entrada ... y conforme mira abajo ... puede echar un vistazo a través de la puerta abierta ... un encantador jardín de campo ... y es tan tentador bajar las escaleras ... para descubrir este lugar especial ... es una hermosa y soleada tarde de verano ... y no hay nadie ... que le incomode ... o le moleste ... y en un momento contaré del uno al diez ... y permita que cada número represente un escalón ... y cada escalón le lleva más profundo ... y a niveles más profundos de relajación ... así que cuando llegue a diez ... se puede permitir estar tan profundamente relajado ... como podría estar ... puede notar incluso que su mente vaga bastante ... y mi voz se desvanece en el fondo ... pero eso no importa tampoco ... el sonido de mi voz le continuará relajando ... uno ... cuando esté listo dé su primer paso hacia abajo ... relajándose ... y dejándose ir ... dos ... dé otro paso ... sintiéndose más a gusto ... y en paz consigo mismo ... tres ... quizás notando un sentimiento pesado y descansado esparciéndose con cada paso ... cuatro ... simplemente desplazándose más profundo ... y más profundo ... cinco ... otro escalón ... tornándose más calmado ... y aún más calmado ... continúa relajándose ... continúa dejándose ir ... y sintiéndose bien ... seis ... sintiendo más y más del

Apéndice III – Estructuración de una Sesión de Regresión Espiritual

disfrute verdadero de esta relajación ... y comodidad ... siete ... hundiéndose más y más profundo ... deslizándose más hacia este estado relajado y acogedor ... ocho ... disfrutando de esos sentimientos ... medio despierto y medio dormido ... y sintiéndose muy bien ... nueve ... notando la relajación creciente ... y la comodidad que se esparce ... diez ... y ahora hasta abajo de las escaleras ... y caminando hacia la puerta abierta ... y hacia los jardines más allá ... absorba la atmósfera de paz ... y tranquilidad ... en este bello y viejo edificio ... y caminando hacia fuera a través de la puerta ... párese ahí y note el hermoso césped verde ... los arbustos y árboles ... los verdes ... y cafés ... y el cielo azul despejado ... y sienta el calor del sol sobre su cabeza y hombros ... conforme disfruta de esta hermosa tarde de verano ... en este bello jardín campirano ... y las flores con salpicaduras de colores ... rojo ... amarillo ... púrpura ... blanco ... inhale ... y huela el perfume especial de este lugar ... y no hay nadie ... nadie que quiera nada de usted ... nadie que necesite nada ... nadie esperando nada ... así que puede disfrutar de la paz ... y la tranquilidad ... en este bello jardín de campo ... y caminando por el césped ... llegando a un arco con flores ... y algunos escalones de piedra ... y los encantadores sonidos del agua corriendo a la distancia ... y qué tentador es ir más profundo en este lugar escondido ... y baja lento estos escalones ... y se hunde más y más profundo en relajación ... y hasta abajo de los escalones ... ve otro césped ... y en la distancia un pequeño arroyo ... con juncos creciendo a la orilla ... y camina lentamente a través del pasto ... disfrutando de esta hermosa ... pacífica ... tarde de verano ... se sienta junto al río ... y conforme lo hace ... sólo mire el agua clara y suave ... y deje su mente libre ... consciente de su relajación total ... y permita que su mente se desplace ... adonde quiera ir.'

Evaluación de la Profundidad de la Hipnosis

Esta es una prueba útil de la profundidad del trance y puede ser usada en cualquier punto. La profundidad del trance puede ser evaluada por la demora en la respuesta y el movimiento lento espasmódico del dedo:

> 'Imagine una escala ... con 10 representando totalmente despierto ... y 1 representando la relajación más profunda a la cual podría ir ... y conforme cuento en la escala del 10 al 1 ... deje que el dedo de su mano se eleve para indicar su profundidad de trance ... 10 ... 9 ... 8 ... 7 ...' y demás'.
>
> Espere a que se eleve un dedo. 'Bien.'

Profundización de Hipnosis

El siguiente profundizador, en ocasiones llamado el *caer de los números*, puede ser usado como una alternativa al profundizador de regresión de edad de Newton para obtener mayor profundidad de trance:

> 'En un momento me gustaría que empezara a contar ... empezando con el número uno y contando hacia arriba ... y con cada número que cuente se relajará más y más ... más cómodo ... y contando lentamente ... contando muy lentamente y notando que después de algunos números ... los números simplemente se desvanecerán ... y

Apéndice III – Estructuración de una Sesión de Regresión Espiritual

eventualmente los números desaparecerán del todo ... simplemente desplácese por completo porque estará tan cómodo ... y tan relajado ... y esos números no importarán más ... y empezando con el número uno contando hacia arriba ahora.'

Entre los números contados por el cliente, cualquiera de los siguientes puede usarse:

'desplazándose'
'aún más profundo'
'más y más profundo'
'notando que los números comienzan a desvanecerse ... simplemente a desvanecerse'
'más y más profundo ... conforme los números se desvanecen'
'maravillosa y profunda relajación'

La voz del cliente será más suave conforme los números se desvanecen.

ANCLAJE DE LA PROFUNDIDAD DEL TRANCE

La experiencia del cliente puede ser anclada en la parte más profunda de su trance para rápidamente llevarlo a ese nivel en puntos posteriores si se necesita:

'Cuando diga las palabras PERMANEZCA CON LA EXPERIENCIA, automáticamente, sin siquiera pensarlo, permitirá que tanto su mente como su cuerpo vuelvan inmediatamente a este mismo cómodo estado del cual disfruta ahora mismo … Cuando diga las palabras PERMANEZCA EN LA EXPERIENCIA, automáticamente, sin siquiera pensarlo, permitirá que tanto su mente como su cuerpo vuelvan inmediatamente a este mismo cómodo estado del cual disfruta ahora mismo. Esto ocurrirá hoy y en otras sesiones conmigo.'

Instrucciones Finales

Estas instrucciones necesitan tener un tono más directivo del terapeuta:

'Conforme progresamos encontrará que es capaz de hablarme libremente … sobre cualquier cosa sin despertar … de hecho, la conversación que tendremos servirá sólo para mantener la profundidad de su trance … quiero que se visualice teniendo un poderoso escudo dorado de luz alrededor suyo … de pies a cabeza … dándole luz y poder … y si cualquier sentimiento negativo del pasado llega, rebotará con su escudo de luz protector.'

Entrada a la Vida Pasada

'Y vamos a encontrar una neblina llevando a su última vida pasada … o a otra que su mente superior seleccione para usted … sabiendo que emergerá de entre la neblina a la cuenta de 3 en esa vida pasada … 1 … entrando en la neblina … 2 … comenzando a emerger de la neblina … permitiendo que las memorias se hagan más fuertes y claras … y en la siguiente cuenta estará completamente fuera de la neblina y en su cuerpo en esa vida pasada … 3 … note que la neblina se disipa conforme mira abajo hacia sus pies ... y sus piernas ... y la ropa sobre su cuerpo ... y a su propio tiempo ... conforme la neblina se disipa totalmente ... dígame sobre la ropa que está usando.'

Personificación del Personaje

Obtenga información detallada sobre el personaje de la vida pasada y muévase rápido a través de cualquier catarsis espontánea. Algunas preguntas posibles son:

¿Qué ropas trae puestas sobre su cuerpo?
Describa las ropas con mayor detalle.
¿Cómo se siente el material contra su piel?
¿Lleva algo consigo?
¿Es un hombre o una mujer... joven o viejo?

Establecimiento de la Escena

Obtenga información sobre la escena de la vida pasada. Otras preguntas pueden hacerse basándose en cómo emerge la historia de la vida pasada. Algunas preguntas posibles son:

¿Está en el campo o cerca de algunos edificios?
Descríbalo en detalle.
¿Está solo o con alguien?
¿Qué hacen las otras personas?
¿Qué ropas llevan puestas?
¿De qué más está consciente a su alrededor?
¿Es de día o de noche?
¿Hace frío o calor?

Explore la Vida Pasada

Use comandos directos para mover al cliente hacia delante a través de la vida pasada. Sáltese detalles mundanos y vaya por las partes significativas de la vida pasada:

> ¿Qué ocurre después?
> **Cuando haya contado hasta tres, vaya al siguiente evento significativo ... 1 ... 2 ... 3 ... ahora, ¿qué está pasando?**

El Punto de la Muerte de la Vida Pasada

La vida pasada se ha de mantener corta a aproximadamente de 15 a 30 minutos porque es normalmente repasada con mayor detalle con el guía espiritual en las memorias del alma. Ir al punto de la muerte siempre es significativo y señaliza el final de la reencarnación física. Algunas afirmaciones y preguntas incluyen:

> **Vaya al momento justo antes de que tomara su último aliento y dígame qué está pasando.**

Para una muerte violenta vaya a través de la muerte rápidamente para minimizar cualquier incomodidad.

> **Vaya rápidamente al punto de la muerte. Todo ha terminado ya.**

Apéndice III – Estructuración de una Sesión de Regresión Espiritual

ENTRADA A LOS REINOS ESPIRITUALES

No hay necesidad de reunir gran detalle en este punto. Permita más tiempo para la respuesta a las preguntas en este punto. Algunas preguntas útiles a hacer son:

Vaya al punto en el que su corazón late por última vez.
¿Se queda con su cuerpo o está listo para dejarlo?
Después de que su corazón ha parado por última vez, ¿qué ocurre y qué experimenta posteriormente?

Frecuentemente habrá cierta confusión durante el periodo en el que se deja el cuerpo, por lo que se pueden usar preguntas direccionales. Algunas posibles incluyen:

Vaya al punto en el que deja su cuerpo y dígame lo que ocurre después.
¿Deja el cuerpo por si mismo o siente alguna clase de atracción?
¿Mira hacia abajo a la Tierra, o hacia el frente?
Conforme prosigue, ¿ve una única luz o un número de luces a la distancia?
¿Alguna luz se desplaza cerca de usted o va usted hacia la luz?
Conforme la luz se acerca, describa los colores o la apariencia física que ve.

El Lugar de Sanación de Energía

Si la vida pasada ha sido traumática, los clientes reportarán ir a un lugar de sanación de energía. Su propósito es remover energía emocionalmente pesada de la vida pasada o añadir nueva energía antes de encontrarse con otras almas en los reinos espirituales:

¿Adónde va después?
Describa el lugar al que ha sido atraído a ir.
¿Es diferente en alguna manera de otras veces que ha estado aquí?
¿Está recibiendo alguna nueva energía o se le está removiendo vieja energía?
Describa lo que experimenta.
Mire el color de su campo energético y dígame los cambios desde que entró en un inicio.

Explore las Memorias del Alma

Estas preguntas se pueden hacer frecuentemente:

¿Qué ocurre después?
Hágame saber si otros eventos significativos ocurren aquí antes de que prosigamos.

Apéndice III – Estructuración de una Sesión de Regresión Espiritual

Repaso con el Guía Espiritual

Aquellos clientes que no han visto a su guía espiritual antes encontrarán que la experiencia permanecerá con ellos por el resto de sus vidas. Este es frecuentemente el momento en que la última vida pasada será repasada. Algunas preguntas posibles son:

> ¿Tiene algún pensamiento sobre quién se ha encontrado con usted?
> ¿Se muestra su guía en forma de energía o en forma física?
> ¿Qué experimenta cuando se encuentra con su guía espiritual?
> Pida a su guía que se muestre en forma física y describa su apariencia.
> Describa las características faciales.
> Describa el color de cabello, su largo y el color de ojos.
> ¿Cómo se llama su guía?
> Si su guía repasa su vida pasada, ¿qué se comunica?
> Describa cómo se le muestra la vida pasada.
> ¿Su guía espiritual le dice el propósito para esa vida pasada?
> ¿Cumplió con ese propósito? ¿Qué problemas tuvo?
> Dígame sobre el rol de su guía y su ayuda para usted en esa vida.

Encuentro con el Grupo de Almas

Todos los clientes tienen un grupo de almas compañeras. Algunas veces llegan a este lugar en seguida sin incitación y describen luces viniendo hacia ellos:

> Enfóquese en las luces una por una y describa los colores.
> Mire el núcleo y dígame qué color nota.
> ¿Es el mismo color que el suyo o es diferente de alguna manera?
> ¿Qué experimenta al estar con ellos de nuevo?
> Cuéntelos y dígame cuántos hay en su grupo de almas.
> ¿Ha estado alguno de su grupo de almas involucrado con usted en sus vidas pasadas?
> ¿Hay un interés común o tema con el cual su grupo está trabajando?
> Enfóquese en su grupo de almas uno por uno y dígame los nombres de cualquiera de ellos que reconozca en su vida actual.
> ¿Hizo alguna preparación para esta vida con ellos en este punto?
> ¿Cuántas vidas ha tenido con este grupo?
> ¿Algún miembro de su grupo pasó periodos extendidos de tiempo persiguiendo otras actividades?

Encuentro con otros Grupos de Almas

Si el cliente es parte de otro grupo de almas lo podrán describir yendo hacia otras luces. Algunas preguntas posibles son:

Apéndice III – Estructuración de una Sesión de Regresión Espiritual

Concéntrese en las luces una por una y describa los colores.
Mire el núcleo y dígame qué color nota.
¿Es este el mismo color que el suyo o es diferente de alguna manera?
Concéntrese en ellos uno por uno y dígame sobre cualquiera que reconozca en su vida actual.
¿Hizo alguna preparación para esta vida con ellos en este punto?
¿Hay un interés común o tema con el que su grupo esté trabajando?
¿Cuántas vidas ha tenido con este grupo?

Visita a los Sabios

Todas las almas visitarán en algún punto a los Sabios (o les podrán dar otro nombre) al menos una vez entre vidas. Esta es una de las partes más importantes de una sesión de vida entre vidas y un área de enfoque principal. En algún punto el cliente podrá describir dejar un lugar con su guía espiritual. Si quiere que vaya directamente a este evento, particularmente si la vida pasada no parece ser la última del cliente, diga:

Vaya al lugar donde se encuentra con los espíritus de luz que planearon la encarnación para su vida actual:

Establezca la escena en detalle. Puede ser en forma física o de energía. Algunas preguntas posibles son:

**Describa su ruta de viaje. Hágame saber lo que nota y lo que pasa cuando llega.
Describa el lugar al que llega.**

¿Hay alguna diferencia en lo que le rodea desde su última visita?
¿Está con usted su guía espiritual?
Dígame la posición de su guía espiritual relativa a usted.
¿Qué está experimentando conforme visita este lugar?

Reúna información sobre los Sabios. Ellos pueden estar en forma física o de energía. Las preguntas posibles son:

¿Cuántos espíritus de luz hay ahí?
¿Cuáles son sus nombres?
Mire atentamente. ¿Están en forma de energía o en forma humana?
Describa los rasgos faciales que note.
Describa el color de cabello, su largo y el color de ojos.
Encuentre al más prominente y describa cómo está vestido y cualquier ornamento o emblema que llame su atención.
¿Cuál es la importancia de ese ornamento o emblema para usted?

Encuentre qué se comunica con los Sabios. Las preguntas posibles son:

¿Qué le es comunicado?
¿Qué le dicen que su Guía no cubrió?
¿Ofrecen algún ánimo o consejo?
¿Repasan su próxima vida y le ofrecen algún consejo?
¿Comentan el nivel de energía del alma a llevar con usted a la siguiente vida?

Apéndice III – Estructuración de una Sesión de Regresión Espiritual

Selección del Cuerpo Físico de la Vida Actual

Este es el lugar donde el cliente puede probarse el cuerpo para su vida actual y en ocasiones tiene elección en su selección. El objetivo es permitirle al cliente un mayor entendimiento de si mismo y de su origen. A menudo ocurre durante en encuentro con el guía espiritual o con los Sabios. Para ir directo a este evento, diga:

Vaya al lugar donde selecciona su cuerpo para esta vida.

Otras preguntas posibles a hacer en el lugar de la selección del cuerpo son:

Describa lo que le rodea.
¿Está con su guía o está solo?
¿Cuántas opciones tiene?
¿De qué forma se le muestran los cuerpos?
¿Qué piensa que cada cuerpo le ofrece?
¿Tiene elección en la vida o familia o circunstancias con cada cuerpo?
¿Por qué rechaza algunas opciones?
¿Cómo le ayudará el cuerpo que seleccionó a lograr su propósito de vida?
¿Tiene opción en las emociones o inteligencia con el cuerpo seleccionado?
¿Tiene alguna discusión sobre qué tanta energía del alma llevará consigo?

Otras Actividades Espirituales

La lista siguiente incluye algunas de las cosas que el cliente podrá experimentar en algún punto en las memorias del alma. Muchas preguntas se pueden hacer intuitivamente como resultado de la respuesta a sus preguntas.

Algunas preguntas posibles cuando se esté en las salas de aprendizaje o en salones de enseñanza:
Describa sus alrededores.
¿Qué está aprendiendo?
¿Cómo ocurre el proceso de aprendizaje?
¿Cómo le ayudará esto en su vida actual?

Preguntas posibles cuando esté en las áreas de soledad para el estudio y reflexión:

Describa sus alrededores.
¿Ha estado antes en este lugar?

Algunas preguntas posibles a hacer cuando se viaja a otra dimensión o se aprende un nuevo conocimiento:

Describa sus alrededores.
¿Cómo le ayudará esto en su vida actual?
¿Ha estado en lugares similares después de otras vidas pasada?

Apéndice III – Estructuración de una Sesión de Regresión Espiritual

Partiendo de los Reinos Espirituales para la Reencarnación

Esto completa las memorias del alma y a menudo trae nuevas perspectivas sobre la vida actual. Si quiere ir directo a este evento, diga:

Vaya al lugar donde se preparas para la siguiente reencarnación.

Preguntas posibles para la reencarnación son:

Describa sus alrededores.
¿Está con usted su guía espiritual o está solo?
¿Cuánta energía del alma llevará consigo?
¿Cuál es la razón para llevar ese nivel de energía a esta reencarnación?
¿Qué emociones o memorias físicas llevará de la vida pasada?
¿Cómo recordará a las personas significativas que ha de encontrar en esta vida?
Vaya al punto cuando su energía del alma se junta con el cuerpo del bebé en el vientre. Dígame lo que experimenta.
¿Qué edad tiene el bebé desde la concepción cuando su alma se une con él?
¿Tiene algún significado el juntarse con el bebé a esa edad?

Los Sabios y el Eterno Ahora

El terapeuta puede también cambiar el encuentro con los Sabios del recuerdo de memorias al *eterno ahora* y tener comunicación para responder preguntas específicas. Es mejor hacerlo después de experimentar todas las memorias del alma porque será menos confuso cuando el cliente escuche la grabación posteriormente:

> **Vuelva al encuentro con los Sabios.** (u otro nombre usado)

Las preguntas posibles para hacer a los Sabios en el eterno ahora son:

> **Pídales que confirmen cuál es su propósito en su vida actual.**
> **¿Por cuántas vidas pasadas ha estado trabajando en este aspecto?**
> **Pídales que revisen cualquiera de estas vidas pasadas que le sean de ayuda.**
> **¿Qué comentarios tienen sobre su progreso en esta vida?**
> **Pídales que le den algún consejo que le ayude en su vida actual.**
> **Pregúnteles si se le puede hablar sobre sus actividades espirituales en el futuro.**
> **Pregunte a cada Sabio si tiene algo más que decirle.**

Cierre Final en los Reinos Espirituales

Esto se le puede dirigir al cliente:

Apéndice III – Estructuración de una Sesión de Regresión Espiritual

Antes de que dejemos a los Sabios, quiero que me diga si hay algo más que quisiera preguntar.

Agradezca a todos los espíritus de luz por su ayuda y sabiduría y libérelos.

Despertar al Cliente

El cliente habrá estado en hipnosis profunda por hasta cuatro horas y se necesitará tiempo para permitirle volver a un estado completamente despierto, y para que su circulación sanguínea vuelva a la normalidad. En una voz más alta de lo normal, diga:

'Vamos a dejar los reinos espirituales y puede traer de vuelta con usted todas las memorias y revelaciones. Voy a contar del diez al uno y cuando lleguemos a la cuenta de uno, estará completamente despierto, relajado, totalmente refrescado como si despertara de una noche completa de sueño.
10 … comenzando a volver…
9 … siendo capaz de mover su pierna izquierda (anime al movimiento de la pierna) …
8 … siendo capaz de mover su pierna derecha (anime al movimiento de la pierna) …
7 … moviendo su mano y brazo izquierdos …
6 … moviendo su mano y brazo derechos …
5 … permitiendo que se mueva su cintura …
4 … moviendo sus hombros …
3 … volviendo más aún …
2 … En la siguiente cuenta sus ojos estarán completamente abiertos …
1 … Sus ojos completamente abiertos, estando totalmente consciente de estar en la habitación.'

La Entrevista de Salida

El cliente necesita sentarse para esta parte de la sesión y estará aún en un estado de reflexión. La tarea del terapeuta es asistir al cliente para que pueda encontrar su propia interpretación de la sesión. Un periodo de al menos 15 minutos debe ser apartado para hablar con el cliente y asegurarse de que está completamente restablecido.

Resuma el orden de los eventos clave de la regresión a la vida entre vidas, por ejemplo el cruce, el encuentro con los grupos de almas, etc. y haga preguntas sobre el contenido de cada uno:

¿Qué aspectos clave recuerda sobre esta parte y de qué manera fue útil?

Se le puede pedir al cliente que espere algunas semanas antes de escuchar su grabación y obtener mayores revelaciones. Después de la reflexión se le puede pedir que escriba un resumen de cómo le ha ayudado la información y que lo envíe por email al terapeuta. Esto puede ayudar adicionalmente en el proceso de integración y da al terapeuta una retroalimentación útil.

Apéndice IV

Trabajo con Energía Intrusiva

Detección – Escaneo del Campo energético

Es importante dejar clara la intención sobre lo que se quiere escanear:

Voy a escanear cualquier energía que no le pertenezca. Con los ojos cerrados, enfóquese en el área de su cuerpo conforme mi mano se mueve lentamente a varias pulgadas de su cuerpo, de los dedos de sus pies a su cabeza. Dígame de alguna parte del cuerpo que se sienta más ligera o pesada o diferente de alguna forma. Comenzando con la energía alrededor de sus pies ... piernas bajas ... rodillas ... (y todas las partes del cuerpo hasta la cabeza)

El escaneo puede necesitar ser repetido dos o tres veces.

Detección — Respuesta Ideomotora con el Dedo

Es mejor hacer esto después de un escaneo de energía o una hipnosis ligera.

Quiero comunicarme con su mente superior a través de sus dedos. Deje que su mente consciente se desplace a un segundo plano.
Permita que su mente superior eleve un dedo de su mano izquierda para indicar SÍ ... Espere a que se eleve un dedo ... **Bien.**
Permita que su mente superior eleve un dedo de su mano izquierda para indicar NO ... Espere a que se eleve un dedo ... **Bien.**

Normalmente habrá una demora en la respuesta y un movimiento de dedo ligero.

Mente superior, ¿hay alguna energía que no pertenezca a (el cliente)?
Mente superior, ¿hay dos o más energías? Esto se puede repetir para tres o más, etc.
Mente superior, ¿hay exactamente una energía? O dos, tres, etc. para confirmar el número exacto.

Hacer Contacto con las Adhesiones Espirituales

Permita que su mente consciente se desplace a un segundo plano, sabiendo que estará a salvo y protegido. Quiero que la energía en su pecho (o piernas, etc. o la energía más fuerte) **avance hacia la garganta de** ... (el nombre del cliente) **y me hable.**

Mueva la energía con las manos desde el pecho (o piernas, etc.) a la boca del cliente.

Hola. ¿Cómo te llamas?

Una voz suave y gentil es necesaria porque es menos amenazadora, y un poco de perseverancia puede ser requerida para animarle a hablar.

Información para ayudar en la Liberación

Alguna energía puede ser liberada inmediatamente sin diálogo, así que se puede hacer un chequeo de dedo.

Me gustaría que su mente superior me indicara si esta energía puede ser liberada sin tener que hablarle.

Si la respuesta es sí, se le puede requerir a un guía espiritual que se lo lleve y se le puede preguntar al cliente que lo empuje hacia fuera. Si es necesario el diálogo con la adhesión, debilite su vínculo con el cliente:

¿Te das cuenta de que estás muerto?
¿Te das cuenta que este no es tu cuerpo legítimo?

Encuentre qué se necesita para que se vaya a la luz, tal como ver a un ser querido de una vida pasada, una niñera para bebés, etc.

¿Había alguien en tu propia vida a quien amabas?

Cuando moriste, ¿qué evito que fueras a la luz?

Si la adhesión se unió durante un trauma emocional del cliente, este es un gancho que habrá de ser despejado con terapia de regresión. Puede ser establecido a través del diálogo:

¿Qué estaba ocurriendo en la vida de ... (el cliente) cuando te uniste a ella/él?

Alternativamente la respuesta ideomotora con los dedos puede ser usada con el cliente:

Me gustaría que la mente superior me indicara si se necesita una regresión a la vida actual después de liberar esta energía.

Encuentre el efecto que tuvo la adhesión espiritual en el cliente. Esto podría ser bajos niveles de energía, pensamientos particulares, emociones o cambios en el comportamiento:

¿Pusiste algún pensamiento (etc.) **en ...** (el cliente)?

Manejando Dificultades

En ocasiones las adhesiones pueden estar renuentes a dejar al cliente, por lo que se necesita perseverancia y encontrar nueva información. El terapeuta puede usar su intuición para ayudar.

Trae una chispa de amor puro al centro de ti y dime lo que ocurre.
No eres querido en este cuerpo, es hora de irse.
Dime cómo era tu vida cuando tenías tu propio cuerpo y qué pasó cuando moriste.

Apéndice IV – Trabajo con Energía Intrusiva

Le pido a un Espíritu de Luz que venga y te lleve a la luz.

Conforme la Energía es Liberada

Asegúrate de que el cliente ayude a empujar la energía fuera con sus manos para darle el poder de estar involucrado en la liberación. También explore qué sensaciones experimenta el cliente.

Dígame qué experimentas conforme se va.

Otros tipos de Energía Intrusiva

Cierta energía intrusiva puede tan sólo ser energía emocional:

¿Has tenido alguna vez un cuerpo humano propio?

Si la respuesta es sí, hablar con la 'parte de energía' es posible para establecer cuándo fue creada en la vida del cliente antes de cambiar a terapia de regresión.

Completando una Sesión

Es importante revisar si toda la energía intrusiva ha sido liberada:

Me gustaría que su mente superior me dijera si toda la energía que no le pertenece a ... (el cliente) ha sido liberada.

Sanación de energía y Entrevista

Se pueden usar el Reiki, la sanación espiritual o similares:

Permita que su mente superior eleve el dedo "SÍ" cuando su campo energético haya sido sanado.

Al final de la sesión de terapia puede tener lugar una conversación sobre lo que ocurrió. Una explicación sobre las adhesiones espirituales será necesaria. Alternativamente puede ser explicado como partes de la terapia. Se necesitará una conversación sobre protección futura después de la sesión. Es sólo en momentos de accidentes, operaciones o trauma emocional que la protección normal de una persona se debilita y se abre a adhesiones espirituales.

Lectura Complementaria

La lista a continuación contiene libros clásicos que proporcionan diferentes perspectivas sobre la terapia de regresión, las vidas pasadas, la vida entre vidas, reencarnación, psicología y psicopatología. Hay más títulos contenidos en la bibliografía.

Terapia de Regresión

Lucas, W. (ed.), *Regression Therapy: A Handbook for Professionals*, vol. 1, Deep Forest Press, 1993. Este viene en dos volúmenes con artículos y técnicas de una amplia gama de terapeutas de regresión.

Mack, P., *Healing Deep Hurt Within; The Transformational Journey of a Young Patient Undergoing Regression Therapy*, Heart Press, 2011. El Dr. Peter Mack es un neurocirujano quien después de años de frustración incorporó la terapia de regresión en su práctica y ayudó a un paciente con una enfermedad debilitante que no respondía a la medicina convencional. Es difícil dejar este libro una vez que se ha comenzado.

Mack, P., *Life Changing Moments in Inner Healing*, Heart Press, 2012. Esta es una continuación del primer libro y describe la sanación transformacional usando regresión a vidas pasadas con pacientes que llegaron con una variedad de síntomas inexplicables incluyendo insomnio, sueños pavorosos, fobia al agua y a las serpientes, dilación, ira, pérdida de memoria, miedo al éxito, pánico a hablar en público y dolor inexplicable.

TenDam, H., *Deep Healing,* Tasso, 1996, (pedidos al email de Hans; tasso@damconsult.nl.). Técnicas de regresión usadas por Hans TenDam, quien es uno de los pioneros en terapia de regresión.

Tomlinson, A., (ed) *Transforming the Eternal Soul,* (Transformando el Alma Eterno) Heart Press, 2011. Una continuación de este libro que contiene técnicas avanzadas de terapia de regresión incluyendo: empoderamiento de un cliente, regresión espiritual al niño interno, limpieza de energía oscura, trabajo con clientes difíciles, terapia de regresión en una práctica médica, terapia con cristales en regresión, manejo de emergencias espirituales e integración de la terapia en la vida actual del cliente.

Woolger, R., *Healing Your Past Lives,* Sounds True, 2004. Roger es uno de los pioneros en introducir la consciencia corporal en la terapia de regresión. Escrito primordialmente para el lector general, Roger introduce su forma de usar terapia de regresión a la que llama Proceso de Memoria Profunda (Deep Memory Process).

Vidas Pasadas

Bowman, C., *Children's Past Lives,* Element, 1998. Un libro fácil de leer sobre las experiencias personales de Carol con vidas pasadas de niños.

Lawton, I., *The Big Book of the Soul,* Rational Spiritual Press, 2009. Este contiene un resumen de toda la investigación moderna que apoya la reencarnación y la existencia del alma.

Stevenson, I., *Twenty Cases Suggestive of Reincarnation,* University of Virginia Press, 1974. Ian trabajó con más de 2,600 vidas pasadas de niños. Este libro comparte sus descubrimientos con 20 de ellas. Es un libro clásico sobre investigación objetiva que provee evidencia de las vidas pasadas.

Stevenson, I., *Where Reincarnation and Biology Intersect*, Praeger Publishers, 1997. Este es otro libro de Ian que proporciona evidencia sobre el vínculo entre el trauma de una vida pasada y problemas físicos en la actual.

Weiss, B., *Many Lives, Many Masters*, Piatkus, 1994. Un relato fácil de leer de un psicólogo clínico que descubre las vidas pasadas a través de un cliente.

REGRESIÓN A LA VIDA ENTRE VIDAS

Lawton, I., with research assistance from Tomlinson, A., *Wisdom of Souls*, Spiritual Rational Press, 2006. Diez grupos de Sabios de la vida entre vidas comparten profundas revelaciones sobre un rango de temas espirituales, históricos y filosóficos incluyendo: el propósito de la vida en la Tierra, el futuro de la humanidad y la verdadera naturaleza del tiempo y la realidad.

Newton, M., *Journey of Souls*, Llewellyn, 1994. La narrativa está basada en los relatos de la vida entre vidas de 29 personas. Este importante libro proporciona un fundamento y referencia para hacer un trazado de los reinos espirituales.

Newton, M., *Destiny of Souls*, Llewellyn, 2000. Un libro de continuación a este que cubre los roles de especialistas que las almas toman en los reinos espirituales.

Tomlinson, A., *Explorando el Alma Eterno*, Heart Press, 2013. Un mayor detalle gráfico se proporciona de cómo se siente morir y cruzar, con quién nos encontramos, adónde ir, y lo que hacemos en los reinos espirituales antes de seleccionar el siguiente cuerpo para la encarnación. Se basa en el trabajo de otros pioneros y sensiblemente presenta las experiencias de 15 sujetos de manera que el lector es transportado al corazón de las historias de su alma.

Reencarnación en Tradiciones Religiosas

Page, C., *The Frontiers of Health*, **1996.** Escrito por un médico sobre cómo nuestra salud puede ser afectada por cualquier desarmonía con nuestro campo energético y alma.

Rinpoche, S., *The Tibetan Book of Living and Dying*, Rider, 1992. La explicación budista de lo que ocurre después de la muerte. También contiene información útil sobre aconsejar a los moribundos.

Somé, P.M., *Of Water and the Spirit – Ritual, Magic and Initiation in the Life of an African Shaman*, Penguin, 1994. Un libro fácil de leer que introduce enfoques Chamánicos en la sanación.

Psicología y Psicoterapia

Herman, J., *Trauma and Recovery*, New York: Basic Books, 1992. Una visión general útil para lidiar con abuso sexual.

Parks, P., *Rescuing the Inner Child*, Human Horizons Series, 2002. Técnicas usadas para la terapia del niño interno después de abuso infantil.

Ireland-Frey, L. *Freeing the Captives*, Hampton Roads Publishing, 1999. Lleno de estudios de caso interesantes sobre la liberación de adhesiones espirituales.

Psicopatología

Breggin, P., *Your Drug May Be Your Problem*, Perseus Publishing, 1999. Consejos útiles sobre el efecto de la medicación anti-depresiva y anti-ansiedad y los efectos secundarios que las compañías farmacéuticas callan.

Lectura Complementaria

Morrison, J., *DSM-IV Made Easy*, The Guildford Press, 1995. Explica a través de estudios de caso el diagnóstico clínico de clientes seriamente perturbados. Este es fácil de leer comparado con la mayoría de libros sobre el DSM.

Asociaciones de Terapia de Regresión

Society for Medical Advance and Research with Regression Therapy (SMAR-RT)
Este es un grupo internacional de investigadores dirigido por médicos que comparten la visión de causar la integración de enfoques complementarios y holísticos en la medicina. Conduce investigación medica usando terapia de regresión y promueve la terapia de regresión a la profesión médica y al púbico en general. A través de la investigación contribuye también en la mejora de la efectividad de la terapia de regresión.
Sitio Web: http://www.smar-rt.com

Spiritual Regression Therapy Association (SRTA)
Esta es una asociación internacional de terapeutas de regresón y de vida entre vidas que respeta la naturaleza espiritual de sus clientes. Ellos son entrenados profesionalmente por la *Past Life Regression Academy* con estándares internacionales y trabajan bajo un código ético que respeta el bienestar de los clientes.
Sitio Web: http://www. regressionassociation.com

Earth Association of Regression Therapy (EARTh)
Esta es una asociación independiente con el objetivo de mejorar y ampliar la aplicación profesional de la terapia de regresión. Proporciona foros en internet, boletines informativos y estándares profesionales para las escuelas de terapia de regresión que reconoce. Cada verano ofrece una serie de talleres para el desarrollo profesional continuo.

Sitio Web: http://www.earth-association.org

International Board of Regression Therapy (IBRT)
Este es un consejo independiente de examinación y certificación para terapeutas de vidas pasadas, investigadores y programas de entrenamiento. Su misión es establecer estándares profesionales para terapeutas de regresión y organizaciones. El sitio web tiene una lista de organizaciones internacionales acreditadas de terapia de regresión y de vidas pasadas.
Sitio Web: http://www.ibrt.org

The International Association for Regression Research and Therapies (IARRT)
Esta es una organización mundial para terapeutas de regresión a vidas pasadas. Fomenta la investigación en terapia de vidas pasadas y de regresión y publica boletines informativos y las revistas sobre técnicas de regresión.
Sitio Web: http://www.iarrt.org

International Deep Memory Association (IDMA)
Originada del trabajo de Roger Woolger, adpota el crecimiento personal de sus miembros y les permite mantenerse en contacto los unos con los otros. Publica regularmente boletines con detalles sobre entrenamiento, seminarios y eventos sociales.
Sitio Web: http://www.i-dma.org

Nederlandse Vereniging van Reincarnatie Therapeuten (NVRT)
Esta es una organización con cede en Holanda que conecta a terapeutas profesionales de vidas pasadas y organiza investigaciones sobre la efectividad de terapia de reencarnación.
Sitio web: http://www.reincarnatietherapie.nl

Asociaciones de Terapia de Regresión

The Michael Newton Institute
Esta es una organización profesional dedicada a fomentar la investigación y los avances en la práctica de la regresión espiritual a la vida entre vidas basada en el trabajo del Dr Michael Newton.
Sitio Web: http://www.newtoninstitute.org

Fuentes y Notas al Pie

Aunque la mayoría de los profesionales en el libro tienen doctorados en psicología o psiquiatría, no uso consistentemente el título 'Dr' a lo largo del libro. Esto no pretende ser irrespetuoso, sino evitar la repetición laboriosa. Algunas de las citas de otros autores han sido ligeramente reformuladas o resumidas para mayor claridad sin cambiar el contenido importante. Todos los estudios de caso de los clientes están resumidos de cómo ocurrieron, con la retroalimentación de los clientes cuidadosamente registrada. Algunos cambios menores se hicieron a las transcripciones para evitar su repetición o mejorar la gramática. Mis preguntas están mostradas en tipo de letra normal, y las respuestas del cliente en itálicas para mayor consistencia.

PRÓLOGO

1. Don Theo Paredes and Art Roffey ofrece entrenamiento como Chamán y viajes a Peru. Website: www.innervisionpc.org, email: innervisionpc@comcast.net.
2. Ipu Makunaiman y su sabiduría de viajes a la selva tropical de las Amazonas. Website: www.nativeculturalalliance.org, email: tucuxi@bellatlantic.net.
3. Joao Teixeira de Faria llamado 'Juan de Dios'. Website: www.johnofgod.com.

CAPÍTULO 1 – INTRODUCCIÓN

1. Grof, S., *Beyond the Brain*, New York; State University, 1985.
2. Assagioli, R.M.D., *Psychosynthesis: A Manual of Principles and Techniques,* Aquarian Press, 1990.
3. Somé, P.M., *Of Water and the Spirit – Ritual, Magic and Initiation in the Life of an African Shaman*, Penguin, 1994.
4. Powell, A.E., *The Astral Body*, Kessinger Publishing Co., 1998.

Powell, A.E., *The Etheric Double*, Theosophical Press, 1989.
5. Krippner, S., and Rubin, R., *Galaxies of Life; the Human Aura in Acupuncture and Kirlian Photography*, Gordon and Beach, New York, 1974.
6. Brennan, B., *Hands of Light*, Bantam, 1988.
7. Wirth, D.P., *The Effect of Non-contact Therapeutic Touch on the Healing Rate of Full Thickness Dermal Wounds*, Journal of Subtle Energies & Energy Medicine, Vol. 1 No. 1, 1990.
8. *Daily Mail*, Dec 14th 2001, page 11.
9. Van Lommel et al, *Near-death Experience in Survivors of Cardiac Arrest*; a prospective study in the Netherlands, The Lancet, 15 Dec 2001.
10. Gallup, G., *A Look Beyond the Threshold of Death*, London Souvenir, 1983.
11. Stevenson, I., *Twenty Cases Suggestive of Reincarnation*, University of Virginia Press, 1974.
12. Weiss, B., *Many Lives, Many Masters*, Simon and Schuster, 1988.
13. Newton, M., *Destiny of Souls*, Llewellyn, 2000.
14. Newton, M., *Journey of Souls*, Llewellyn, 1994.
15. Haraldsson, E., *East and West Europeans and their Belief in Reincarnation and Life after Death*, in SMN *Network Review*, No 87, spring 2005.
16. Maj, M., Sartorius, N., Okasha, A., Zohar, J., *Obsessive Compulsion Disorder*, Wiley, 2000.
17. Bowlby, J., *The Making and Breaking of Affectional Bonds*, Routledge, 1994.
18. Stevens, R., *Understanding the Self*, The Open University, SAGE Publications, 1996.

CAPÍTULO 2 – TEORÍA DE LA REGRESIÓN ESPIRITUAL Y A VIDAS PASADAS

1. McLaughlin, C., and Davidson, D., *Spiritual Politics*, Findhorn, 1994.
2. Bailey, A., *A Treatise on White Magic*, Lucis Trust, New York, 1998.
Page, C., *The Frontiers of Health*, 1996.

Fuentes y Notas al Pie

3. Blatzer, J.P., *The Donning International Encyclopaedic Psychic Dictionary*, The Donning Company, 1986.
4. Newton, M., *Destiny of Souls*, Llewellyn, 2000.
5. Powell, A.E., *The Astral Body*, Kessinger Publishing Co., 1998
   Page, C., *The Frontiers of Health*, 1996.
6. Stevenson, I., *Where Reincarnation and Biology Intersect*, Praeger Publishers, 1997.
7. Guirdham, A., *The Cathars and Reincarnation*, Spearman, 1992.
8. Tomlinson, A., *Exploring the Eternal Soul*, From the Heart Press, 2012.
9. Rinpoche, S., *The Tibetan Book of Living and Dying*, Rider, 1992.
10. Hopking, A., *The Emergence of the Planetary Heart*, Godshaer Publishing, 1994.
11. Browne, S., *Life on the Other Side – A Psychic's Tour of The Afterlife*, Piatkus, 2001.

CAPÍTULO 3 – ACCEDER A UNA VIDA PASADA

1. Erickson, M., & Rossi, E., *Hypnotic Realities*, New York, Ivington, 1979.
2. Wolinsky, S., *Trances People Live*, The Bramble Company, 1991.
3. Netherton, M., and Shiffren, N., *Past Lives Therapy*, Morrow, New York, 1979.
4. Woolger, R., *Other Lives Other Selves*, Thorsons, 1999.

CAPÍTULO 4 – EXPLORANDO UNA VIDA PASADA

1. TenDam, H., *Deep Healing*, Tasso Publishing, 1996.

CAPÍTULO 5 – LA MUERTE DE LA VIDA PASADA

1. Rinpoche, S., *The Tibetan Book of Living and Dying*, Rider, 1992.
2. Powell, A.E., *The Etheric Double*, Theosophical Press, 1989.

CAPÍTULO 6 – TRANSFORMACIÓN EN LOS REINOS ESPIRITUALES

1. Tomlinson, A., *Exploring the Eternal Soul*, From the Heart Press, 2012.

CAPÍTULO 7 – REGRESIÓN ESPIRITUAL A LA VIDA ENTRE VIDAS

1. Newton, M., *Life Between Lives; Hypnotherapy for Spiritual Regression*, Llewellyn, 2004.
2. The Michael Newton Institute, contact website: http://www.newtoninstitute.org.
3. Newton, M., *Journey of Souls*, Llewellyn, 1994.
4. Woolger, R., *Other Lives Other Selves*, Thorsons, 1999.
5. Tomlinson, A., *Exploring the Eternal Soul*, From the Heart Press, 2012.
6. Newton, M., *Destiny of Souls*, Llewellyn, 2000.

CAPÍTULO 8 – TRABAJO CON MEMORIAS CORPORALES

1. Kurtz, R., *The Body Reveals*, Harper, New York, 1976.
2. Reich, W., *Studies in Psychology*, Pearson Custom Pub., 1991.
3. *Deep Memory Process* sustituye el libro original de Dr Roger Woolger *Integral Regression Therapy*. Se proporciona a través de los programas reglares internacionales de capacitación y talleres, junto con la liberación de almas, trabajo de ancestros, psicología espiritual y temas relacionados.Websites:
   US and Europe: www.rogerwoolger.com.
   Germany, Austria and Switzerland: www.woolger.de.
   Brazil: www.woolger.com.br.
4. Woolger, R., and Tomlinson, A., *Deep Memory Process and the Healing of Trauma*, articulo publicado en Network Review, Journal of the Scientific and Medical Network, summer 2004.
   Woolger, R., *Healing your Past Lives – Exploring the Many Lives of the Soul*, Sounds True, 2004.

Woolger, R., *Body Psychotherapy and Regression: the Body Remembers Past Lives* in Staunton, T., *Body Psychotherapy*, Routledge, London, 2002.
5. Ogden, P., Minton, K., *Sensorimotor Psychotherapy: One Method for Processing Traumatic Memory,* Traumatology, 6 (3), Article 3, October 2000.
6. Staunton, T., *Body Psychotherapy*, Routledge, London, 2002.
7. Greenberg, E., and Woolger, R., *Matrix Therapy,* available from the author.
8. Givens, A., *The Process of Healing,* Libra Books, San Diego, California, 1991.
9. Herman, J., *Trauma and Recovery,* New York: Basic Books, 1992.
10. Stevens, R., *Understanding the Self,* The Open University, Sage Publications, 1996.

CAPÍTULO 9 – ENERGÍA INTRUSIVA

1. Baldwin, W., *Spirit Releasement Therapy*, Headline Books, 1995
2. Ireland-Frey, L., *Freeing the Captives,* Hampton Roads Publishing, 1999.
3. Cannon, D., *Between Death and Life: Conversations With a Spirit*, Gateway, 2003.
4. The Spirit Release Foundation, website: www.spiritrelease.com
5. Newton, M., *Destiny of Souls*, Llewellyn, 2002.
6. Di Griffiths lleva acabo cursos de entrenamiento en energías intrusas. Email: diana.benjamin@virgin.net.

CAPÍTULO 10 – INTEGRACÓN

1. Parks, P., *Rescuing the Inner Child,* Human Horizons Series, 2002.

CHAPTER 11 – LA ENTREVISTA

1. Frank, J.D., *Therapeutic Factors in Psychotherapy*, American Journal of Psychotherapy, 25, 1971.

2. Erickson, M.H., Zeigg, J. K., *Symptom Prescription for Expanding the Psychotic's World View*, contained in Dolan, Y., *A Path with a Heart – Ericksonian Utilisation with Resistant and Chronic Clients*, Brunner Mazel, New York, 1985.
3. Maxmen, J.S., Ward, N.G., *Psychotropic Drugs Fast Facts*, W.W. Norton, 1995.
4. Breggin, P., Cohen, D., *Your Drug May Be Your Problem*, Perseus Books, 1999.

APÉNDICE I – NOTAS

1. Van der Maesen, R., in *The Journal of Regression Therapy, Volume XII (1), PLT for Giles De La Tourettes's Syndrome* International Association for Regression Research and Therapies, 1998.
2. Van der Maesen, R., in *The Journal of Regression Therapy, Volume XIII (1), Past Life Therapy for People who Hallucinate Voices,* International Association for Regression Research and Therapies, 1999.
3. Fonagy, P., Roth, A., *What Works for Whom*, The Guildford Press, 1996.
4. Snow, C., *Past Life Therapy: The Experiences of Twenty-Six Therapists,* The Journal of Regression Therapy, Volume I (2), 1986.
5. Denning, H., *The Restoration of Health Through Hypnosis*, The Journal of Regression Therapy 2:1 (1987), pp. 52–4.
6. Jung, C.G., Hull, R.F.C., *The Archetypes and the Collective Unconscious,* Routledge, 1991.
7. Assagioli, R.M.D., *Psychosynthesis: A Manual of Principles and Techniques,* Aquarian Press, 1990.
8. Boorstein, S. (ed.), *Transpersonal Psychotherapy*, Suny, 1996.
9. Dolan, Y., *A Path with a Heart – Ericksonian Utilization with Resistant and Chronic Clients*, Brunner Mazel, New York, 1985.
10. Dilts, R., *Beliefs*, Metamorphous Press, Oregon, 1993.

Fuentes y Notas al Pie

11. Tomkins, P., Lawley, J., *Metaphors in Mind, Transformation through Symbolic Modeling*, The Developing Company, 2000.
12. Nolte, J., *Catharsis From Aristotle to Moreno*, Action Methods Training Center, Indianapolis, 1992.
13. Wilkins, P., *Psychodrama (Creative Therapies in Practice)*, Sage Publications Ltd, 1999.
14. Van der Kolk, B., McFarland and Weisaeth (eds), *Traumatic Stress*, Guildford Press, New York, 1996.
15. MacLean, P.D., *Brain evolution relating to family, play, and the separation call*, Archives of General Psychiatry, 42, 405–417, 1985.
16. Bailey, A., *Esoteric Healing*, Lucis Trust, New York, 1999.
    Powell, A.E., *The Astral Body*, Kessinger Publishing Co., 1998.
    Powell, A.E., *The Etheric Double*, Theosophical Press, 1989.
17. Woolger, R., *Past Life Therapy, Trauma Release and the Body*, available from the author.

APÉNDICE III – ESTRUCTURACIÓN DE UNA SESIÓN DE REGRESIÓN ESPIRITUAL

1. Newton, M., *Life Between Lives; Hypnotherapy for Spiritual Regression*, Llewellyn, 2004.

BIBLIOGRAFÍA

Assagioli, R.M.D., *Psychosynthesis: A Manual of Principles and Techniques*, Aquarian Press, 1990.
Bailey, A., *A Treatise on White Magic*, Lucis Trust, New York, 1998.
Bailey, A., *Esoteric Healing*, Lucis Trust, New York, 1999.
Baldwin, W., *Spirit Releasement Therapy*, Headline Books, 1995.
Blatzer, J.P., *The Donning International Encyclopedic Psychic Dictionary*, The Donning Company, 1986.
Boorstein, S. (ed.), *Transpersonal Psychotherapy*, Suny, 1996.
Bowlby, J., *The Making and Breaking of Affectional Bonds*, Routledge, 1994.
Bowman, C., *Children's Past Lives*, Element, 1998.
Breggin, P., Cohen, D., *Your Drug May Be Your Problem*, Perseus Books, 1999.
Brennan, B., *Hands of Light*, Bantam, 1988.
Browne, S., *Life on the Other Side – A Psychic's Tour of The Afterlife*, Piatkus, 2001.
Cannon, D., *Between Death and Life: Conversations With a Spirit*, Gateway, 2003.
Collins, M., *The Idyll of the White Lotus,* Theosophical Books.
Crasilneck, H.B., & Hall, J.A., *Clinical Hypnosis Principals and Applications*, Grune & Stratton, 1985.
Daily Mail, Dec 14th 2001, page 11.
Dilts, R., *Beliefs*, Metamorphous Press, Oregon, 1993.
Dolan, Y., *A Path with a Heart – Ericksonian Utilization with Resistant and Chronic Clients*, Brunner Mazel, New York, 1985.
Dychtwald, K., *Body-Mind*, Pantheon, New York, 1986.
Erickson, M. & Rossi, E., *Hypnotic Realities*, New York, Ivington, 1979.
Erickson, M.H., Zeigg, J.K., *Symptom Prescription for Expanding the Psychotic's World View,* in Rossi, E.L. *The Collected Papers of Milton H. Erickson*, Vol IV, Ivington.
Fonagy, P., Roth, A., *What Works for Whom*, The Guildford Press, 1996.

Frank, J.D., *Therapeutic Factors in Psychotherapy*, American Journal of Psychotherapy, 25, 1971.

Gallup, G., *A Look Beyond the Threshold of Death*, London Souvenir, 1983.

Givens, A., *The Process of Healing,* Libra Books, San Diego, California, 1991.

Greenberg, E., and Woolger, R., *Matrix Therapy*, disponible con el autor.

Grof. S., *Beyond the Brain*, New York; State University, 1985.

Guirdham, A., *The Cathars and Reincarnation*, Spearman, 1992.

Havens, R., and Walters, C., *Hypnotherapy Scripts – A Neo-Erickson Approach to Persuasive Healing*, Brunner Mazel, 1989.

Herman, J., *Trauma and Recovery,* New York: Basic Books, 1992.

Hopking, A., *The Emergence of the Planetary Heart*, Godshaer Publishing, 1994.

Ireland-Frey, L., *Freeing the Captives,* Hampton Roads Publishing, 1999.

Jung, C.G., Hull, R.F.C., *The Archetypes and the Collective Unconscious,* Routledge, 1991.

Krippner, S., Rubin, R., *Galaxies of Life; the Human Aura in Acupuncture and Kirlian Photography*, Gordon and Beach, New York, 1974.

Kurtz, R., *The Body Reveals,* Harper, New York, 1976.

Lawton, I., *The Big Book of the Soul*, Rational Spiritual Press, disponible en el sitio: http://www.rspress.org, 2009.

Lawton, I., *Wisdom of the Soul*, Rational Spiritual Press, disponible en el sitio: http://www.rspress.org, 2006.

Levine, P., *Waking the Tiger: Healing Trauma.* Berkeley, CA: North Atlantic Books, 1997.

Lucas, W., (ed.) *Regression Therapy: A Handbook for Professionals*, Vol. 1, Deep Forest Press, 1993.

MacLean, P.D., *Brain Evolution Relating to Family, Play, and the Separation Call,* Archives of General Psychiatry, 42, 405–417, 1985.

Maj, M., Sartorius, N., Okasha, A., Zohar, J., *Obsessive Compulsion Disorder*, Wiley, 2000.

Bibliografía

Maxmen, J.S., Ward, N.G., *Psychotropic Drugs Fast Facts*, Norton, 1995.
McLaughlin, C., and Davidson, D., *Spiritual Politics*, Findhorn, 1994.
Mead, G.R.S., *The Doctrine of the Subtle Body in Western Tradition*, Society of Metaphysicians, 1987.
Michael Newton Institute, *Training Manual*, contact website: http://www.newtoninstitute.org.
Netherton, M., and Shiffren, N., *Past Lives Therapy*, Morrow, New York, 1979.
Newton, M., *Destiny of Souls*, Llewellyn, 2000.
Newton, M., *Journey of Souls*, Llewellyn, 1994.
Newton, M., *Life Between Lives; Hypnotherapy for Spiritual Regression*, Llewellyn, 2004.
Nolte, J., *Catharsis From Aristotle to Moreno*, Action Methods Training Center, Indianapolis, 1992.
Ogden, P., Minton, K., *Sensorimotor Psychotherapy: One Method for Processing Traumatic Memory*, Traumatology, 6(3), Artículo 3, October 2000.
Oschman, J.L., *Energy Medicine: The Scientific Basis*, Churchill Livingstone, 1999.
Page, C., *The Frontiers of Health*, 1996.
Parks, P., *Rescuing the Inner Child*, Human Horizons Series, 2002.
Perls, F., Hefferline, R., Goodman, P., *Gestalt Therapy*, The Gestalt Journal Press, 1994.
Powell, A.E., *The Astral Body*, Kessinger Publishing Co., 1998.
Powell, A.E., *The Etheric Double*, Theosophical Press, 1989.
Praagh, J., *Talking to Heaven, A Medium's Message of Life After Death*, Piatkus, 1997.
Reich, W., *Studies in Psychology*, Pearson Custom Pub., 1991.
Rinpoche, S., *The Tibetan Book of Living and Dying*, Rider, 1992.
Rossi, E., Cheek, B., *Mind Body Therapy*, Norton, 1994.
Rumi, *These Branching Moments*, versiones por Coleman Barks, Copper Beech, 1988.
Rycoft, C., *Reich*, Fontana Paperback, 1971.
Snow, C., *Past Life Therapy: The Experiences of Twenty-Six Therapists*, The Journal of Regression Therapy, Volume I (2), 1986

Somé, P.M., *Of Water and the Spirit – Ritual, Magic and Initiation in the Life of an African Shaman*, Penguin, 1994.
Stevens, R., *Understanding the Self*, The Open University, Sage Publications, 1996.
Stevenson, I., *Where Reincarnation and Biology Intersect*, Praeger Publishers, 1997.
Stevenson, I., *Twenty Cases Suggestive of Reincarnation*, University of Virginia Press, 1974.
TenDam, H., *Deep Healing*, Tasso Publishing, 1996.
TenDam, H., *Exploring Reincarnation*, Tasso Publishing, 1987.
Tomkins, P., Lawley, J., *Metaphors in Mind, Transformation through Symbolic Modeling*, The Developing Company, 2000.
Tomlinson, A., *Exploring the Eternal Soul*, From the Heart Press, 2012.
Van der Kolk, B., McFarland and Weisaeth (eds), *Traumatic Stress*, Guildford Press, New York, 1996.
Van der Kolk, B., *The Compulsion to Repeat the Trauma: Re-enactment, Revictimization, and Masochism*. Este artículo primero apareció en Clínicas Psiquiátricas en Norte América, 12, (2), 389–411, 1989.
Van der Maesen, R., in *The Journal of Regression Therapy, Volume XII (1), PLT for Giles De La Tourettes's Syndrome*, International Association for Regression Research and Therapies, 1998.
Van der Maesen, R., in *The Journal of Regression Therapy, Volume XIII (1), Past Life Therapy for People who Hallucinate Voices*, International Association for Regression Research and Therapies, 1999.
Van Lommel, P., et al, *Near-death Experience in Survivors of Cardiac Arrest*; un estudio prospectivo en los Países Bajos, The Lancet, 15 Dec 2001; Anonymous teeth case.
Van Wilson, D., *The Presence of Other Worlds*, Harper Row, 1975.
Weiss, B., *Many Lives, Many Masters*, Simon and Schuster, 1988.
Wilbarger, P., Wilbarger, J., *Sensory Defensiveness and Related Social/Emotional and Neurological Problems*, Van Nuys, CA: Wilbarger, obtained from Avanti Education Program, 14547 Titus St., Suite 109, Van Nuys, CA, 91402, 1997.

Bibliografía

Wilkins, P., *Psychodrama – Creative Therapies in Practice*, Sage Publications Ltd, 1999.

Wirth, D.P., *The Effect of Non-contact Therapeutic Touch on the Healing Rate of Full Thickness Dermal Wounds*, Journal of Subtle Energies & Energy Medicine, Vol. 1 No. 1, 1990.

Wolinsky, S., *Trances People Live*, The Bramble Company, 1991.

Woolger, R., *Other Lives Other Selves*, Thorsons, 1999.

Woolger, R., *Healing Your Past Lives – Exploring the many Lives of the Soul*, Sounds True, 2004.

Woolger, R., *Past Life Therapy, Trauma Release and the Body*, available from the author.

Woolger, R., and Tomlinson, A., *Deep Memory Process and the Healing of Trauma*, artículo publicado en *Network Review*, Journal of the Scientific y Medical Network, verano 2004.

ACERCA DEL AUTOR

Andy Tomlinson es graduado en psicología y un psicoterapeuta registrado. Fue entrenado en la hipnoterapia Ericksoniana y en la terapia de regresión, y un terapeuta cualificado de vida entre vidas del *Michael Newton Institute*. Andy ha manejado una práctica privada reconocida internacionalmente dedicada a la terapia de regresión desde 1996. Él es el Director de Entrenamiento de la *Past Life Regression Academy* y un miembro fundador de la *Spiritual Regression Therapy Association,* la *Earth Association of Regression Therapy* y la *Society for Medical Advance and Research with Regression Therapy*. Es también autor de *Explorando el Alma Eterna* y editor de *Transformando el Alma Eterna*, ambos vistos como contribuciones importantes al campo de la Terapia de Regresión de la vida entre vidas. Él entrena, enseña, y da charlas internacionalmente. Para mayor información sobre Andy o su entrenamiento, visite el sitio: www.regressionacademy.com

ÍNDICE

Adhesión espiritual, entrevista del cliente 202
Adhesión espiritual, detección 192-4, 287-289
Adhesión espiritual, liberación 194-8, 175-180
Alma híbrida 147
Alma, definición 27
Armadura corporal 168, 236, 244
Asuntos inconclusos 105-108

Bardo 38, 81
Biblioteca 126, 164
Bloqueos amnésicos de memoria 145-6
Budismo 38, 81

Campo energético astral 28
Catarsis 76-8, 171, 181, 242-3, 253
Chamanismo 8, 38, 81, 176
Cierre 72, 78, 104, 176-7, 256
Color de la energía del alma 130-1
Complejos 41-3, 177, 205, 218-28
Consciencia 7-9
Consciencia corporal Reichiana 168, 236, 239
Consejo de Sabios 135-6
Contraindicadores 227-8
Cristianismo 32, 36
Cuerpo sutil, definición 26-7
Culpa 95-96

Depresión 21-2, 217-9
Disociación 75-6, 86, 218
Distracciones 73-76

División de energía del alma 144-5
Dolor (Pena) 95
Drogas psicóticas 228-9

Energía congelada 95-100, 106-7, 235
Energía de rejuvenecimiento 120
Energía intrusiva 189-203
Enojo 52, 96-7
Entrevista al cliente 221-231, 247-9, 261-3
Escaneo de energía 56-9, 251
Escuela Arcana 26
Esotérico 26
Espiritualistas 38
Esquizofrenia 240-1
Estados terrenales 87-9
Etéreo 26-30, 244
Eterno Ahora 147-9

Experiencias cercanas a la muerte 10-3

Fobia 19-22
Fragmentación 182-8

Gestalt 53, 243
Grupo de almas primario 131
Grupos de almas 128-132
Guía espiritual, ayuda 100-1
Guía espiritual, repaso de la vida pasada 122-8

Hinduismo 34, 38
Hiperexitación 178
Hipnosis, inducción 46-49, 266-70

Hipnosis, profundizador 113-6, 270-1
Historia de la terapia de regresión 239
Historial del cliente 226, 247-9, 261
Holograma 144
Imaginación 7-9, 61
Imaginación activa 241
Inconsciente colectivo 8
Integración, regresión espiritual 214-9, 283
Integración, terapia de regresión 210-215, 256-7
Integración, vida pasada 210-215, 256-7
Investigación con terapia de regresión 240-1
Ira 96-7

Karma 32-4
Kirlian, fotografías 10

Libre albedrío 32, 237-8

Maestros 135
Memorias corporales, exploración 170-72
Memorias corporales, transformación 172-177, 243-5
Memorias falsas 229-230
Miedo 21-2, 93, 99-100, 167-8, 170-1, 182-3, 191
Muerte, vida pasada 81-90, 116-122, 253-4, 274

Niño interior 217, 243

Paso al futuro 215
Perdón 102-5
PNL 242
Psicodrama 181-7

Psicología transpersonal 241-2
Psicosíntesis 8, 242
Psicoterapia sensorial motora 168, 243-5
Punteo, emociones 49-51, 249-251
Punteo, físico 54-6, 249-251
Punteo, verbal 51-4, 249-251
Punteo, visual 59-60
Puntos de inflexión 72

Rapport 222-5
Reencarnación 15, 27, 34-38
Reencuadre 214
Regresión a vidas pasadas, definición 15-20
Regresión espiritual, definición 15-6
Reiki 10, 216
Reino espiritual, definición 37-8
Restablecimiento 215-6

Sabiduría Antigua 26-27
Sabios 132-137, 279-280
Sabios (Eruditos) 135
Salas de aprendizaje 147, 282
Samskaras 38
Selección del cuerpo para la siguiente vida 137-9, 281
Sociedad teosófica 26
Soledad 98-9
Sueños 22, 42, 45, 60
Summerland 38

Terapia corporal 167-177, 226, 230, 255
Terapia de metáforas 242
Terapia de regresión, definición 20-3
Terapia de renacimiento 242

Unión cuerpo-alma 145

Vergüenza 97-8
Vida pasada, muerte violenta 28-32, 172-7, 274
Vida entre vidas, definición 15-6
Vidas pasadas, bloqueos de regresión 60-3
Vidas pasadas, visualización guiada 272

www.ingramcontent.com/pod-product-compliance
Lightning Source LLC
Chambersburg PA
CBHW071954290426
44109CB00018B/2020